【제3판】

품격 있는 삶을 위한

생활예절과 스피치와 이미지 메이킹

강 나 경

KNOWLEDGE COMMUNITY 공동체

Preface

머리말

대학교 교수로 재직하는 동안 학생들이 사용하는 단어나 표현 가운데 귀에 거슬리는 것들이 적지 않았고 생활매너에도 문제가 많다는 소회가 있었다. 학생들에게 스피치와 매너 교육이 필요하다는 것을 절감하게 되었다. 그래서 그들에게 도움을 주기 위해 외부에 있는 문화센터와 전문기관을 찾아서 각종 매너, 이미지 메이킹, 면접 매너, 스피치 메이킹, 커뮤니케이션 스킬, 서비스 교육 등을 다양하게 공부하였다. 실제로 접해 보니 실생활에 참으로 유익한 내용들이었다.

이를 토대로 수업을 진행하면서 시간이 허락하는 대로 각종 매너와 스피치, 면접에 관한 내용들을 교수하기 시작했다. 학생들에게 학과목에 관한 지식을 전달하는 것도 중요하지만 품위 있는 모습으로 상대방에게 좋은 느낌과 편안함을 주면서 살아가게 하는 것도 가치 있는 일이라 생각했기 때문이다. 이러한 생각이 전달되었는지 학생들의 반응이 상당히 좋았다.

그 후 대학을 떠나 사회교육자로 종사하면서 사회교육기관이나 기업체를 무대로 이 책에 기술되어 있는 각종 생활매너에 대해 열심히 강의해 왔다.

그러던 차에 주위에서 그동안의 강의내용들을 한 권의 책으로 출간하는 것이 좋겠다는 권유가 있어 단행본을 펴내게 되었다. 이 분야의 책들은 이미 다종다양하게 출판되어 있지만 그중에는 내용의 오류들도 많아 이를 바로잡는 데에도 주의를 기울였다. 특히 표현법과 호칭에 관해서는 '국립국어원' 연구원들과 수시로 의견을 교환하여 정확성과 시의성을 갖추려고 노력하였다.

사람이 태어나 어느 정도 나이가 들면 '지각知覺'이 생기기 마련이다. 지각이 생기면 사람을 대할 때 상대방에 대한 느낌을 갖게 된다. 남에게 좋은 느낌을 주기 위해서는 공을 들여서 항상 자신을 사랑하고 가꿔나가야 한다. 상대방에게 좋은 인상을 주려면 우선 눈에 보이는 요소가 크게 작용하기 때문에 외적인 부분에도 신경을 많이 써야 한다. 반듯한 자세, 자신에게 어울리는 헤어스타일, 장소에 어울리는 의상, 상황에 맞는 각종 매너 등은 자신의 이미지 형성에 매우 중요한 요인들이다.

프랑스에서 박사과정을 공부할 당시 지도교수 부부와 함께 식사한 적이 있었다. 식사 내내 지도교수 부인은 정확한 테이블 매너를 지키며 아주 부드러운 목소리로 대화를 나누며 품격 있는 모습으로 식사했다. 우아함, 그 자체였다. 지도교수 부인은 완벽하게 테이블 매너가 체화된 사람이었다. 그 격조 있는 모습에 나 자신도 격상格上된 느낌이었다.

외적으로 품위가 있고 예의 바르게 행동하기 위해서는 기본적인 생활예절과 매너에 관한 지식을 알고 그것이 몸에 익숙해지도록 체화體化시켜야 한다. 또한 자신이 추구하는 이상적인 상像을 정해 놓고 끊임없이 자신을 그 상에 일치시키려는 노력을 게을리 하지 말아야 한다.

외적으로 좋은 이미지를 형성하는 것도 물론 중요하기는 하나 이런 외적인 요소의 바탕을 이루는 것은 심신心身의 건강함과 성숙한 인격 등 내적인 요소임을 잊어서는 안 된다. 이 내적인 요소의 발전과 향상을 위해서는 평소에 몸과 마음을 부단히 갈고 닦아 고매한 인격과 품성을 길러야 한다.

이 책에서는 일반인들이 사회생활에서 품위와 격조를 갖춘 말과 행동을 통해 자신의 가치를 높이는 데 유용한 내용들을 우선적으로 담았다. 특히 직장인들에게 도움이 될 만한 내용들을 많이 다루었다.

이 책이 나오기까지 바쁜 일정 속에서도 교정과 윤문을 하느라 애써준 남편에게 감사한다. 미국 사회의 여러 가지 매너에 대해 자세한 설명을 해주신 둘째 언니와 형부, 물리치료의 권위자로서 올바른 자세에 관해 전문적인 도움말을 준 남동생에게 고마움을 전한다. 사랑하는 우리 딸과 아들 그리고 조카, 정승은의 도움에 대해서도 고마운 뜻을 표한다. 또한 내 인생의 2모작을 위한 예절 공부에 많은 도움을 주신 범국민예의생활실천운동본부 이사 예정기 스승님에게도 마음을 다하여 감사를 드린다. 끝으로 이 책을 출판해 주신 도서출판 공동체 김동훈 사장님과 공동체 가족 여러분께 깊은 감사를 드린다.

2021년 5월

강나경

Contents

차례

제5장 **서비스 예절** / 115

제6장 **공공장소의 예절** / 153

제7장 **교통수단 이용 예절** / 159

제11장 스피치 메이킹Speech Making / 293

제12장 사투리 억양 고치기와 음절 강세법과 억양 / 341

제1장

기본 생활예절

1| 예절의 개요

세상이 아무리 변해도 우리는 어쩔 수 없이 많은 사람들과의 관계 속에서 살아갈 수밖에 없다. 대인관계에서 상대방에게 좋은 이미지를 주기 위해서는 각종 생활에 대한 예의와 매너가 체화되어 있어야 한다. 예의 있고 매너 좋은 사람을 접하면 상대방에 대한 호감을 갖게 되고 왠지 기분도 좋아진다.

예절禮節은 예의범절禮儀凡節의 약어이다. 예의禮儀는 남과의 관계에서 존경의 뜻을 표하기 위하여 마땅히 나타내야 하는 말투나 몸가짐을 의미한다. 범절凡節은 법도法度에 맞는 모든 질서나 절차를 뜻한다. 따라서 예절이란 일상생활에서 갖춰야 할 모든 예의와 절차를 가리킨다. 비슷한 말로 예법禮法과 예도禮度 등이 있다.

서양에서는 예절을 에티켓etiquette과 매너manners로 나누어 표현한다. 에티켓은 우리의 예의범절이나 법도에 해당되고, 매너는 예의범절이 표출되는 구체적인 행위이다. 예를 들면, 직장에서 상사의 방에 들어가기 전에 노크를 해야 하는 것은 에티켓이고 그 노크를 하는 구체적 행위 자체는 매너이다. '쾅쾅' 소리가 크게 문을 두드리면 안에 있는 사람이 놀랄 수 있기 때문에 '매너가 나쁘다'고 말한다. 예의는 '있다/ 없다', 매너는 '좋다/ 나쁘다'로 표현해야 한다.

2| 인사예절

1) 인사예절의 중요성

오늘날의 인사는 크게 두 가지로 상하체제에서 수직적 사고가 빚어낸 동양적인 인사와 평등체제에서 수평적 사고가 낳은 서양적인 인사로 나누어 볼 수 있다.

인사는 이미지의 시작이라고 할 만큼 생활 속에서 중요하다. 인사는 결코 형식에 불과한 것이 아니다. 형식을 넘어서 의미소통이 되는 인사를 하면 상대방의 마음의 문이 열리고 인사한 사람의 이미지가 좋아질 수밖에 없다. 인사는 상대방에 대한 인정과 존중의 표현이다. 사람은 남에게 존중을 받을 때 상대도 대접하게 된다.

상대방에게 인사를 절도 있게 했을 때 그 사람에 대한 첫인상이 좋을 수밖에 없다. 특히 정중한 인사를 해야 할 상황에서 정중례鄭重禮를 제대로 하면 그 사람에게서 교양미까지 느끼게 된다.

인사는 한자로 사람 인人과 일 사事의 합성어이다. 사람이 하는 일이 인사인 것이다. 우리나라에서 인사는 일반적으로 목례, 약례, 보통례, 정중례로 구분된다. 한국인이라면 상황에 맞게 적절한 인사를 할 수 있어야 한다. 상황에 맞는 인사는 상대방에게 좋은 이미지를 갖게 한다.

2) 인사의 기본 자세

① 표정 : 밝고 환한 미소, 자연스러운 미소를 짓는다.

② 시선 : 상대의 눈을 본eye contact 다음에 인사한다.

③ 고개 : 정면에서 15도 정도 위쪽을 본다.

④ 어깨 : 약간 뒤로 젖힌 상태로 힘을 빼고 당당하게 선다.

⑤ 무릎, 등, 허리 : 자연스럽게 곧게 편다.

⑥ 손 :

- 남자 : 양손을 옆으로 내려뜨리거나 왼손을 오른손 위에 공수하여 아랫배에 가볍게 댄다(상가나 장례식장, 상중일 때는 반대로 오른손을 위로 한다).
- 여자 : 항상 공수(오른손이 위)하고 아랫배에 댄다(애・흉사 시에는 왼손이 위).

⑦ 발 :

- 남자 : 두 발 앞부분은 20~30도 벌리고, 뒤꿈치 안쪽은 붙인다('V' 모양).
- 여자 : 11자로 붙이거나, 왼발 엄지 선 중앙에 오른발 뒤꿈치 안쪽을 댄다(어긋난 'V' 모양).

⑧ 목 : 반듯하게 세워 턱이 나오지 않도록 한다.

⑨ 허리를 구부린다(고개를 숙이지 않는다).
허리를 구부린 상태에서 잠시 멈추었다가 천천히 편다(보통례, 정중례).

⑩ 허리를 구부렸다가 멈추지 않고 천천히 편다(약례).

⑪ 인사를 하면서 인사말을 할 경우 세 가지 방법이 있다. 장소와 상황에 따라 적절한 방법으로 인사한다. 인사 동작을 취하는 동안에는 말을 하지 않는 게 예의 있는 모습이지만 예외적인 경우에는 말을 하면서 인사한다.

- "안녕하십니까?"라고 말한 다음 인사하기

- "안녕하십니까?"라는 말을 하면서 인사하기
- 인사를 먼저 한 다음, "안녕하십니까?" 말하기

3) 인사의 종류와 방법

(1) 목례目禮

목례는 눈인사로 아주 가벼운 인사이다. 상대의 눈을 본 후, 등과 목을 일직선으로 하면서 1초에 허리를 5도 정도 구부려 약 5m 앞바닥에 시선을 두었다가, 즉시 허리를 펴고 상대방의 눈을 본다. 목례는 인사말이 없는 경우가 많지만, 인사말을 할 경우에는 가벼운 인사말을 한다. 목례가 '목인사'인 줄 알고 목만 까딱하는 것은 예절에 어긋나는 행동이다.

▶ 상황

- 복도, 엘리베이터 안, 좁은 장소에서 상사를 만났을 때
- 동료나 친한 사람을 만났을 때
- 면접장, 상사의 집무실을 출입할 때 등

(2) 약례略禮

상대방의 눈을 본 후, 1초에 허리를 15도 정도 굽히고, 약 3m 앞바닥에 시선을 두었다가 멈춤 없이 즉시 2초에 걸쳐 허리를 펴고, 다시 상대방의 눈을 본다. 약례는 인사말을 해도 좋고 안 해도 좋다.

▶ 상황

- 격식을 갖추지 않아도 될 상황
- 복도나 영업장 등에서 상사를 재차 만났을 때
- 본인과는 상관이 없는 고객을 만났을 때 등

(3) 보통례

보통 때 하는 보통 인사로 상대방의 눈을 본 후, 1초에 허리를 30도로 구부려 약 2m 앞바닥에 시선을 둔 채 1초 동안 머물렀다가stop motion, 2초에 걸쳐 허리를 편 후 상대방의 눈을 다시 본다. 보통 인사는 인사말이 있어도 좋고 없어도 좋다.

▶ 상황

- 일반적인 상황
- 결재를 받기 위해 상사 앞에 섰을 경우
- 면접 때 등

(4) 정중례

특별하게 예의를 갖춰야 할 상황에서 하는 정중한 인사로 상대방의 눈을 본 후, 2초에 허리를 45도로 구부려 약 1.5m 앞바닥에 시선을 1초 동안 두었다가stop motion, 3초에 걸쳐 허리를 천천히 편 후 상대방 눈을 본다. 정중한 인사는 인사말이 있는 게 자연스럽다.

▶ 상황

- 고객을 처음 맞이하거나 전송할 때

- 결혼식장에서 하객에게 인사드릴 때
- 감사의 뜻을 표할 때
- 잘못된 일에 대해 사과할 때
- 상가에 가서 조문할 때 등

3| 악수예절

악수는 중세시대까지 내 손에 무기가 없다는 것을 확인시키기 위한 수단으로 사용되었다. 오늘날의 악수는 전 세계적으로 일반적인 인사법이 되었다.

첫인상을 좋게 하기 위해서는 악수방법을 잘 숙지하여 어떤 상황이든 어떤 사람과의 악수이든 세련되고 자연스럽게 할 수 있어야 한다.

1) 악수방법과 유의사항

① 악수는 원칙적으로 오른손으로 약간의 미소를 지으며 간단한 인사말을 하면서 한다.

② 허리는 본래 곧게 편 상태에서 하는데, 한국인끼리라면 15도 정도 허리를 굽히며 하는 것이 자연스럽다.

③ 악수 시 손에 힘을 빼면 성의 없는 느낌을 주게 되고, 손가락만 잡으면 상대방을 무시하는 느낌을 주기 때문에 엄지끼리 깊이 깍지 끼어 힘주어 잡고 보통 3~4번 상하로 흔든다. 친한 사이라면 여러 번 흔들면서 정을 나눈다.

④ 남성이 여성과 악수할 때는 지나치게 힘주지 말고 너무 많이 흔들지 않는 것이

좋은 악수 매너이다. 적당하게 힘주고 3~4번 정도 흔든다.

⑤ 우리나라에서는 일반적으로 연장자와 악수할 때는 연소자가 왼손을 허리 앞쪽에 댄다. 서로 나이가 비슷하다면 허리 앞쪽에 손을 대지 않아도 되지만 상대방이 허리에 손을 대면 같이 댄다. 외국인에게는 그럴 필요가 없다.

⑥ 악수 시 상대방과 눈을 맞춘 다음, 악수한 손에 시선을 주었다가 다시 눈맞춤으로 끝내야 시선처리가 자연스럽다.

⑦ 악수가 끝난 후에 이야기를 나눈다.

⑧ 악수할 때 남성은 어떤 장갑이든 벗고 하지만 결혼식장에서 혼주일 경우에는 흰 면장갑을 벗지 않고 악수해도 괜찮다. 여성은 대단히 두껍지 않은 장갑이라면 장갑 낀 상태로 악수해도 괜찮다.

⑨ 상가에 가서 조문 시 상제에게 악수를 청하는 것은 결례다.

⑩ 악수 시 상대방의 얼굴과 몸의 어느 한 부분에 시선이 고정되면 이미지가 나빠질 뿐만 아니라 어색하다(눈 → 손등 → 눈).

⑪ 나이가 서로 비슷하다면 왼팔을 내려뜨려도 좋다.

⑫ 왼손을 허리 앞쪽에 댈 때 손을 펴되, 엄지는 안쪽으로 넣고 네 손가락은 붙이고 약간 안쪽으로 구부린다.

2) 악수를 청하는 순서

① 어른이 아랫사람에게

② 선배가 후배에게

③ 여성이 남성에게(단, 국왕이나 대통령에게는 여성이라도 먼저 악수를 청하면 안 된다)

④ 기혼자가 미혼자에게

나라마다 다른 악수법

(1) 미국 : 손을 힘 있게 쥐고 흔들며 손윗사람일 경우 격려의 뜻으로 손아랫사람의 어깨를 가볍게 두드리기도 한다.

(2) 독일 : 언제나 강하고 짧게 흔든다.

(3) 프랑스 : 손에 힘을 많이 주지 않는다.

(4) 유럽, 중남미 : 여성과 악수할 때 여성의 손등에 입을 맞추는 경우가 많다.

4 | 명함예절

명함은 프랑스 루이 14세부터 사용하기 시작한 것으로 전해진다. 흰 종이에 직접 자신의 이름을 써서 사용하다가 오늘날의 동판인쇄 명함으로 발전하게 되었다. 인간관계에 있어서 명함매너는 첫인상을 좌우하므로 매우 중요하다.

1) 명함을 건네는 예절

① 반드시 일어서서 건넨다.

② 윗사람, 고객, 여성에게 먼저 드린다.

③ 오른손 엄지와 왼손 엄지를 나란히 해서 양손으로 건넨다.

④ 상대방이 이름을 쉽게 읽을 수 있는 방향으로 해서 허리선과 가슴선 사이에서 건넨다.

⑤ 인사말과 함께 건넨다(인사말 + 소속 + 성명 + 덧붙이는 말).

2) 명함을 받는 예절

① 양손으로 받는다.

② 반드시 이름, 직장, 직함을 확인한다.

③ 받아서 바로 탁자, 책상 위에 놓거나 명함지갑에 넣지 말아야 한다. 조금 있다가 처리하는 게 정중하다.

④ 상황에 따라 탁자 위 왼쪽 상단에 놓는다.

⑤ 명함을 들고 있을 때는 허리선 아래로 내리지 않는다.

3) 명함을 동시에 교환하는 예절

연령, 직급에 상관없이 오른손으로 주고 왼손으로 받는다.

4) 명함을 주는 순서예절

① 아랫사람이 윗사람에게 먼저 준다.

② 연소자가 연장자에게 먼저 준다.

③ 방문자가 주인에게 먼저 준다.

④ 여러 사람일 경우 대표자만 줘도 괜찮다.

5) 좋지 않은 명함예절

① 받자마자 확인 없이 집어넣기

② 앉아서 탁자 위에 놓은 상태에서 밀어서 주기
③ 보는 자리에서 지갑이나 수첩에 집어넣기
④ 받은 명함을 손으로 계속 만지작거리거나 얼굴에 부채질하기
⑤ 받은 명함을 그대로 두고 가기
⑥ 양해를 구하지도 않고 받은 명함에 메모하기

6) 명함교환 시 유의사항

① 명함을 받으면서 "감사합니다."라고 인사를 하는 게 기본 예의이다. 명함을 받았을 때는 명함을 정성스럽게 본 후에 상대방의 얼굴을 보면서 "아, ○○○님이시군요. 피부가 무척 좋으십니다.", "아, ○○○ 과장님이시군요. 키가 무척 크십니다. 부럽습니다." 등으로 관심을 보이면 상대방의 인상과 특징이 머릿속에 강하게 남아서 이름도 쉽게 기억될 뿐만 아니라 상대방은 칭찬을 들어서 기분이 좋아진다.

② 명함지갑은 요즘 직장인의 필수품이다. 받은 명함을 상대방 앞에서 주머니, 지갑, 수첩에 집어넣는 것은 결례이다. 상대방과 마주보고 서 있을 때는 양손으로 명함을 허리선에서 잡고 있어야 한다.

③ 명함교환 시에는 직접 마주보고 주어야 한다. 사정상 탁자를 사이에 두고 명함을 주어야 할 경우에는 명함을 탁자 위에서 밀어서 주지 말고 의자에서 일어나서 주어야 한다.

④ 명함교환 후 탁자에 앉을 경우에는 받은 명함을 곧장 명함지갑에 넣지 말고, 탁자 왼쪽 상단에 놓고 가끔 시선을 주면서 얘기를 나눈다.

⑤ 평상 시 명함지갑은 남성의 춘추복이나 동복 정장 상의 안쪽 왼편 아래주머니

에 넣는 것이 기본이다. 예외적인 경우에는 달리 처리한다(하복정장은 왼쪽 아래 주머니가 대부분 없으므로 안쪽 왼편 주머니에 넣는다).

⑥ 명함의 이름이 어려운 한자이거나 발음이 어려운 영어 이름이라면 명함 받는 자리에서 확인해야 나중에 실수가 없다.

⑦ 여러 사람의 명함을 받았을 때는 순서대로 명함을 정리하거나 나열하여 호칭할 때 실수하지 않도록 한다.

⑧ 서양인은 비즈니스가 아니면 첫 대면에서 명함을 교환하지 않고 필요할 경우에는 헤어질 즈음에 교환하는 경우가 많다.

⑨ 오른손으로 악수하면서 왼손으로 명함을 내밀어서는 안 된다.

5 | 전화예절

전화는 상대의 얼굴을 보지 않는 상태에서 대화를 하기 때문에 목소리 톤, 억양, 말씨, 표현 등에 각별히 신경을 써야 한다.

1) 휴대폰 예절

① 공공장소나 직장에서는 소리설정을 진동모드로 해놓아야 한다.

② 사람들이 있는 곳에서는 최대한 목소리 크기를 낮추고 짧게 통화해야 한다.

③ 상대방에게 통화가 가능한가를 먼저 확인해야 한다.

④ 휴대폰이 울리면 받는 쪽에서 자신의 이름을 대면서 받는다("네, 김숙영입니다").

⑤ 전화가 잘못 걸려 왔을 때는 "아닌데요", "전화 잘못 하셨어요" 등으로 투박하

게 응대하지 말고 "전화가 잘못 걸렸습니다"라고 부드러운 톤으로 말한다.

⑥ 전화를 잘못 걸었을 경우에는 "죄송합니다. 전화를 잘못 걸었습니다"라고 사과의 뜻을 전한다.

⑦ 통화가 끝나면 전화를 건 사람이 먼저 끊는 것이 원칙이나 상대방이 상사나 어른이라면 먼저 끊기를 기다린다.

6 | 소개예절

생활 속에서 소개는 서로를 연결해 주는 가교역할을 한다. 소개예절의 기본을 모른다면 큰 실수를 할 수 있다. 소개에는 자기 자신을 소개하는 경우도 있고 다른 사람을 소개하거나 소개를 받기도 한다.

1) 소개의 기본예절

① 동성끼리 소개할 때는 서로 일어선다.

② 소개를 받은 후 동성끼리는 서로 악수하는 것이 자연스럽고 이성 간에는 인사로 대신해도 좋다.

③ 남성이 여성을 소개 받을 때는 일어서야 한다.

④ 여성이 남성을 소개 받을 때는 꼭 일어날 필요가 없다.

⑤ 성직자, 나이 차이가 많은 연장자, 지위가 매우 높은 사람을 소개 받을 때는 남녀 모두 일어선다.

⑥ 파티를 주최한 호스티스hostess는 남성을 소개 받을 때는 일어서야 한다.

2) 소개 시 유의사항

(1) 자신을 소개할 때

① 자기소개를 할 때는 간결하면서 장소, 상황, 모임의 성격에 맞춰 인상 깊게 이뤄지도록 연구를 많이 해야 한다.

② 자기를 소개할 때 지나친 유머는 가벼운 인상을 줄 수 있기 때문에 피해야 한다.

③ 자신의 직함 등은 가능한 언급하지 말고 명함을 통해 알리는 것이 좋다.

④ 자신을 지나치게 낮추거나 혹은 지나치게 과장해서 소개하면 첫인상이 나빠질 수 있으므로 주의해야 한다.

(2) 타인을 소개할 때

① 이성 간에는 남성을 여성에게 먼저 소개한다(단, 남성의 지위가 월등할 경우에는 여성을 남성에게 소개할 수 있다).

② 손윗사람(상급자, 연장자)에게 손아랫사람(하급자, 연소자)을 소개한다.

③ 기혼자에게는 미혼자를 먼저 소개한다.

④ 외부사람에게는 집안사람을 먼저 소개한다.

⑤ 사내직원을 외부사람에게 먼저 소개한다(단, 사내직원의 직위가 월등히 높을 경우에는 반대로 한다).

⑥ 개인 대 그룹의 경우에는 개인을 그룹에게 먼저 소개한다.

7 | 칭호예절

'호칭呼稱'이란 특정한 사람을 직접 부르는 말이고, '지칭指稱'이란 특정한 사람을 가리켜 이르는 말이다. 즉, 다른 사람에게 말할 때 가리키는 말인데, 합해서 '칭호稱號'라 한다.

지칭에는 그 사람을 직접 말하는 대인칭과 그 사람이 어디에 있는지 그 있는 곳으로 말하는 거처칭이 있다. '대왕마마', '상감마마'는 대인칭이고, '대전마마'는 거처칭이다. 상대를 존중할수록 거처칭을 쓰는 것이 우리나라의 칭호의 특징이다. 그래서 예전의 궁중에서는 거처칭이 많이 쓰였다.

집안의 높은 남자 어른을 '큰사랑', 높은 안어른을 '대방 마님', 시댁 가족에게 남편을 '사랑사랑방'이라 하고, 친정 가족에게는 남편을 '○서방'이라 하고, 남편도 아내를 '제 댁宅', '안사람內室'이라고 말하는 것이 모두 거처칭인 것이다.

우리나라는 다른 나라에 비해 호칭이 대상, 경우에 따라서 세밀하게 분류되기 때문에 매우 복잡하고 다양하다. 그러나 그런 호칭이 매우 합리적이고 예의를 존중하는 민족적 긍지가 반영돼 있는 것도 사실이다.

우리의 호칭 가운데는 순수한 우리말로 된 것도 있고 한자어도 있다. 직장이나 사회에서 호칭을 잘못 사용함으로써 오해를 부르거나 기분을 언짢게 하는 경우가 흔하다. 호칭에 대한 예절을 분명하게 알고 익혀 일상생활에서 올바르게 지킬 수 있어야 한다.

호칭은 상대방을 존중하는 마음을 전달할 수 있는 수단이기 때문에 매우 중요하다. 호칭을 정확하고 올바르게 사용하느냐의 여부로 개인의 교양 수준과 사람 됨됨이까지 가늠할 수 있다. 알아두어야 할 호칭은 다음과 같다.

1) 자기에 대한 칭호

① 나 : 같은 또래나 아랫사람, 나이 차이가 많지 않은 사람, 형제자매에게 말할 때

② 저, 제 : 웃어른이나 여러 사람에게 말할 때

③ 우리, 저희 : 자기 쪽을 남에게 말할 때

④ 상대가 부르는 칭호 : 자기를 아랫사람에게 말할 때는 상대가 나를 부르는 칭호로 말한다(손자에게 할아비, 할미/ 자녀에게 아비, 어미/ 제자에게 선생님).

2) 부모父母 칭호

① 아버지, 어머니 : 자기의 부모를 직접 부르거나 남에게 말할 때 쓴다.

> 친부모를 직접 부를 때는 '아버지, 어머니'로 부르고, 남에게 얘기할 때도 친부모는 '저의(나의) 어머니, 저의(나의) 아버지'라고 말해야 한다. 부모와 자식 사이는 친밀함이 앞서기 때문에 '님'을 붙여 예를 세우지 않고 '어머니', '아버지'라고 불러 친함을 앞세운다. 그러나 친부모에게 글이나 편지를 쓸 때는 '아버님께 올립니다.', '아버님께 올리나이다.'라고 쓴다.

② 아버님, 어머님 : 남편과 아내의 부모님과 남의 부모를 직접 부르고 지칭하거나 남에게 말할 때, 남에게 그 부모를 말할 때 쓰고, 남의 부모를 상대에게 말할 때는 '○○의 아버님・어머님'이라 말한다.

> '아버님, 어머님'의 호칭은 남의 부모를 뜻함으로 만약 결혼한 남자가 '우리 아버님'이라고 말하면 상대방은 그가 장인어른에 대해 말하는 것으로 알아듣는다.

③ 아비, 어미 : 부모가 자녀에게 자기를 말할 때와 조부모가 손주에게 그 부모를 말할 때 '아비, 어미'라고 한다.

④ 가친家親, 자친慈親 : 자기의 부모를 남에게 말할 때의 한문식 지칭이다.

⑤ 춘부장椿父丈, 자당님慈堂님 : 남에게 그의 아버지를 말할 때의 한문식 지칭이다.

⑥ 부친父親, 모친母親, 춘장椿丈, 자당慈堂 : 남에게 다른 사람의 부모를 말할 때

⑦ 선친先親, 선비先妣 : 남에게 자기의 돌아가신 부모를 말할 때의 한문식 지칭이다.

> 돌아가신 부모를 다른 사람에게 얘기할 때는 '돌아가신 나의 아버지, 돌아가신 나의 어머니'라고 하고, 한자어로는 '나의 선친(선고, 선인), 나의 선비(현비)'라고 한다.

3) 아들

① 아들, 자식 : 남에게 자기의 아들을 말할 때의 지칭이다.

② 아비 : 자녀를 둔 아들을 그 아내나 자녀에게 말할 때 아비라고 한다.

③ 아드님, 자제子弟, 영식令息 : 남에게 그 아들을 말할 때

> 남의 자녀를 '자식'이라고 말하는 것은 실례이다.
> "자식이 몇 명이세요?"(X), "자식과 같이 사세요?"(X)

④ 네 남편, 아비 : 며느리에게 그 남편인 아들을 말할 때, '아비'는 손자에게 그 아비인 아들을 말할 때도 쓴다.

4) 딸

① 딸, 여식, 자식 : 자기의 딸을 지칭하는 말이다. 아들과 함께 '자식'이라고도 한다.

② 따님, 영애令愛 : 남의 딸을 말할 때 쓰인다. '영令'은 남을 높여 말할 때 붙인다.

> '영애令愛'는 남의 딸, '영식令息'은 남의 아들, 어떤 남자의 그 부인은 '영부인令夫人', 남의 손자를 '영포令抱'라고 한다.

③ 어미 : 자녀를 둔 딸을 그 남편이나 자녀에게 말할 때 '어미'라고 한다.

④ 네 댁 : 장인, 장모가 사위에게 그 아내인 딸을 말할 때 '네 댁'이라고 한다.

5) 며느리

① 얘, 너, 며느리 : 며느리를 직접 부를 때 쓴다('얘, 너'는 직접 지칭, 며느리는 간접 지칭이다).

② 네 댁宅, 네 아내 : 아들에게 그 아내인 며느리를 말할 때 쓴다('네 처'妻는 비하한 지칭이다).

③ 어미 : 자녀를 둔 며느리를 직접 부르거나, 그 남편인 아들이나 그 자녀인 손주에게 말할 때의 지칭이다.

④ 며느님, 자부님 : 남에게 그 며느리를 말할 때의 지칭이다.

6) 사위

① 너, 이름, ○서방 : 너, 이름은 장인이 직접 부르는 호칭이고, '○서방'은 집안에서 가리키는 지칭이다. 사위는 처가의 손님이고, 손님은 서쪽에 거처하기 때문에 '서쪽 방'이라고 거처칭으로 말하는 것이다.

② 자네, ○서방 : 장모가 사위를 직접 부를 때의 지칭이다.

③ 네 남편 : 딸에게 그 남편인 사위를 지칭할 때 쓴다.

④ 사위님, 서랑壻郞 : 남에게 그 사위를 말할 때의 지칭이다.

7) 남편과 아내

① 여보, 당신 : 부부가 서로 부르거나 지칭할 때는 '여보, 당신'이라고 하는데, '여보'는 "여기 보셔요."의 준말이다. 중후한 가정에서는 "여기 좀 보셔요." "여기 보셔요."라고 한다.

② 사랑 : 시댁의 어른이나 동서에게 자기의 남편을 말할 때 쓰인다. 남자는 사랑방에 거처한다는 거처칭이다.

③ 제 댁宅 : 자기 집이나 처가의 윗대 어른에게 자기의 아내를 말할 때 쓴다. 제댁은 '저의 집'이란 거처칭이다.

④ ○서방西房 : 친정의 어른에게 자기의 남편을 말할 때의 지칭이다. '손님'이란 거처칭이다.

⑤ 안內室 : 자기의 집이나 처가의 같은 세대 어른, 손아래 제수 · 처제 · 처남댁에게 자기의 안내를 말할 때 쓰인다. 안內室에 있다는 거처칭이다.

⑥ 아내, 안사람, 집사람, 내자內子 : 남에게 자기의 아내를 말할 때는 '제 아내',

제 안사람, '제 집사람', '제 내자內子',라고 한다(자기의 아내를 '제 처', '마누라'라고 비하 지칭하는 것은 교양이 없다는 느낌을 준다).

⑦ 남편, 바깥양반, 주인 : 남에게 자기의 남편을 말할 때는 거처칭인 나의 '나의(저의) 남편', '저의 바깥양반', '저의 주인'이라고 한다.

⑧ 부군夫君, 주인어른, 바깥양반 : 남에게 그 남편을 말할 때는 '부군', '주인어른', '바깥양반'이라고 한다.

⑨ 부인, 안어른 : 남에게 그 아내를 말할 때는 '부인', '안어른'이라고 한다(대통령 부인을 '영부인'으로 말할 수 있는 것은 대통령에게 직접 말할 때뿐이다).

8) 조부, 조모

① 할아버지, 할머니 : 아버지의 부모를 직접 부르거나 지칭할 때 쓴다.

② 할아버님, 할머님 : 남편의 할아버지, 할머니를 직접 부르거나 지칭할 때와 남의 조부모를 지칭할 때 '할아버님, 할머님'이라고 한다.

9) 손자, 손녀

① 얘, 이름, 너 : 직접 부르거나 가리킬 때 쓴다.

② ○실, ○집 : 손녀도 시집가면 누구의 아내라고 높인다. 남편의 성을 앞에 붙인다.

③ 손주님, 영포令抱님 : 남의 손자는 높여서 지칭한다.

10) 시댁媤宅 가족

① 할아버님, 할머님, 아버님, 어머님 : 남편의 조부모와 부모를 부르거나 말할 때 쓰인다.

② 아주버님 : 남편의 형을 부르거나 가족 간에 말할 때 쓴다. '큰아주버님', '둘째 아주버님'이라고 부른다.

③ 시숙媤叔 : 남편의 형을 남에게 말할 때는 '시숙'이라고 한다.

④ 형님 : 남편의 형수나 누님을 부를 때는 '형님'이라고 한다.

⑤ 도련님 : 남편의 장가 안 든 동생을 말할 때는 '도련님'이라고 한다.

⑥ 서방님 : 장가 든 시동생은 '서방님'이라고 한다.

⑦ 시동생 : 남에게 자기 남편의 동생을 말할 때는 '시동생'이라고 한다.

⑧ 작은 아씨 : 시집가지 않은 손아래 시누이를 부를 때와 가족 간에 말할 때는 '작은 아씨'라고 해야지 '아가씨'라고 하는 것은 잘못된 것이다. 아가씨는 친척 관계가 없는 미혼 처녀를 말하는 것이다. 시집간 시누이를 미혼 때와 같이 '작은 아씨'라고 하는 것은 정겨운 애칭으로 양해되고 있다.

⑨ 동서, 자네 : 시동생의 아내는 '동서', '자네'라고 부르고 '동서'는 지칭으로도 쓴다.

⑩ 서방댁 : 시집간 손아래 시누이를 부를 때와 가족 간에 말할 때, 그 남편의 성을 앞에 붙여 대접하는 것이다. '누구의 집'이라는 거처칭이다.

⑪ 시누이 : 남편의 자매를 남에게 말할 때 쓴다.

⑫ ○서방님 : 시누이의 남편을 부를 때 '○서방님'이라고 한다.

⑬ 시댁 가족 : 시댁 가족의 칭호는 남편이 부르고 가리키는 말끝에 '님'을 붙이면 무난하다.

11) 처가妻家 가족

① 장인어른, 장모님 : 아내의 부모를 부를 때 쓴다.

> 처부모에 대한 호칭은 '장인어른, 장모님'이 원칙이나 최근 국립국어원에서는 '아버님', '어머님'을 표준 호칭으로 정했다. 시부모에 대한 호칭도 '아버님, 어머님'이다.

② 빙장, 빙모 : 아내의 부모를 남에게 말할 때 '빙장, 빙모'라고 말한다.

③ 처남댁, ○○어머님 : 처남댁을 부를 때 쓴다.

④ 처형, ○○어머님 : 처형을 부를 때 쓴다.

⑤ 처제, ○○어머님 : 처제를 부를 때 쓴다.

⑥ 처남, 자네 : 손아래 처남을 부를 때 쓴다.

> 사위가 처가의 가족에게는 아내의 직계존속만 어른으로 모시고 기타는 사회적인 사귐으로 연령을 따지는 것이다.

12) 형제간兄弟間 – 남자의 동기간이 형제간

① 형 : 미혼의 동생이 형을 부를 때 '형'이라 하고, 집안의 어른에게 말할 때 '형'이라 한다. 예전에는 '언니'라고 했다.

② 형님 : 기혼의 동생이 형을 부를 때 쓴다.

③ 얘, 이름, 너 : 미혼이나 10년 이상 연하인 동생을 부를 때 쓴다.

④ 동생, 자네, 이름 : 기혼이며 10년 이내 연하인 동생을 부를 때 쓴다.

⑤ 아우 : 동생의 배우자나 남에게 자기의 동생을 말할 때 쓴다.

⑥ 아우님, 제씨弟氏, 영제씨令弟氏 : 남에게 그 동생을 말할 때 쓴다.

13) 자매간姉妹間 – 여자의 동기간이 자매간

① 언니 : 여동생이 여형을 부를 때 '언니'라 한다.
② 얘, 이름, 너, 동생 : 언니가 여동생을 부를 때, 10년 이내면 동생이라 한다.
③ ○○어미 : 집안의 어른에게 자녀를 둔 여동생을 말할 때 '○○어미'라고 한다.

14) 남매간男妹間 – 남자동기와 여자동기 사이가 남매간

① 오빠 : 미혼 여동생이 남자 형을 부를 때 '오빠'라고 한다.
② 오라버니 : 기혼 여동생이 남자 형을 부를 때 '오라버니'라고 한다.
③ 오라비 : 여동생이 집안 어른에게 남자 형을 말할 때 '오라비'라고 한다.
④ 누나 : 미혼 남동생이 손위 누이를 부를 때 쓴다.
⑤ 누님 : 기혼 남동생이 손위 누이를 부를 때 '누님'이라고 한다.
⑥ 동생, 자네, ○○○아버지 : 손위 누이가 기혼인 남동생을 부를 때 쓴다.

15) 형제자매兄弟姉妹의 배우자

① 형수님, 아주머니 : 시동생이 형의 아내를 부를 때 쓴다.
② 아주미, 아지미, 형수 : 집안 어른에게 형수를 말할 때
③ 형수씨 : 남에게 자기 형수를 말할 때

④ 제수씨, 수씨 : 동생의 아내를 직접 부를 때 쓴다.

⑤ 제수 : 집안의 어른에게 제수를 말할 때 '제수'라고 한다.

⑥ 제수씨 : 남에게 자기의 제수를 말할 때 쓴다.

⑦ 언니 : 시누이가 오라비의 아내를 부를 때 '언니'라고 한다.

⑧ 올케, 새댁, 자네 : 시누이가 남동생의 아내를 부를 때 쓴다.

⑨ ○○댁 : 집안 어른에게 남동생의 아내를 부를 때 쓴다.

⑩ 매부妹夫 : 누님의 남편을 부를 때와 자매의 남편을 남에게 말할 때 쓴다.

⑪ 자형姉兄, 매형妹兄 형님兄님 : 누님의 남편을 부를 때나 남에게 말할 때, 형님은 직접 부를 때만 쓴다.

⑫ ○서방, 자네 : 누이동생의 남편을 부를 때 쓴다.

16) 기타 친척親戚

① 증조 할아버지(증조 할머니) : 아버지의 할아버지(할머니) 또는 할아버지의 아버지(어머니)를 이르는 지칭이다.

② 종조 할아버지 : 할아버지의 남자형제를 말한다.

③ 종조할머니 : 종조할아버지의 아내를 말한다.

④ 큰종조할아버지 : 아버지의 큰아버지를 이르는 말이다.

⑤ 대부, 대모 : 자기의 직계존속과 8촌이 넘는 할아버지와 할머니를 부를 때 쓴다.

⑥ 아저씨, 아주머니 : 아버지와 4촌 이상인 아버지 세대의 어른과 그 배우자를 부를 때 '아저씨, 아주머니'라고 한다.

⑦ 고모, 아주머니, 고모부, 아저씨 : 아버지의 자매와 그 배우자를 부를 때 쓴다.

⑧ 외숙모, 아주머니, 외숙, 아저씨 : 어머니의 형제와 그 배우자를 부를 때 쓴다.

⑨ 이모, 아주머니, 이모부, 아저씨 : 어머니의 자매와 그 배우자를 부를 때 쓴다.

17) 사돈에 대한 칭호

① 사장查丈어른 : 윗세대 사돈남녀에 대한 칭호이다. 윗세대 사돈이란 며느리의 친정 조부모, 딸의 시조부모, 형수나 제수의 친정부모, 자매의 시부모 등과 같이 자기보다 윗세대인 사돈을 말한다.

② 사돈查頓어른 : 같은 세대의 이성異性간의 사돈이나 동성이라도 자기보다 10년 이상 연상인 사돈을 말한다. 어떤 시아버지가 며느리의 친정어머니를, 친정어머니가 딸의 시아버지를, 친정아버지가 딸의 시어머니를 말할 때, 아버지끼리나 어머니끼리도 10년 이상 연상자는 '사돈어른'이라고 말한다.

③ 사돈查頓 : 같은 세대의 동성同性끼리의 사돈으로서 연령차이가 10년 이내인 어떤 여자의 친정과 시댁의 아버지, 어머니끼리 서로를 말할 때 사돈이라고 한다. 같은 세대 여자 사돈끼리라도 친숙하지 않은 경우는 서로를 '사부인查夫人'이라고 깍듯이 말하기도 한다.

④ 사돈양반 : 아랫세대의 기혼 이성異性인 사돈을 말할 때, 시어머니가 며느리의 오라비, 시아버지가 며느리의 올케나 형, 친정아버지가 딸의 시누이나 동서, 친정어머니가 딸의 시숙이나 시동생을 말할 때, 여자는 동성同性인 아랫세대 사돈을 말할 때도 '사돈양반'이라 한다.

⑤ 사돈총각, 사돈도령 : 여자가 미혼남자인 사돈을 말할 때 쓴다.

⑥ 사돈아가씨, 사돈처녀 : 미혼여성인 사돈을 말할 때 쓴다.

⑦ 사돈아기씨, 사돈아기 : 어린 여자 사돈에 대한 칭호

18) 직장 조직사회에서의 칭호

① 부장님, 과장님 : 직계 상급자는 그 직급명으로 부른다.

② 총무과장님 : 다른 부서의 상급자는 부서명을 위에 붙인다.

③ ○부장님, ○○○과장님 : 같은 직급에 여러 사람의 상급자가 있을 때는 직급 앞에 성이나 성명을 붙인다.

19) 하급자에 대한 칭호

① 과장, 대리 : 상급자는 하급자에게 '님'을 붙이지 않고 직책과 직급명만을 말한다.

② ○○○씨, ○○○여사 : 직책이나 직급명이 없는 하급자는 성명에 '씨', '여사'를 붙인다('女史'는 기혼여성으로서 직업이 있는 여성이고, '女士'는 전업주부인 기혼여성을 뜻한다).

③ ○○○선생, ○○○형, ○○○여사님 : 하급자라도 자기보다 연상자이면 높여서 말한다.

④ ○○○군君, ○○○양孃 : 하급자가 미성년이거나 10년 이상 연하인 미혼자로서 양해가 되면 성이나 성명에 존칭어인 '군', '양'을 붙인다. 단 성과 이름 모두 부른 다음 뒤에 '군', '양'을 붙이는 게 더 바람직하다.

20) 동급자, 동료 간의 칭호

① ○○○과장님 : 동급자라도 연장자에게는 '님'을 붙인다.

② 부장, 과장 : 직급이 있으면 동년배인 동급자 간에는 직급명만을 부른다.

③ 선생님, ○○○선생님 : 동료라도 10년 이상 연상자이면 '선생님'을 붙인다.

④ 선배님 : 자기보다 5년 이상 연상자이면 남녀 모두 '선배님'이라 부른다.

⑤ ○○씨, ○○○여사님 : 동료 간이지만 친숙하지 못한 동년배는 '씨', '여사님'을 붙인다.

⑥ ○형, ○○○형, ○○○여사 : 동년배로서 친숙한 사이에는 성, 성명에 '형', '여사'를 붙인다.

21) 사회생활에서의 칭호

① 어르신, 어른신네 : 부모의 친구, 친구의 부모, 부모같이 나이가 많은 남녀 어른에게는 '어르신', '어른신네'라고 부른다.

② 선생님 : 웃어른이나 자기에게 가르침을 주셨던 분은 '선생님'이라고 한다. 그러나 40~50세가 넘는 분은 호칭이 애매할 경우에는 '선생님'이라는 호칭이 무난하다.

③ 노형老兄, 소제少弟 : 자기와 11~15년 사이인 연상, 연하자 간의 상호 칭호이다.

④ 형님, 형 : 자기와 6~10년 연상자에 대한 칭호이다. 단, 6~10년 사이에서는 친구가 되기로 양해가 되면 친구로 지내지만, 연상자가 벗을 터주지 않으면 선배로 모시는 것이다.

⑤ 부인, 여사님 : 기혼 여자로서 어르신, 선생님이라 부를 수 없는 여자는 '부인', '여사님'이라 부른다.

⑥ ○○님(사회적 직급) : 상대의 직책명에 '님'을 붙인다. 상대가 자기보다 연령이 11년 이상 아래이면 '님'을 붙이지 않아도 된다.

⑦ ○○아버님, ○○어머님 ○○누님 : 친구나 잘 아는 사람과의 관계로 부르기도 한다.

⑧ 학자님, 학자 : 선생님은 아니고 열심히 학문을 하는 사람으로 연상자는 '학자님'이라 하고, 학문 동료나 연하자는 '학자'라고 말한다.

22) 잘 모르는 사람에 대한 칭호

① 노인어른, 노인장 : 65세 이상의 남녀 노인
② 어르신, 어르신네 : 자기 부모같이 나이가 많은 남녀 어른
③ 선생님, 노형 : 어떻게 부르기가 거북한 남자
④ 형씨 : 자기와 동년배인 남자끼리
⑤ 댁 : 형씨라 부를 동성 간이나 이성 간
⑥ 부인 : 어르신, 선생님이라 부를 수 없는 기혼 여자
⑦ 젊은이, 청년 : 자기보다 16년 이상 연하자로서 청장년인 남자
⑧ 총각, 아가씨 : 미성년이거나 미혼인 남자, 여자
⑨ 학생 : 학생 신분인 남녀
⑩ 얘 : 미성년인 어린아이들

23) 여러 가지 칭호

① 말 배우는 아이가 자기의 부모를 부르거나 말할 때 혹은 말 배우는 어린아이에게 그 부모를 가리켜 말할 때(일반적으로 유치원 때까지)는 '아빠', '엄마'라고 한다.
② 친구의 부모를 직접 부르거나 표현할 때는 '어르신'이라고 해야 한다. 친구 아버지께 '아버님'이라고 하면 '친구 아버지의 아버지'라는 말이 되기 때문에 차라리 친구 이름을 대면서 '○○아버님'이라고 부르거나 표현하는 게 낫다.

③ 남에게 그의 아버지를 말할 때는 '아버님', '자네 아버님', '댁의 아버님', '선생님의 아버님', '김수정 아버님', 한자어로는 '춘부장椿父丈'이라고 하면 된다. 그러나 상대의 아버지가 나의 아랫사람일 경우에는 '자네 아버지', '너의 아버지'라고 해야 한다. 상대방의 어머니를 지칭할 때 '자당慈堂님'이라고 한다.

④ 아버지, 어머니의 친구를 보통 '아저씨', '아주머니'라고 부르지만 호칭을 분별할 나이가 되면 '어르신', '○○아버지', '○○어머니'라고 해야 한다.

⑤ 남편의 친구는 '○○씨', '○○아버지', '○사장님', '○선생님'으로 부른다.

⑥ 아내의 친구는 '○○씨', '○○어머니', '○여사님', '○선생님'으로 부른다.

⑦ 친구의 아내는 '부인', '○여사' '아주머니', '○○씨', '○○어머니'로 부르고, 다니고 있는 직장의 직급 명으로 불러도 괜찮다.

⑧ 여자 선생님의 남편은 '사부님', '○○○선생님'이라고 한다.

⑨ 남자 선생님의 아내는 '사모님'이라고 한다.

⑩ 나이 들어 부부간의 호칭을 '영감', '임자'라고 해도 좋다.

⑪ 며느리를 부를 때는 신혼 초에는 '아가', '새아가', '큰(작은)애야'라고 부르고, 자녀가 생기면 '○○어멈아', '○○어미야'라고 부른다.

⑫ 시부모님에게 며느리가 남편을 지칭할 때는 아이를 낳기 전에는 '그이', '이이'가 좋고 아이를 낳은 후에는 '아범', '아비', '○○아빠'라고 하면 무난하다.

⑬ 장인, 장모 앞에서 사위가 아내를 지칭할 때는 아이를 낳기 전에는 '집사람'이 좋고 아이를 낳은 후에는 '어멈', '어미', '○○엄마'라고 하면 무난하다.

⑭ 노인끼리 대화할 때 상대방이 자기보다 더 나이가 많으면 '어르신', '노인장', '○○선생님'이라고 부른다.

⑮ 은행 고객, 관공서 민원인, 택시 승객 등을 부르거나 표현할 때는 '손님', '○○○님'으로 한다('○○○씨'보다 높임말이 '○○○님'이다).

⑯ 상대방의 이름을 모르는 경우에는 상대방을 지칭할 때 '귀하貴下'라고 하면 무난하다.

⑰ '아줌마'는 '아주머니'의 낮춤말이기 때문에 '아주머니', '아주머님'이라고 한다.

⑱ 자기의 어린 자식은 '우리 꼬마'라고 해도 되지만 남의 집 아이를 '꼬마'라고 부르는 것은 피하는 게 좋다.

출처 : 김득중(2013). 인성실천 생활예절. 서울 : 중화서원, pp. 191–204.

8 | 언어예절

우리나라에서는 언어예절을 무척 중요하게 여긴다. 대상에 맞게, 상황에 맞게 경어를 올바로 쓸 줄 알아야 한다. 경어에는 존경법, 존대법, 공손법, 겸양법이 있다. 특히 경어는 윗사람, 친한 사이가 아닌 사람, 격식을 차릴 경우에 사용되는데 경어 사용은 일반적으로 정해진 기준이 있다.

1) 존경 호칭어

존경 호칭어는 가리키는 대상을 높여 부르는 말이다.

① ○○○ 어르신, ○○○ 선생님, ○○○ 여사님

② ○○○ 님, ○○○ 씨

③ 이 분, 저 분, 어느 분

④ 귀하, 귀사

⑤ 따님, 아드님

2) 존대법

존대법은 경어법으로 남을 높여 말하는 법이다. 문장의 주체를 높이는 주체 높임법, 말을 듣는 상대편을 높이는 상대 높임법이 있다. 존대법에는 일차적으로 남을 높이는 말이 있으며 아주 높임과 예사 높임이 있으므로 상대에 따라 알맞게 사용해야 한다.

(1) 경어로 된 낱말

① 밥 → 진지(아버지, 밥 잡수세요.(X) → 아버지, 진지 잡수세요.)

② 말 → 말씀(사장님 말입니다.(X) → 사장님 말씀입니다.)

③ 나이 → 연세, 춘추(할머니 나이가 몇이지요?(X) → 할머니 연세는 몇이십니까?)

④ 집 → 댁(선생님 집은 어디세요?(X) → 선생님 댁은 어디신가요?)

⑤ 병 → 병환(할아버지가 병에 누우셨습니다.(X) → 할아버지께서 병환으로 누우셨습니다.)

(2) 상대의 가족을 높인다

춘부장椿府丈, 자당님慈堂님, 영애令愛, 영부인令夫人, 영식令息, 따님, 아드님

(3) 상대에 관계되는 것을 높인다

귀교貴校, 귀하貴下, 귀댁貴宅, 고견高見

(4) 님, 분, 씨氏 호칭

선생님, 형님, 형제분("형제분은 몇이십니까?"), 친구분("친구분이세요?")

(5) 용언 어간 + (으)시 → 주체 높임법 표현

① 아저씨가 온다.(X) → 아저씨가 오신다.

② 아버지가 옷을 입는다.(X) → 아버지께서 옷을 입으신다.

③ 우리 아버지가 보내서 왔습니다.(X) → 우리 아버지께서 보내셔서 왔습니다.

(6) 경어로 된 용언

① 있다 → 계시다

② 자다 → 주무시다

③ "선생님 있습니까?(있으십니까?)" → "선생님 계십니까?"

④ 아버지가 진지를 먹는다. 아버지가 밥을 잡수신다. → 아버지께서 진지를 잡수신다.

(7) 께, 께서

① 어머니가 저에게 주셨습니다.(X) → 어머니께서 저에게 주셨습니다.

② 선생님에게 여쭈어 보았습니다.(X) → 선생님께 여쭈어 보았습니다.

3) 공손법

공손법은 상대를 높이기 위해서 일정한 종결어미를 선택함으로써 상대방을 대우하여 표현하는 높임법이다. 정중한 말을 사용해 상대에게 경의를 나타내는 표현으로 듣는 사람과의 관계에 따라 경어의 등급이 달라진다. 공손법은 문장의 끝에 표현된다.

① "저 왔습니다.", "하셨습니까?", "하십시오."

② "저 왔어요.", "하셨어요?", "하세요."

③ "나 왔소.", "하셨소?", "하소"

④ "나 왔네.", "하셨어?" "해요"

⑤ "나 왔다.", "했어?", "해"

4) 겸양법

겸양법은 주어의 행위가 미치는 대상을 대우하여 표현하는 높임법이다(개체 높임). 말하는 사람의 입장을 낮추고 상대방이나 화제에 오른 사람에게 경의를 나타내는 말이다.

(1) 윗사람 앞에서는 '나'를 '저'라고 표현한다

"아버지, 나예요." → "아버지, 저예요."

"선생님, 내가 했습니다." → "선생님, 제가 했습니다."

(2) 나의 가족은 낮춘다.

① "내 딸입니다." → "저의 딸아이입니다."

② "우리 남편께서 오실 겁니다." → "저의 남편(바깥양반)이 올 겁니다."

> 자기 남편을 여러 사람 앞에서 표현할 때 '아빠'란 단어는 사용하지 말아야 하며, "제 남편이 하셨어요." 등으로 지나치게 높여 말하지 않아야 한다.

(3) 겸양 표현의 용례

'저는, 제가, 저희가, 저희들이, 소인이, 소생이, 여쭙겠습니다, 말씀드리겠습니다, 찾아뵙겠습니다, 모시겠습니다, 뵙겠습니다, 드리겠습니다.' 등

> "선생님, 물어 볼 게 있습니다." ➡ "선생님, 여쭤 볼 게 있습니다."
> "어머님, 오랜만입니다. ➡ "어머님, 오랜만에 뵙습니다."

(4) 말씀

상대방을 높이기 위해서도 '말씀'이라고 하고, 자기 말을 공손하게 하기 위해서도 '말씀'이라고 해야 한다. 즉, '말'은 높여도 '말씀'이요, 낮춰도 '말씀'이다.

> "사장님, 제가 말을 하겠습니다." ➡ "사장님, 제가 말씀을 드리겠습니다."
> "사장님께서 하신 말이 맞습니다." ➡ "사장님께서 하신 말씀이 맞습니다."

부모님에 대해 말할 때는 듣는 사람의 연령에 상관없이 언제나 최고로 높여서 말한다('저의 어머니께서 편찮으십니다.', '저의 아버지께서 말씀하셨습니다.').

5) 압존법壓尊法

나에게 윗분이라도 그 분보다 더 높은 윗분 앞에서 그를 말할 때는 높이는 것을 자제하고 도리어 낮추어 말하는 것이다.

1992년 국립국어원에서 만든 표준화법은 압존법은 집안에서만 사용하고 직장에서나 사회에서는 압존법을 쓰지 말 것을 권하고 있다. 그러나 실제 그렇게 할 경우 어색한 분위기가 되는 경우가 많다. 필자는 아랫사람이 윗사람에 대해 더 윗분에게 말씀드릴 때 호칭은 높이되 행위를 낮추어 표현하면 듣는 사람과 말하는 사람 모두 마음이 편안하다는 것을 여러 번 체험했다. 앞으로 이런 어법을 사용하는 것이 더 좋지 않을까 생각한다.

<압존법>

"할아버지, 아버지께서 오십니다."(X) ➡ "할아버지, 아버지가 옵니다."

"선생님, 내일 형을 모시고 올까요?"(X) ➡ "선생님, 내일 형과 같이 올까요?"

<표준화법/ 국립국어원>

"사장님, 이 과장이 외출했습니다."(X) ➡ "사장님, 이과장님이 외출하셨습니다.(○)

<필자의 제안>

"사장님, 이 과장이 외출했습니다."(X) ➡ "사장님, 이과장님이 외출했습니다."(○)

위와 같이 말하면 듣는 사람, 말하는 사람 모두 자연스러울 것 같다.

9| 경조사 예절

1) 축하예절

(1) 혼인婚姻

남자와 여자가 부부가 되는 일을 가리키는 말에는 '결혼結婚', '혼인婚姻', '가취嫁娶' 등이 있다. 과거에는 혼인이라는 단어가 가장 많이 쓰였으나 요즘에는 결혼이라는 단어가 가장 많이 쓰이고 있다. 그러나 '결혼'보다는 '혼인'이란 용어를 사용함이 더 바람직하다. 이유는 장가든다는 뜻의 혼婚과 시집간다는 의미의 인姻이 합해져서 파생된 말이 혼인이다. 따라서 장가들고 시집가는 것은 '혼인'이란 용어로 통칭함이 더 정확하다. 혼인을 축하하는 축의금 봉투에는 '경하혼인慶賀婚姻', 혹은 '혼인을 경하합니다.'라고 쓰면 좋다.

출처 : 김득중(2013). 실천 가정의례. 서울 : 중화서원, pp. 127-128.

(2) 정년퇴임

직장에서 상사나 선배가 정년퇴임을 할 때의 인사말로는 "그동안 애 많이 쓰셨습니다.", "그동안의 노고를 치하드립니다. 앞으로 더욱 건강하시고 행운이 가득하시길 기원합니다."가 무난하다. 봉투서식에는 '송공頌功' 혹은 '공적을 기립니다.'라고 쓴다.

(3) 생신 · 생일

부모님이나 친척 어른의 생신일 경우에는 '생신, 경하드립니다. 앞으로 좋은 일만 가득하시길 바랍니다.'라는 인사말이 무난하다. 생신 축하 봉투에는 '생신을 경하드립니다.'라고 쓴다.'

(4) 영전 · 승진

먼저 있던 자리보다 더 좋은 자리나 직위로 옮기는 것을 영전榮轉이라고 하며, 직장 내에서 직위가 오르는 것을 승진昇進이라고 한다. 인사말을 할 경우에는 '영전(승진), 진심으로 축하합니다. 앞으로도 행운이 가득하길(가득하시길) 기원합니다.', '승진, 축하합니다. 앞으로도 모든 일 뜻대로 되길(되시길) 기원합니다.'라고 인사말을 하면 무난하다.

2) 조문弔問예절

친구, 직장동료, 상사의 부모님 등이 돌아가시면 장례식장에 '조문'을 가게 되는데 흔히 '문상'간다는 표현을 하는데 이 표현은 사용하지 않는 게 좋다.

조문의 뜻을 살펴보면, 남자가 죽었을 때 영좌 앞에서 고인에게 슬픔을 나타내기 때문에 남자가 죽은 상에 인사하는 것을 '조상'이라고 하고, 여자가 죽었을 때는 여자 고인에게 인사하지 않고 복인服人에게만 조위를 표하기 때문에 여자가 죽은 상에 인사하는 것을 '문상'이라고 한다. 따라서 조상과 문상을 합해서 슬픔을 나타내고 위문을 한다는 뜻으로 '조문弔問'이라고 한다. 조문은 조상과 문상을 합한 말이다.

출처 : 김득중(2013). 실천 가정의례. 서울 : 중화서원, pp. 246–247.

(1) 조문 가는 시간

과거에는 상제가 성복成服을 한 후에 문상을 하는 것이 예의였지만 최근에는 3일장이 보편화되어 상제의 성복 여부에 관계하지 않고 조문을 가는 경우가 많아졌다. 상제들의 정신적, 육체적 피곤함을 생각해서 지나치게 이른 아침이나 저녁 늦게 문상 가는 것은 피하는 게 좋다.

(2) 조문객의 의상

남녀 공히 검정색 옷차림이 좋겠지만 형편상 그것이 어렵다면 수수한 단색, 감색navy, 회색 정장이라도 무방하다. 남자의 경우 되도록 흰색 드레스셔츠를 입고 가는 것이 좋다.

여성은 조문 후 자리에 앉을 경우를 대비해 지나치게 폭이 좁고 짧은 치마는 피하는 게 편리하다. 향수는 사용하지 말고 옅은 화장을 하고 화려한 액세서리는 하지 않는 게 좋다.

(3) 조문의 순서

① 장례식장에 도착하면 휴대폰 전원을 끄고, 외투를 입었다면 벗는다.

② 먼저 호상소로 가서 조문록에 성명을 기재한다.

③ 호상소에 앉아 있는 사람은 조문객을 영좌 앞으로 안내한다.

④ 복인服人들은 흉사시의 공수를 하고 슬픔을 나타낸다.

⑤ 영좌에 꽃을 올리도록 준비되어 있으면, 꽃을 뽑아 꽃송이가 위로 향하게 하여 양손으로 들고 영정 쪽으로 가서, 꽃송이를 영정 쪽으로 해서 올려놓은 다음,

뒤로 물러서서 기독교인이나 천주교인이라면 기도를 드린다.

꽃송이를 영정 쪽으로 향하게 하는 이유는 고인에게 꽃향기를 올리기 때문이다. 영전에 꽃을 올리는 것은 서양의 풍속인데 유럽에서도 꽃송이가 영정을 향하도록 올린다.

⑥ 조문객이 향을 피우기 위해서는 향안 앞으로 가서 향을 1번이나 3번 사르고, 흉사시의 공수를 하고 서서 잠시 고인을 추모하며 슬픔을 나타낸다.

⑦ 영좌가 입식立式으로 설취되었으면 허리를 90도로 굽혀 한 번 경례하고, 좌식으로 되어 있으면 전통 배례로 남자는 2번, 여자는 4번 절한다.

고인이 평소에 절을 하지 않을 정도로 아랫사람이면 절을 하지 않는다. 슬픈 예만 갖추고 절을 하지 않는 것을 곡이불배哭而不拜라 한다.

⑧ 조문객과 상제 중 아랫사람이 먼저 경례(정중례) 또는 절(평절)을 하면 상대편이 맞경례 또는 답배를 한다. 이때도 평소에 절을 하지 않을 정도로 나이가 많은 쪽에서는 절하지 않고 아랫사람 쪽에서만 절이나 경례를 한다.

⑨ 좌식 장소면 꿇어앉아 절(평절)하고, 입식 장소면 공손한 자세로 서서 조문객이 먼저 경례(정중례)를 한다.

⑩ 예전에는 고인과 복인과의 관계에 따라 인사말과 대답이 달랐으나 현대에 와서는 누가 죽었든 조문객이 "얼마나 슬프십니까?"라고 인사하면 복인은 "오직 슬플 따름입니다."라고 대답하면 된다. 무언 속에서 서로 슬픔 마음만 나누어도 된다.

⑪ 다시 호상소에 가서 준비한 부의금賻儀金 혹은 부조금품扶助金品을 접수시킨다.

출처 : 김득중(2013). 실천 가정의례. 서울 : 중화서원, pp. 247-249.

※ 상가에서는 절대로 큰소리로 잡담하지 않아야 하고, 상가에서 별다른 생각 없이 상제에게 "호상입니다"라고 말하는 것은 큰 결례이다. 호상好喪은 복을 누리고 오래 산 사람의 상사喪事를 뜻하는 말로 대개 화목한 가정을 이루면서 천수를 다 누린 어른이 돌아가셨을 때 쓰는 말이다. 자식 입장에서는 고인의 향년이 아무리 많았더라도 슬픈 마음과 아쉬움이 가득하다. 따라서 '호상'이란 말은 조문객들 사이에서나 쓸 수 있는 것이지 상제에게 직접 쓰는 말은 아니다.

※ 향을 사를 경우에는 영위를 모시는 위치에 따라 좌식이면 무릎을 꿇고 하고 입식이면 서서 하는데 향합에서 향을 집어 불을 붙인 다음, 불꽃을 왼손으로 가볍게 바람을 일으켜 끄고, 향을 오른손으로 잡고 향로에 꽂는다. 이때 오른 손목을 왼손으로 가볍게 받친다면 더 공손해 보인다.

※ 서로 인사가 끝난 다음, 무언 속에서 슬픈 마음을 나누는 게 자연스럽지만 조문객이 뭔가 위로의 말을 하고 싶다면 상제에게 "얼마나 슬픔이 크십니까.", "얼마나 상심이 크십니까.", "삼가 조의를 표합니다.", "뭐라고 위로의 말씀을 드려야 할지 모르겠습니다." 정도로 조문의 말을 하는 것도 괜찮다. "얼마나 망극罔極하십니까"의 조문 말은 부모상을 당했을 때만 쓰는 표현이므로 주의해야 한다. 원래 망극罔極이란 부모나 임금에게 상서롭지 못한 일이 생겨 지극히 슬플 때 쓰는 말이다. 따라서 아내나 형제자매를 먼저 떠나보낸 사람에게는 '망극'이란 표현을 하면 안 된다.

상제 쪽에서는 조문객의 조문에 대해 "와주셔서(찾아주셔서) 감사합니다.", "드릴 말씀이 없습니다.", "제가 다 부덕한 탓입니다."라고 답하면 된다.

10| 평상시의 절 예절

1) 남성의 큰절 방법

① 절 받을 대상을 향해 바른 자세로 서서 앞을 본다.

② 남성은 왼손을 오른손 위에 오도록 하여 양손 엄지를 깍지 끼어 두 손을 마주 잡고 공수하여(흉사 시는 반대) 아랫배에 대고 뒤꿈치 안쪽끼리 대고 바르게 선다.

③ 왼발을 주먹 하나 간격으로 벌리면서 허리를 굽혀 공수한 손을 내려 바닥에 짚으면서, 왼쪽 무릎을 먼저 꿇은 뒤, 오른쪽 무릎을 꿇으면서 양 무릎을 가지런히 한다. 이때 왼발 발바닥 위에 오른발을 얹고 뒤꿈치를 벌려 엉덩이를 내려 깊이 앉으면서 동시에 팔꿈치를 많이 벌리지 말고 몸에 붙인 상태에서 팔꿈치를 바닥에 붙이며(몸과 삼각형을 이룬다), 머리를 숙여 이마를 공수한 손등에 닿도록 하고 잠시 머문다(하나, 둘, 셋).

④ 머리를 들고 팔꿈치를 세우고, 오른쪽 무릎을 먼저 세운 후, 공수한 손을 오른쪽 무릎에 가볍게 얹고 아래쪽으로 힘주어 일어나서, 왼발을 오른발과 가지런히 모은 다음 공수하여 아랫배에 댄다.

2) 여성의 큰절

① 절할 대상을 향해 서서 여성은 오른손이 왼손 위에 오도록 공수하여 아랫배에 대고 양발을 십일자로 붙여 바로 선 다음, 공수한 손을 어깨높이로 올린다. 이때 고개를 숙여, 공수한 손등에 이마를 댄다.

② 왼쪽 무릎을 먼저 꿇은 후, 오른쪽 무릎을 꿇어 양 무릎을 가지런히 한다. 이때

오른발 발바닥 위에 왼발을 얹고, 뒤꿈치를 벌려 엉덩이를 내려 깊이 앉으며 동시에 상체를 약 45도 정도 앞으로 굽혀 잠시 머문다(이때 이마를 손등에서 떼지 않는다).

③ 이마를 손등에 댄 상태에서 윗몸을 일으키는데, 오른쪽 무릎을 먼저 세우고 일어나면서 왼발을 오른발과 가지런히 모은 다음, 수평으로 올렸던 공수한 손을 그대로 단전에 대면서 고개도 세운 다음, 굴신례(30도 정도 인사)를 한다.

큰절은 내가 절을 해도 답배答拜를 하지 않아도 되는 높은 어른에게 하고 의식행사에서 한다.

3) 남성의 평절

남성의 평절은 큰절과 같은 동작으로 하되, 공수한 손이 이마에 닿는 순간(하나!) 머무르지 말고 즉시 다음 동작으로 넘어간다.

4) 여성의 평절

① 절할 대상을 향해 서서 여성은 오른손이 왼손 위로 공수하여 아랫배에 대고 양발을 십일자로 붙여 바로 선 다음, 공수한 손을 양옆으로 내린다.

② 왼쪽 무릎을 먼저 꿇은 후, 오른쪽 무릎을 꿇으면서 오른발 발바닥 위에 왼발을 얹고, 뒤꿈치를 벌려 엉덩이를 내려 깊이 앉는다. 어깨너비만큼 양팔을 벌리되 다섯 손가락을 가지런히 모아 손끝이 밖(양옆)을 향하게 하여 윗몸을 약 45도쯤 앞으로 굽히며, 양 손바닥을 바닥에 댄다. 이때 엉덩이가 들리지 않아야 하며 어깨가 치솟아 목이 묻히지 않도록 팔꿈치를 약간 굽혀도 괜찮다.

③ 잠시 머물러 있다가(하나!) 윗몸을 일으키며 양 손바닥을 바닥에서 떼면서, 오른쪽 무릎을 먼저 세우며 윗몸을 일으키면서 양 손끝을 바닥에서 뗀다.

④ 일어나면서 왼쪽 발을 오른발과 나란히 모은 다음 공수하고 원자세에서 굴신례 한다.

남녀 큰절, 평절을 할 때 발바닥과 발등을 포개지 않고 두 엄지발가락을 맞닿게 가지런히 양발을 모으기만 해도 된다.

출처 : 김득중(2013). 실천 가정의례. 서울 : 중화서원, p. 33.

5) 남성의 반절

공수한 손을 바닥에 대고 무릎 꿇은 자세에서 팔꿈치를 바닥에 대지 않고 엉덩이에서 머리까지 수평이 되게 엎드렸다가 일어나는 절이다. 약식반절은 앉은 채로 공수한 양 손만 앞의 바닥에 댔다가 떼기도 한다. 또한 한 손만 바닥에 댔다가 떼는 한팔만 짚는 반절도 있다.

6) 여성의 반절

여자의 반절은 평절을 무릎을 꿇지 않고 쪼그린 채 양 손바닥만 바닥에 댔다가 일어난다. 답배해야 할 대상이 나이가 많이 낮은 사람이면 남녀 모두 앉은 채로 양 손으로 바닥을 짚는 약식 반절로 답배하거나, 한 팔로 손바닥만 바닥에 대는 약식 반절이 있다.

출처 : 김득중(2013). 실천 가정의례. 서울 : 중화서원, pp. 33-44.

7) 절할 때의 인사말

(1) 새해 인사

① 웃어른에게 : "더욱 만수무강하시길 빕니다."

② 같은 또래 : "새해에 복 많이 받으십시오."

③ 아랫사람 : "새해에 소원성취 하시게나."

④ 아이들에게 : "부모님 말씀에 순종하고 건강하렴", "동생과 싸우지 말고 잘 지내거라.", "나이를 먹으니 어른스럽구나." 등

> 어른에게 절을 할 때 "절 받으세요."라는 표현은 예의가 없는 표현이다.
> "절 올리겠습니다."라는 표현이 더 공경스러운 표현이다.

11 | 여러 가지 예절 및 표현법

① 부모 성함을 얘기할 때는 성姓 뒤에는 자字를 붙이지 않는다.

"저의 아버지 존함은 이자 성자 국자입니다."(X)

"저의 아버지 존함은 이 성자 국자입니다."(O)

② 전혀 이름도 모르는 상대방을 지칭할 때는 '선생님께서', '선생께서', '귀하께서'라고 하면 좋다.

③ 자문諮問의 본래 뜻이 '전문가에게 의견을 물음'이기 때문에 '자문을 구하다'가 아니라 '자문하다'가 올바른 표현이다.

"선생님께 자문을 구하고 싶습니다."(X) → "선생님께 자문하고 싶습니다."(O)

④ 자신의 성이나 본관을 얘기할 때는 성 뒤에 씨氏를 붙이지 않고 가哥를 붙여야 겸손한 느낌을 준다.

"저는 진주 강씨입니다."(X) → "저는 진주 강가입니다."(O)

⑤ 아랫사람을 약간 높여서 부를 때 성이나 이름 뒤에 '양'과 '군'을 붙이는 경우가 있으나 성과 이름 뒤에 붙이는 것이 좋다. '이 양', '이 군'은 낮잡아 부르는 느낌을 주기 때문에 '이희선 양', '이낙훈 군' 처럼 성과 이름을 모두 부른 뒤에 '양'과 '군'을 붙인다.

⑥ 우편물이나 편지를 보낼 때 이름 뒤에 존대가 중복되지 않게 쓴다.

- 임채민 선생님 귀하(X), 임채민 님 귀하(X)
- 임채민 님에게(O), 임채민 님께(O), 임채민 귀하(O), 임채민 좌하(O)
- 아랫사람일 경우 : 임채민 앞(O)
- 회사로 보낼 경우 : 경신 주식회사 귀중(O), 경신 주식회사 김성식 귀하(O)

⑦ "처음 뵙습니다."(X) → "처음 뵙겠습니다."(O)

⑧ 길거리나 백화점이나 어디서든 상대방과 몸이 부딪히면 원인제공자가 누구든 지간에 먼저 "죄송합니다."라고 말할 수 있는 마음의 여유를 가져야 한다.

⑨ 칼, 무선 마이크, 가위 등을 상대방에게 줄 때는 위험하지 않은 부분을 상대방 앞으로 해서 '사선방향'으로 건네는 것이 좋다.

⑩ 길거리에서 침을 뱉거나, 음식점에서 휴지에 가래침을 뱉는 행위는 자신의 품위를 스스로 떨어뜨리는 행위이다.

⑪ "수고하십시오."라는 표현은 윗사람에게는 쓰지 말아야 한다. 수고受苦(받을 수, 괴로울 고)는 '고통을 받음'이란 부정적인 의미를 지녔기 때문에 아랫사람이 윗사람에게 써서는 안 되는 표현이다. "수고하셨습니다."라는 과거형도 쓰지 말

아야 한다. 예를 들어, 본인이 퇴근할 때 선배동료가 야근할 상황이라면 "이 대리님, 먼저 퇴근하겠습니다. 내일 뵙겠습니다.", 수업 후에 선생님께 인사하고 싶다면 "선생님, 수고하셨습니다." 대신에 "선생님, 다음 시간에 뵙겠습니다." 정도로 표현하는 것이 무난하다. '수고'란 단어 대신에 '애'란 말을 상황에 따라 적절하게 쓰는 것은 괜찮다. 예를 들어, "부장님, 어제 이과장님이 정말 애 많이 썼습니다."라는 표현은 무난하다.

⑫ 상대방에게 "좋은 하루 되세요."라는 표현은 어법상 틀린 표현이다. "좋은 하루 보내십시오."라는 표현이 맞다.

⑬ "열심히 하도록 하겠습니다."라는 말에는 내 자신이 열심히 하겠다는 의지가 담겨 있기 때문에 "열심히 하겠습니다."라고 표현해야 마땅하다.

⑭ 자신의 이름을 말할 때 "임채민이라고 합니다."라고 하면 어색하다. 이런 표현은 제3자가 자기를 소개할 때 쓰는 것이 자연스럽다. 따라서 "임채민입니다."라고 하는 것이 좋다.

⑮ '너무', '정말'이라는 단어는 같은 의미로 허용되어 쓰이고 있지만, 원래 '너무'란 단어는 부정적인 의미가 내포되어 있기 때문에 부정적인 표현에 쓰는 게 좋다("너무 더럽다", "너무 덥다"). '정말'이란 단어는 긍정적인 표현에 쓰는 게 좋다("정말 예쁘다.", "정말 좋다."). "너무 감사합니다."라는 표현보다는 "정말 감사합니다."란 표현이 더 감사한 마음이 전달된다.

⑯ '굵다'와 '두껍다', '가늘다'와 '얇다'를 각각 구별해서 써야 한다. 예를 들면 다리가 굵다, 가늘다(O) 다리가 두껍다, 얇다(X)

⑰ 같은 집단의 사람 앞이 아니라면 자신을 소개할 때 직함은 앞으로 빼는 것이 좋다. "안녕하십니까? 총무과 과장 이효익입니다."(O), "안녕하십니까? 총무과 이효익 과장입니다."(X)

⑱ 흔히 "몸소 체험했어요."라는 표현이 쓰이지만 '몸소'는 존경의 의미가 포함되어 있기 때문에 본인 스스로를 말할 때는 "직접 체험했습니다."라고 하는 것이 타당하다. "선생님께서 직접 가셨군요."(X) → "선생님께서 몸소 가셨군요."(O)

⑲ 일상생활에서 '장본인'과 '주인공'은 구별하여 써야 한다. 장본인은 비난 받을 일이나 나쁜 일을 해서 주목 받는 사람에게 쓰고, 주인공은 좋은 일이나 주도적인 일을 해서 주목 받는 사람이란 의미가 있다. "이 분이 미담의 장본인입니다"라고 표현한다면 큰 결례이다. "이 분이 미담의 주인공입니다"라고 해야 한다. "저 사람이 살인사건의 장본인이라고 합니다."(O)

⑳ 상가에 가서 남의 죽음을 슬퍼하는 뜻에서 내는 돈은 '조의금弔意金', '부의금賻儀金', '조위금弔慰金', '부의전賻儀錢'이고 애사나 경사에 상대를 돕기 위해 보내는 돈은 '부좃돈'이나 '부조금扶助金'이라고 한다. 흔히 말하는 '부줏돈', '부주금'은 합당하지 않다.

㉑ 학교 선배에 대한 호칭은 '선배님'으로 부르는 것이 바람직하다. 선후배가 가까운 관계라면 '형님', '형', '오빠', '언니', '누나'란 호칭도 무방하다.

㉒ 자제子弟란 단어의 의미는 남을 높여 그의 아들을 이르는 말이기 때문에 아들·딸을 대신에 쓰면 안 된다.

㉓ 직장에서 말단직원이 사장에게 상급자에 대해 표현할 때 압존법(청자를 고려하여 존대하지 않고 평대하는 표현법)을 무시하고 "사장님, 이 과장님이 지금 자리에 안 계십니다."(1992년 국립국어원에서 만든 '표준화법'에 의거한 올바른 표현)라고 했다고 하자. 사장의 입장에서 본다면 이 과장에 대해 높여 얘기한 것이 마치 자신은 무시당한 것 같은 느낌이 들어 불쾌할 수도 있다. 따라서 필자는 이런 상황이라면 '호칭은 높이고 행위는 낮추는 것'("사장님, 이 과장님이 지금 자리에 없습니다.")이 듣는 사람과 말하는 사람의 마음을 모두 편하게 해줄 것이라고 본다. 앞으로 이런 방향으로

정리가 되어야 할 문제라고 생각한다.

㉔ 외국 사람과 볼을 대며 인사할 때는 입으로 '쪽air kiss'소리를 내며 하는 것이 예의이다.

㉕ 자동차를 탈 때 여성이라면 엉덩이를 시트에 먼저 걸치고 두 다리를 모아서 한 박자에 차 안으로 옮기는 모습이 품위 있다.

㉖ 음식 먹을 때 '쩝쩝'소리를 내지 말고, 입안에 음식물이 있는 상태에서는 말을 많이 하지 않는다.

㉗ 음식점에서 종업원을 부를 때는 말없이 오른손을 눈높이로 들거나, 종업원이 쳐다보지 않으면 오른손을 눈높이로 들면서 "여기요"라고 하는 것이 무난하다.

㉘ 윗사람에게는 '술' 대신에 '약주藥酒'란 단어를 써야 하고, '집'이란 단어 대신에 '댁宅'이라고 해야 한다.

㉙ 예술적으로 재능이 뛰어난 젊은 여자를 일컬어 '재원才媛'이라고 하고, 남자라면 '재자才子'라고 하므로 남녀를 구별하여 써야 한다.

㉚ "오랫만에 뵙습니다"는 틀린 철자이다. "오랜만에(오래간만에) 뵙습니다."가 맞다.

㉛ 공적인 상황이거나 여러 사람들 앞에서 성인이라면 자기의 아버지를 '아빠'라고 지칭하지 말고 '아버지'라고 해야 어른스럽다.

㉜ 처음 만난 윗사람에게는 "안녕하십니까."라고 인사하는 것이 격식체의 높임말이고, "안녕하세요."는 비격식체의 두루 높임말이다.

㉝ 집에서 학교나 회사에 갈 때 부모님에게 "학교(회사) 갔다 올게요."라고 하는 것보다는 "학교(회사) 다녀오겠습니다.", "다녀오겠습니다."라는 표현이 더 정중하다.

㉞ 사고나 탈이 났을 때 '사단이 났다'가 아니라 '사달이 났다'가 맞는 표현이다.

㉟ '효과'는 [효과] '관건'은 [관건] 발음이 표준발음이었는데, 최근에 국립국어원에서 [효꽈] [관껀] 발음이 허용되었다.

㊱ 외래어 표기 중에서 부메랑은 부머랑, 바바리는 버버리, 무스탕은 머스탱, 마후라는 머플러가 올바르다.

㊲ 일본식 영어인 추리닝과 바께스도 운동복, 들통이나 양동이로 써야 한다.

제2장

대화예절과 의사소통

일상생활 속에서 우리는 다른 사람과 많은 대화를 나누며 살아가고 있다. 마음은 그렇지 않은데 표현이 잘못되어서 상대방의 마음을 상하게 하거나 오해를 불러일으키는 경우도 적지 않다.

이같이 대화를 원활하게 나누기 위해서는 상대방의 마음을 헤아려 가며 주의를 기울여서 듣고 조심해서 말하는 자세가 필요하다. 그 결과 '남의 생각이 나하고 많이 다르구나', '그래 저렇게도 생각할 수 있겠구나' 하는 데까지 생각이 미친다면 누구와도 깊은 대화가 이루어져 대인관계가 좋아질 것이다.

상대방과 마주 앉아 대화를 나눌 때 시선 처리와 제스처도 매우 중요한 요소이다. 대화 중에 상대방의 얼굴 중 어느 한 곳을 집중적으로 보거나 제스처가 지나치게 많고 크다면 좋은 느낌을 주지 못할 것이다. 상대방과 마주 앉아 대화를 나눌 경우 시선은 상대방의 눈, 코, 입, 목에 국한시켜야 한다. 목 아래에 시선을 두면 결례가 된다. 상대방의 눈부터 목까지 차례대로 반복해서 보면, 정서가 불안한 사람으로 비춰질 수가 있다. 순차적으로 보지 말고 어느 한 곳을 뜸을 들여가며 여유 있게 보면서 대화를 나눈다. 그게 아니라면 미간, 인중, 턱 끝을 여유 있게 보는 것도 좋다.

제스처는 앉아서 얘기를 나눌 경우에는 목과 허리선 범위 안에서만 사용하는 것이 좋고, 대화의 내용에 걸맞은 제스처를 취한다.

상대방과 대화를 나눌 때 지나가는 사람이나 옆 사람에게 시선을 주거나, 볼펜과 휴대폰을 계속 만지작거리거나, 다리를 떠는 것은 결례이다.

휴대폰은 진동모드로 설정해 놓되 꼭 받아야 할 전화는 상대방에게 양해를 구한 뒤에 받는다.

대화의 기본 기술과 대화예절을 몸에 익히고 대화를 나눈다면 대인관계가 좋아질 것이다.

1 | 의사소통Communication의 3대 요소

1) 경청傾聽

① 열심히 듣고

② 물으면서 듣고

③ 확인하면서 듣고

④ 생각하면서 듣는다.

사람을 움직이는 무기는 입과 귀, 즉 말하기와 듣기이다. 이 중 강력하게 작용하는 것은 입이 아니라 귀이다. 말을 잘 하는 것보다 잘 듣는 것이 훨씬 더 중요하다는 것이다.

경청傾聽이라는 한자의 훈과 음은 '기울일 경', '들을 청'이다 '聽' 자를 보면 마음이나 눈보다 귀가 앞서 있다. '귀 이耳' 자 밑에 '임금 왕王' 자가 있는 것을 보면 귀 기울이기를 최우선으로 하라고 충고를 하는 것만 같다.

경청할 때는 먼저 귀를 기울이고, 눈을 맞추면서, 감정을 맞추어 가며 듣고, 상대방의 기분과 감정을 헤아려 표현하면서 듣는다.

또한 경청은 한자로 두 가지로 표기된다. 傾聽(기울 경, 들을 청)과 敬聽(공경 경, 들을 청)이다. 일반적으로 사용된 傾聽은 상대에게 귀를 기울여 열심히 듣는 것이고, 敬聽은 상대를 공경하는 마음, 즉 존중하는 마음으로 듣는다는 의미이다.

따라서 경청이란 '상대방을 존중하는 마음으로 상대방이 하는 말을 판단하지 않고 있는 그대로를 듣고, 들었다고 상대에게 표현하는 것'이다. 그러기 위해서는 상대방의 말을 열심히 듣고, 물으면서 듣고, 확인하면서 듣고, 생각하면서 들어야 한다.

2) 깊이 있는 이해

① 상대적으로 사고하고

② 상대방의 마음을 헤아려서 듣는다.

깊이 있는 경청을 위해서는 역지사지易地思之, 즉, 처지를 바꾸어 상대방의 입장에서 생각하면, 역감사지易感思之, 즉, 상대방의 감정까지 헤아릴 수 있어서 이해가 더 깊어지고 이해의 폭도 더 넓어진다.

3) 설득력 있게 말하기

① 에토스Ethos

② 파토스Pathos

③ 로고스Logos

이 세 가지는 아리스토텔레스의 설득 3요소이다. 그에 따르면 상대방을 설득하는 데에는 첫째, 명성・신뢰감・호감・인격적인 측면이 60% 정도 영향을 미친다. 둘째, 공감・경청을 열심히 하면서 친밀감을 형성하고 상대방의 감정을 자극하여 마음을 움직이는 것이 30%를 차지한다. 셋째, 논리적인 근거와 실증적인 자료를 대어서 영향을 미치는 것이 10%이다.

상대방을 설득하기 위해서는 좋은 인상과 신뢰감을 주는 것은 물론 인격적으로도 훌륭하다는 느낌을 주어야 한다.

2 | 자기개방

1) '나'가 중심이 되는 진술

2) 상태, 느낌, 바람을 정확하게 표현한다.

어떤 상황에서 '나'가 중심이 되어 감정적・육체적인 상태나 사정 등을 숨김없이 얘기하거나, 느낌과 바람이 있다면 허심탄회하게 얘기하면서 자신의 감정 갈등을 줄이는 것이다.

3 | 적극적인 경청

1) 공감적 경청

2) 반영적 경청(인정반응, 언어적 반응)

경청의 기술을 구체적으로 살펴보면, 상대방의 기분과 상황에 맞게 '눈 맞춤'을 잘 하고, 대화의 중심적인 표현을 그대로 반복해서 말하는 '말 맞춤'을 잘 하고, 상대방의 마음을 알 것 같다고 표현하는 '마음 맞춤'을 잘 하게 되면 상대방은 쉽게 마음의 문이 열리게 되어 소통의 막힘이 없게 된다.

'말 맞춤'과 '마음 맞춤'을 잘 하기 위해서는 적극적인 경청을 기본으로 해야 한다. 즉 상대방의 감정을 이해하며 느낌을 같이 하는 공감적인 경청과 상대방을 인정하며 표현하는 인정반응과 상대방의 얘기를 요약, 확인, 반영해서 표현하는 언어적 반응을 적절하게 하면 상대방과 공감대 형성이 잘 되어 대화가 부드럽게 이어져 소통이 잘될 수 있다.

★ 공감적 경청 : 상대방의 감정을 이해하며 느낌을 같이하면서 상대방의 눈높이에 맞는 표현을 하는 것이다. 즉, 감정의 파도를 같이 타는 것이다("아, 어쩌면…… 그럴 수가……", "어머나, 그랬구나……", "어머, 기가 막히다.")

★ 반영적 경청 : '인정반응'과 '언어적 반응'으로 나누어진다.

① 인정반응은 상대방을 수용하는 반응이다.

> 음, 그래, 아하, 역시, 그렇지 등

② 언어적 반응은 상대방 마음을 헤아려 표현하거나, 상대방 말을 확인하여 요약해 주는 것이다.

> "힘드셨겠군요.", "짜증나셨겠네요."
> "외식하셨군요.", "낚시 가셨군요."

4| 상대방과의 래포Rapport 형성

1) 관심 기울이기

① 미러링Mirroring : 같은 방향, 높이, 제스처

② 백트래킹Backtracking : 맞장구, 요약, 확인

③ 페이싱Pacing : 음조, 호흡, 감정, 대화방향 맞추기

상대방과 대화 시 래포 형성은 중요하다. Rapport는 프랑스어로 상대방과 감정의 다리 놓기이다. 그러기 위해서는 상대방과 마주 앉아 있을 때 거울에 비친 모습처럼 상대방의 모습과 거의 같은 높이, 같은 방향, 같은 동작 등을 하는 '미러링Mirroring', 상대방의 말에 맞장구치거나 중요한 부분은 반복해서 말하거나 요약해서 말해 주는 '백트래킹Backtracking', 상대방과 음조・호흡・감정을 맞추고 대화방향을 맞추는 '페이싱Pacing'은 상대방과 감정을 함께하고 친밀감을 높이는 데 효과적인 방법이다.

5| 나 전달법 I – Message

1) 사실묘사

2) 나에게 미친 영향

3) 나의 감정, 느낌 얘기하기

4) 부탁, 요청, 제안

'I – Message'의 대화법은 일상생활에서 활용하면 상대방의 자존심과 감정을 일단 상하지 않게 하는 좋은 대화법이다. 어떤 일이 생기면 우선 상대방을 나무라지 말고, 상대의 말이나 행동을 있는 그대로 묘사한 다음, 상대의 행동이나 말이 나에게 어떤 감정과 느낌을 불러 일으켰는지를 솔직하게 알려주는 방법이다. 부탁이나 요청은 해도 되고 안 해도 된다.

"은주가 문을 쾅 소리 내어 닫으니, 엄마는 깜짝 놀라서 심장이 멎는 줄 알았어. 엄마 기분이 매우 안 좋구나. 앞으로 좀 조심하면 안 될까?"

6| 너 플러스You+ 전달법

어떤 문제가 생기거나 어떤 좋지 않은 상황이 전개될 때 상대방을 비난하거나 야단치거나 무시하지 않고 최대한 존중하고 이해하는 마음으로 대화를 나눈다. 그러기 위해서는 상대방의 심리와 행동을 면밀하게 살피면서 조심스럽게 접근한다. 가장 이상적인 대화법이라고 할 수 있다.

"은주가 문을 쾅 열고 들어온 걸 보니 밖에서 안 좋은 일이 있었나 보구나. 왜 무슨 일이 있었어?"

7| 존재와 행동을 분리해서 얘기한다

★ 사람이 아닌 행동에 관하여 언급

어떤 문제가 발생했을 때 상대방을 무시하지 않고 존중하는 마음을 갖고 대하면서 사람 자체에 대해 언급하지 않고 행동에 대해서만 얘기한다.

"자네 왜 이렇게 게을러?" ➡ "내가 보기에는 자네가 요사이 성실성이 떨어져 보이는데 무슨 일이 있는 거야?"
"당신은 바보구나." ➡ "당신의 행동은 바보스러워."
"당신 참 못됐다." ➡ "당신은 남에 대한 배려심이 좀 부족한 것 같아."

8| 너 중심에서 나 중심 표현을 한다

1) 내 생각으로는/ 내 생각에는
2) 내가 보기에는
3) 내가 느끼기에는/ 내 느낌으로는
4) 내가 기억하기에는/ 내 기억으로는

5) 내가 듣기에는/ 내가 듣기로는

6) 내가 판단하기에는/ 내 판단으로는

7) 내 경험으로는

어떤 일이 생기거나 어떤 상황에서 '너' 중심의 표현을 하게 되면 보통 비난하거나 무시하는 표현이 되기 쉽다. 이를 '나' 중심의 표현으로 바꾸면 상대방을 존중하는 느낌을 주기 때문에 거부감 없이 말한 내용을 받아들이게 된다.

"내가 보기에는 당신 치마길이가 너무 짧은 것 같아. 조그만 더 길게 입으면 안 될까?"
"내 판단으로는 이번 달 목표를 너무 낮게 잡은 것 같은데 조금만 더 높여 잡으면 어떨까?"

9| 자기감정을 솔직하게 알려주고 단정적인 표현은 삼간다

어떤 문제가 생겼을 때 화내며 언성부터 높이지 말고 자기의 감정을 솔직하게 표현하면서 접근하면 상대방도 거부감 없이 받아들인다. 화났을 때 상대방에 대한 단정적인 표현은 매우 조심해야 한다.

"도대체 누가 이따위로 일한 거야? 내가 돌겠구만." ➡ "난 너무 화가 나서 견딜 수가 없어. 결과가 왜 이렇게 된 거지요?"
"너는 맨날 지각이야." ➡ "○○씨, 내가 보니까 이번 주에 세 번이나 지각했던데 내 기분이 별로 안 좋군요. 왜 무슨 일이 있는 거예요?"

10| 대화의 맥락에서 벗어나지 않아야 한다

상대방과 대화를 나눌 때 얘기가 자꾸 핵심에서 벗어나는 경우가 있다. 대화의 맥락을 일관성 있게 유지하기 위해서는 상대방에게 최대한 집중하면서 대화에 충실하도록 노력해야 한다.

휴대폰을 계속 만지작거리거나, 얘기 도중에 전화를 받거나 볼펜을 계속 돌리거나, 다리를 떨면서 이야기를 하면 대화의 초점이 흐려지거나 맥락에서 벗어날 수가 있다.

11| 칭찬은 효과적으로 해야 한다

1) 긍정적 Stroke(칭찬, 인정, 격려, 지지, 관심 등)

① 칭찬은 구체적, 비유적으로 하면 효과적이다.

② 칭찬은 반복하면 효과가 떨어진다.

③ 칭찬을 하다가 비난으로 끝나면 안 된다.

④ 비난을 하다가 칭찬으로 끝나면 좋다.

⑤ 칭찬은 간결하고 진지하고 진실하게 해야 한다.

⑥ 칭찬은 제3자에게보다 직접 당사자에게 해주는 것이 더 효과가 있다.

⑦ 칭찬은 소유물보다 태도, 재능, 감각에 대한 것이 좋다.

⑧ 칭찬은 의외의 상황에서 효과적이다.

⑨ 결과에 대한 칭찬보다 정보나 과정에 대해 칭찬하면 일을 더 열심히 한다.

⑩ 칭찬은 근거 있게 한다.

칭찬을 제3자에게 들을 때 기분이 더 좋다는 의견도 있지만, 본인에게 전달될 때 왜곡되어 전달될 수도 있기 때문에 칭찬은 본인에게 직접 하는 것이 더 좋다는 견해가 더 설득력이 있다.

칭찬을 할 때는 그 사람의 소유물보다는 인간적인 면이나, 옷 입는 감각이나 재능, 좋은 매너 등에 대해 하는 것이 더욱 효과적이다.

칭찬이 좋다는 것은 알지만 '칭찬 방법을 잘 모르기 때문에' 또는 '쑥스러워서' 등의 이유로 칭찬에 인색한 사람이 많다. '칭찬은 고래도 춤추게 한다'는 말이 있듯이 우리 생활 속에서 주변사람들에게 더 많은 칭찬을 할 필요가 있다.

직장에서 부하직원을 능력 있는 일꾼으로 만들려면 행동으로 먼저 보여주고 말로 설명해 주고 일을 시킨 뒤 칭찬할 부분이 있다면 자주 그리고 아끼지 말고 칭찬을 해주어야 한다.

2) 부정적 Stroke(비난, 야단, 폭력, 무시 등)

상대방을 끊임없이 비난하고 야단치고 무시하면 당사자가 자신감을 상실하여 매사에 소극적이고 부정적으로 변한다. 또한 자기세계 속에 빠져 자신을 가두게 되므로 대인관계의 폭도 좁아진다.

말은 사고를 지배하고, 사고는 뇌를 지배하고, 뇌는 행동과 태도를 낳는다. 즉, 말은 행동과 태도에 지대한 영향을 미친다. 부정적 Stroke를 하지 말아야 하는 이유이다.

12| 핵심요소 잡아내기

1) 폐쇄형 질문

2) 개방형 질문

3) 깔때기 질문

질문에는 폐쇄형, 개방형, 깔때기 질문 형태가 있다.

폐쇄형 질문은 일반적으로 정보 수집을 위한 것으로 매우 간단하고 기본적인 형태를 취한다. 이러한 질문에 대한 응답은 주로 "예", "아니요" 또는 아주 간략한 말이다("식사하러 갈까?", "지금 갈 거니?", "지금 몇 시인가요?").

개방형 질문은 보다 자극적이며 보다 길고 보다 복잡한 대답을 요하는 경우가 많다. 이러한 형태의 질문은 폭넓은 주제에 관한 폭넓은 응답을 끌어내기 위해 주로 사용된다. 아울러 선택이나 아이디어, 느낌 등에 대한 생각을 얻고자 하는 데에도 사용된다("그 계획에 대한 당신의 의견은 무엇입니까?", "사랑이란 뭐라고 생각하십니까?").

깔때기의 모양은 위는 넓고 둥글며 내려갈수록 좁아진다. 깔때기 질문은 효율적인 질문기법의 하나로 포괄적인 개방형 질문을 답하기 쉬운 질문으로 시작해서 조금씩 질문의 범위를 구체적으로 좁히면서 질문을 던져 상대방의 반응을 이끌어 내거나 궁금한 점을 알아내는 질문기법이다.

처음 보는 사람을 접할 때 상대방에 대해 알고 싶은 점이 있다면 깔때기 질문기법을 활용하여 대화를 나누면 효과적이다.

제품을 판매하는 사원이 구매욕을 불러일으키기 위해 고객에게 활용하면 좋은 결과를 거둘 수 있다.

13| 사실 · 관계 지향적 대화의 균형

1) 사실지향적 대화

자기 입장에서만 말하므로 상대방에 대한 배려가 없다.

"힘들어 죽겠어요." ➡ "뭐가 힘들어, 남들은 아무 소리하지 않고 열심히 하는데."
"여보, 당신 오늘도 늦어요?" ➡ "응 , 늦을 건데. 왜?"

2) 관계지향적 대화

상대방 입장에서 보고, 상대방 감정을 헤아려 말하고, 자세하게 설명하고, 상대방에 대한 배려가 많으므로 친밀감이 커진다.

"힘들어 죽겠어요." ➡ "그래 힘들지. 그래도 자네나 되니까 그렇게 힘든 일을 해내는 거야."
"여보, 당신 오늘도 늦어요?" ➡ "응 , 늦을 것 같은데…… 요사이 우리 회사가 감사거든. 그래서 오늘도 늦을 거야. 내가 최대한 빨리 오도록 해볼게."

조직에서는 사실지향적인 대화는 70~80%, 관계지향적인 대화는 20~30%의 비율로 나누는 것이 좋다.

사석에서는 사실지향적인 대화는 20~30%, 관계지향적인 대화는 70~80%의 비율로 하는 것이 바람직하다.

14 | 대화의 메타모형기법

1) 삭제

2) 일반화

3) 왜곡

외부정보를 접했을 때 우리는 우리의 오감五感에 의거해서 이를 인식한다. 정보는 1초에 200만 bite가 들어오지만 개인의 삭제, 일반화, 왜곡현상에 의해서 1초에 134만 bite만 인식하게 된다. 삭제, 일반화, 왜곡현상은 개인의 가치필터, 선호필터, 지식필터 등에 의해서 이루어진다.

삭제, 일반화, 왜곡이 일어나는 이유는 에너지 사용의 효율성 때문이다. 정보처리는 의식보다 무의식 수준에서 더 많은 양의 정보처리가 이루어진다. 의식수준에서 정보처리를 위해 동원되는 에너지의 양은 제한된다. 이러한 상황에서 에너지를 가장 효율적으로 활용하는 방법은 에너지 사용을 최소화하는 것이다. 결국 에너지 소모를 최소화하기 위해 정보의 삭제, 일반화, 왜곡현상이 필요한 것이다.

따라서 실제와 인식 사이에는 괴리가 생길 수 있다. 또 내가 인식하는 것과 남이 인식하는 것이 다를 수 있다. 당연히 남이 나와 똑같을 수는 없다. 이러한 사정을 충분히 감안한다면 우리는 나 아닌 다른 사람을 인정하고 존중하지 않을 수 없다.

대화에 있어서도 내가 이야기할 때 상대방에게 전달되는 내용 중 일정 부분에 대해 개인의 여러 필터에 의해서 삭제, 일반화, 왜곡현상이 일어나기 때문에 내가 말한 내용을 상대방은 정확하게 인식하지 못할 수 있다. 그래서 상대방이 가끔 엉뚱한 이야기를 하게 되는 것이다. 이러한 사실을 알고 있으면 상대방에 대한 이해의 폭이 커진다.

15 | 존중과 배려(제안형, 의뢰형, 질문형의 표현)

1) 상대방 존중하기

2) 감정 헤아리기

3) 배려하는 마음

대화를 보다 효율적으로 하기 위한 첫 번째 조건은 상대방을 존중하고 배려하는 마음을 갖고 상대방의 감정을 헤아려서 표현하는 것이다. 그러기 위해서는 평소에 제안형, 의뢰형, 질문형의 표현을 대상과 상황에 맞게 잘 구사해야 한다.

- 제안형 : "오늘 점심은 냉면 먹으러 가면 어떨까?"
- 의뢰형 : "물 좀 주시겠습니까?", "저 넥타이 좀 보여 주시겠습니까?"
- 질문형 : "커피 한 잔 부탁드려도 될까요?", "복사 좀 부탁 드려도 될까요?" "국물 좀 더 부탁드려도 될까요?"

의사소통이 잘 되면 만사형통! 운수대통!

제3장

식사예절 Table Manners

1 | 동양식 식사예절

1) 한식 식사예절

① 식탁 위의 밥그릇은 식사하는 사람의 왼쪽, 국그릇은 오른쪽에 놓는다.

② 숟가락은 국그릇 오른쪽에, 젓가락은 숟가락 오른쪽에 놓는다(수저는 숟가락과 젓가락을 아울러 이르는 말이다).

③ 좌식인 경우는 방석이 있어야 한다. 방석에 앉을 경우에는 방석을 발로 밟지 말고 먼저 무릎을 방석 위에 댄 다음 조심해서 앉도록 한다.

④ 방석을 상대방에게 줄 때 식탁 위로 건네지 말고 앉는 면을 안쪽으로 해서 반으로 접은 다음 식탁 밑으로 밀어서 주거나 식탁 옆으로 건넨다.

⑤ 방석을 옆 사람에게 줄 때는 발로 밀어 주지 말고 양손으로 주거나 밀어서 준다.

⑥ 식탁 위에 팔꿈치를 대서는 안 되며 상체와 식탁 사이에 주먹 두 개 정도의 간격을 둔다.

⑦ 웃어른과 함께 식사할 때는 웃어른이 수저를 먼저 든 다음에 아랫사람이 들어야 한다. "맛있게 먹겠습니다."라고 말하면서 식사를 시작한다.

⑧ 식사속도는 상대방과 맞춰가며 천천히 한다.

⑨ 식사 도중 젓가락이나 숟가락을 든 채로 말하지 않는다.

⑩ 반찬을 젓가락으로 '집었다 놓았다' 하면 안 된다.

⑪ 공동으로 먹는 찌개그릇에는 숟가락을 넣지 말고 앞 접시나 별도의 그릇에 덜어서 먹는다.

⑫ 공동으로 먹는 반찬그릇에도 숟가락을 넣지 않는다.

⑬ 여러 사람과 식사할 때 반찬이 멀리 있을 경우 팔을 뻗어서 가져다 먹지 말고 식사 시작 전에 앞 접시에 반찬들을 조금씩 덜어다 놓았다가 먹는 게 좋다.

⑭ 한꺼번에 너무 많은 양의 음식을 입에 넣지 말아야 하며 음식을 씹을 때는 소리를 내지 않는다(입술을 다물고 저작하면 소리가 거의 나지 않는다).

⑮ 입 안에 음식이 들어 있을 때는 되도록이면 말을 하지 말고 음식을 삼킨 다음에 말한다.

⑯ 밥그릇과 국그릇을 들고 먹지 않는다.

⑰ 숟가락을 그릇에 부딪쳐 소리를 내거나 국을 먹을 때 '후루룩후루룩' 소리를 내며 먹지 않도록 한다.

⑱ 뚜껑이 있는 반찬그릇은 큰 뚜껑부터 작은 뚜껑 순으로 열고 더운 음식의 뚜껑은 가장 나중에 열도록 한다. 좌식이면 식탁 밑에 뚜껑을 포개어 놓고 의자에 앉아서 먹을 경우에는 식탁 한쪽에 포개어 놓는다.

⑲ 숟가락과 젓가락을 한꺼번에 한 손에 들지 않는다.

⑳ 젓가락 사용 시에 숟가락은 식탁 위에 있어야 하고 숟가락 사용 시에 젓가락은 식탁 위에 있어야 한다.

㉑ 숟가락을 사용할 때 손등이 위로 가게 잡지 않는다.

㉒ 식사 도중 재채기나 트림을 했다면 "실례했습니다."라고 가볍게 사과한다.

㉓ 식사가 다 끝나도 웃어른이 일어나기 전에는 자리에서 일어나지 말아야 한다. 급한 볼일이 있으면 양해를 구한 뒤 일어난다.

㉔ 식사 마친 후에는 "잘 먹었습니다."라는 인사말을 잊지 말아야 한다.

㉕ 식사 끝나고 자리에서 일어날 때 방석을 사용했다면 방석을 발로 밟지 말고 방석에 무릎을 대고 일어난 뒤 식탁 밑에 밀어 넣는다.

2) 중식 식사예절

중국은 일반적으로 여러 사람과 식사할 경우에는 회전이 가능한 원탁에 한 가지 요리를 큰 접시에 모두 담아 놓고 각자가 원탁을 돌려가며 요리를 가져다 먹는다. 중국은 세계에서 가장 다양한 식재료를 사용해서 음식을 만들기 때문에 음식문화가 매우 발달했다.

(1) 중식의 테이블 매너와 유의사항

① 중국 레스토랑의 테이블은 회전판을 갖춘 원탁을 이용하는 경우가 많은데 안쪽 중앙이 상석이고 입구 쪽이 말석이다.

② 원탁에 주빈 부부는 마주 앉고 주빈의 오른쪽 자리가 제1석, 왼쪽 자리가 제2석이 된다.

③ 회전식탁의 회전방향은 시계방향이 원칙이다.

④ 중국인은 밥과 요리는 젓가락으로 먹고 숟가락은 탕을 먹을 때만 제한적으로 쓰고 다 먹으면 뒤집어 놓는다.

⑤ 옆 사람에게 음식을 덜어 주는 것은 정을 표시하는 제스처이다.

⑥ 요리의 가짓수는 되도록 짝을 맞추는 것이 좋다.

⑦ 젓가락은 식사하지 않을 경우에는 접시 끝에 걸쳐두면 되고 식후에는 받침대에 놓는다.

⑧ 젓가락을 접시에 올려놓거나 회전식탁 끝에 걸쳐 놓는 것은 매너에 어긋난다.

⑨ 국물이 있는 요리는 왼손에 숟가락을 잡고 젓가락으로 요리를 집어 숟가락 위에 얹어 먹도록 한다.

⑩ 회전식탁의 음식이 자기 앞으로 오게 되면 남아 있는 사람의 수를 고려하여 적당량을 공용의 큰 수저로 덜어낸다.

⑪ 공용 요리접시에서 개인접시로 요리를 덜어내기가 힘들 때는 웨이터에게 부탁한다.

⑫ 모임의 주최자가 먼저 식사를 시작한 후에 각자 식사를 시작하도록 한다.

⑬ 뼈가 붙은 닭고기 요리는 손에 들고 먹어도 괜찮다.

⑭ 주최자에게 축배를 들 때에는 앉은 채로 두 손으로 잔을 감싸서 경의를 표시한다.

⑮ 젓가락을 쓰는 요령은 밥공기나 탕 그릇을 입에 바짝 갖다 대고 젓가락으로 쓸어 담듯이 먹는다.

⑯ 중국 테이블 매너로는 음식을 남기는 것이 주인에 대한 기본 예의다.

(2) 중국음식의 종류

중국은 워낙 면적이 넓어서 각 지역마다 기후와 풍토가 다르고 재료가 달라서 일찍이 지방마다 독특한 식문화가 발달했다. 지역에 따라 북경요리, 사천요리, 광동요리, 상해요리로 구분된다.

① 북경요리

중국 북부지방 요리로 한랭한 기후 탓에 높은 칼로리가 요구되어 강한 불로 짧은 시간에 만들어내는 튀김요리, 볶음요리가 특징이다. 재료는 생선보다 육류가 더 많다. 대표적인 요리는 양통구이, 북경오리, 물만두 등이다.

② 사천요리

양자강 상류의 산악지대와 사천을 중심으로 하여 운남, 귀주 지방의 요리를 말한다. 향신료가 발달했으며 신맛, 매운맛 등 자극적인 맛이 주를 이룬다. 대표적인 요리로는 깐쇼새우칠리소스새우, 마파두부, 신라탕, 새우누룽지튀김 등이 있다.

③ 광동요리

광주를 중심으로 한 중국 남부지방의 요리다. 중국 남부 연안의 신선한 해선류와 어패류, 아열대성 채소 등 풍부한 재료를 이용한 요리로 최고의 중국요리로 평가받고 있다. 대표적인 요리로는 광동식 탕수육, 팔보채, 상어지느러미 찜 등이 있다.

④ 상해요리

중국의 중부지방을 대표하는 요리로 일명 남경요리라고도 한다. 상해, 남경, 소주, 항주, 양주 등의 요리가 이에 속한다. 그 중에서 상해는 바다에 접해 있어 새우와 게를 이용한 요리가 많다. 대표적인 요리로는 세계적으로 명성이 높은 오향장육, 홍소육, 부귀계Beggar Chicken, 작은 찐만두, 소룡만두, 꽃빵 등이 있다.

3) 일식 식사예절

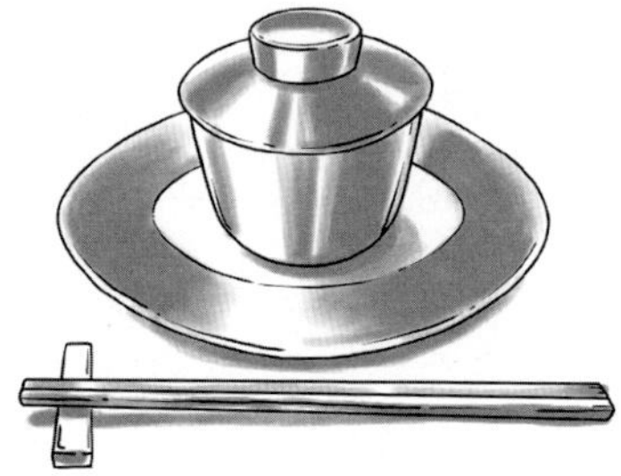
젓가락 받침대

일본 음식은 '눈으로 먹는다'라는 말이 있을 정도로 예쁘고 깔끔한 것이 매력이다. 우리나라보다 훨씬 식사예절이 엄격하고 복잡하다.

① 식사 전후에는 반드시 잘 먹겠다, 잘 먹었다는 뜻의 인사말을 해야 한다(이타다키마스 : 잘 먹겠습니다, 고치소사마데시다 : 잘 먹었습니다).

② 방석은 우리나라와 같이 밟지 않고 앉는다. 방석에 무릎을 먼저 댄 뒤에 자세를 잡아 앉는다.

③ 허리를 굽혀서 먹으면 실례다.

④ 그릇에 뚜껑이 덮여 있으면 왼쪽에 놓인 그릇은 왼손으로 열어 왼쪽에 놓고, 오른쪽에 있는 것은 오른쪽에 내려놓는 것이 원칙이다. 식사가 끝나면 원래대로 그릇의 뚜껑을 모두 덮는다.

⑤ 일반적으로 숟가락이 없고 젓가락으로만 음식을 먹는다. 밥그릇과 국그릇은 모두 들고 먹는 것이 기본이다.

⑥ 국그릇은 두 손으로 들어 올려 왼손으로 잡고 오른손의 젓가락으로 건더기를 먹고 국물은 한 모금씩 마신다.

⑦ 밥공기는 왼손에 올려놓고 젓가락 끝은 국물에 담가서 적신 후 식사한다.

⑧ 국그릇을 들고 마실 때 소리를 내도 무방하나 국에 밥을 말아 먹지는 않는다.

⑨ 일식에서 젓가락은 자기 앞쪽에 있는 젓가락 받침하시오키 위에 가로로 놓는다.

⑩ 젓가락의 끝에서 3cm가 넘는 곳까지 음식이 묻지 않도록 한다. 그 윗부분에 음식이 묻으면 식사 시에 사용하는 위생 휴지로 닦아야 한다.

⑪ 1회용 젓가락을 쪼개어 사용할 때는 젓가락 끝이 상대방을 향하지 않고 천장을 향하게 세워서 쪼개야 한다.

⑫ 일본 음식에는 튀김요리와 생선요리가 많다. 생선회가 나올 때 우리나라에서처럼 초고추장 같은 것은 나오지 않는다. 회와 겨자의 향을 즐기기 위해서이다.

⑬ 생선회를 먹을 때는 회 위에 겨자를 조금 얹고 젓가락으로 말아서 간장에 찍어 먹는다.

⑭ 여러 가지 생선회가 나오면 희고 담백한 회부터 먹는 것이 바른 순서다.

⑮ 꼬치를 먹을 때 젓가락으로 빼서 먹는다. 한입에 먹을 수 있는 크기의 두부튀김이나 부드러운 재료의 꼬치는 오른손으로 꼬치를 들고 직접 입으로 빼서 먹어도 된다.

⑯ 초밥은 젓가락으로 집어도 되고 물수건에 손가락을 닦고 손으로 집어 먹어도 된다. 물수건오시보리에 손가락을 닦을 때에는 물수건을 펼쳐서 손 전체를 닦는 것이 아니고 접혀 있는 물수건을 손가락으로 집듯이 하여 닦는다.

⑰ 생선은 머리 쪽에서 꼬리 쪽으로 먹고 뒤집지 않는다.

⑱ 일본 식탁에서는 웃어른이 나중에 착석하고 먼저 일어선다.

⑲ 차는 식사 전후에 마신다.

⑳ 윗사람이 술을 따라 줄 때는 잔을 가슴부분까지 들어서 받고 술을 못 마시더라도 술잔을 입에 대는 시늉을 한 뒤 내려놓는다.

2| 서양식 식사예절

식사 시에 지켜야 할 기본예절을 흔히 테이블 매너Table Manners라고 한다. 테이블 매너는 서양에서 형식을 중시하던 19세기 영국의 빅토리아 여왕 때 그 기초가 마련되었기 때문에 다소 딱딱하고 형식적으로 느껴질 수 있다.

하지만 테이블 매너를 정확하게 익혀두면 식사를 하면서 남을 배려할 수 있을 뿐만 아니라 자신의 품격도 높일 수 있기 때문에 식사시간을 즐겁게 만드는 데 많은 도움이 된다.

1) 레스토랑Restaurant 예절

(1) 사전 예약

사전 예약은 필수이다. 예약을 취소할 경우 적어도 2일 전에는 연락해야 한다. 예약 시각보다 늦을 때에도 미리 연락을 하는 것이 좋다.

(2) 복장

일반적으로 정찬자리의 옷차림은 평상복Casual Wear을 입으면 안 된다.

(3) 안내

레스토랑 입구에서 종업원의 안내를 받아야 한다. 안내된 자리가 마음에 들지 않으면 다른 자리를 요청한다.

(4) 테이블 착석

① 식탁 좌석의 위치가 입구에서 먼 곳, 벽을 등지거나 전망 좋은 곳, 무대가 잘 보이는 곳, 마음이 편한 곳이 상석이다. 통로나 출입문이 가까운 곳, 벽 또는 출입문을 향한 곳은 말석이다.

② 좌석으로 다가갈 때는 의자 왼쪽에서 들어가서 앉고 나올 때도 왼쪽으로 나온다. 이는 참석자들이 의자 오른쪽 아래에 물건을 놓아 둘 수 있기 때문이다.

③ 의자에 앉은 후 테이블과 상체 간에는 주먹 두 개 정도의 거리를 유지한다. 식탁에 지나치게 몸을 가까이 하면 나이프나 포크를 사용할 때 팔꿈치가 테이블 위로 올라가게 돼 답답하기도 하고 기본 테이블 매너에서 벗어난 모양새가 된다.

④ 의자에 앉을 때 옆 사람과는 적당한 거리를 두고 앉는다.

중요한 외국 손님을 초대해 놓고 상석이 어딘지 몰라 당황한 어느 비즈니스맨은 '좌측 선임'이라는 군대 시절이 생각나 외국인 바이어를 맨 좌측 테이블에 앉혔더니, '이렇게 매너가 엉망인 사람과는 거래할 수 없다.'며 외국 바이어가 그냥 가버렸다는 일화가 있다. 좌석 상하석의 기준은 다음과 같다.

1. 동쪽과 서쪽은 산사람은 동쪽이 상석이고, 죽은 사람은 서쪽이 상석이다.
2. 중앙과 양단兩端 또는 주변周邊에서는 중앙이 상석이다.
3. 북쪽과 남쪽 중에서는 북쪽이 상석이다.
4. 앞쪽과 뒤쪽 중에서는 앞쪽이 상석이다.
5. 상석과 가까운 곳이 상석이다.
6. 남자와 여자는 남자가 상석이 아니고, 상석으로 의제擬制 한다.

의식 행사장의 좌석배치(단상과 단하에서)

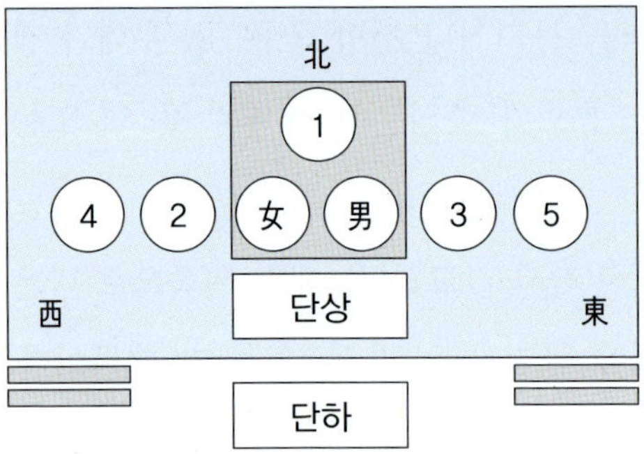

(단상에 최상위자만 부부동반일 때)

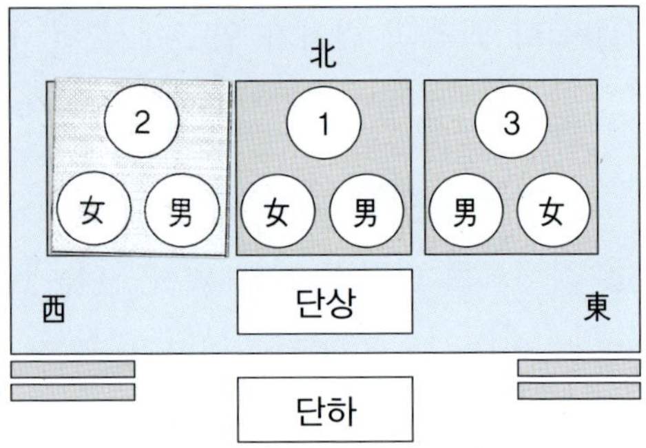

(단상인원 모두가 부부동반일 때)

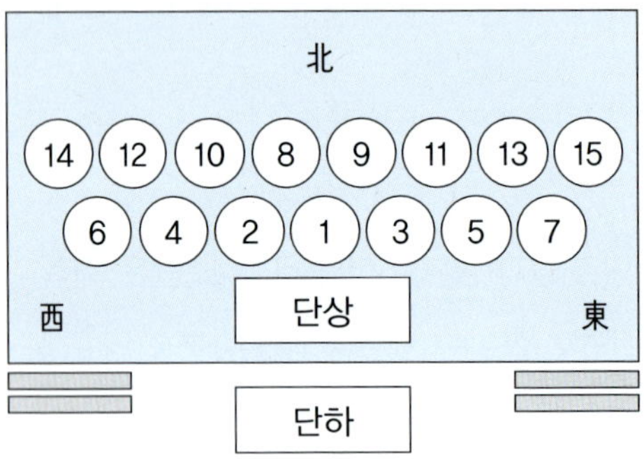

(단상에 중앙이 상석일 때)

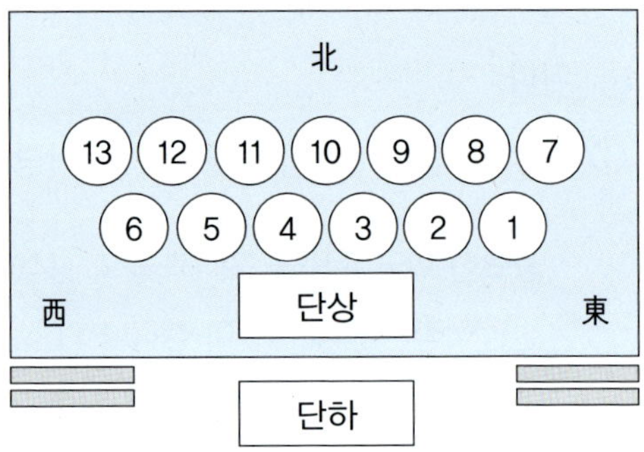

(단상에 동쪽이 상석일 때)

(단하에 중앙을 상으로 할 때)

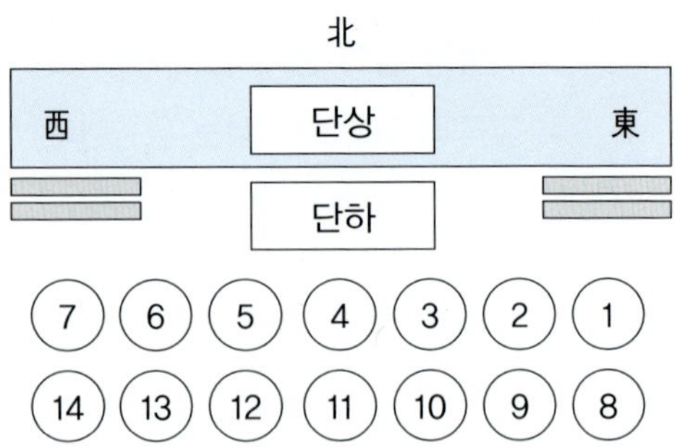

(단하에 동쪽을 상으로 할 때)

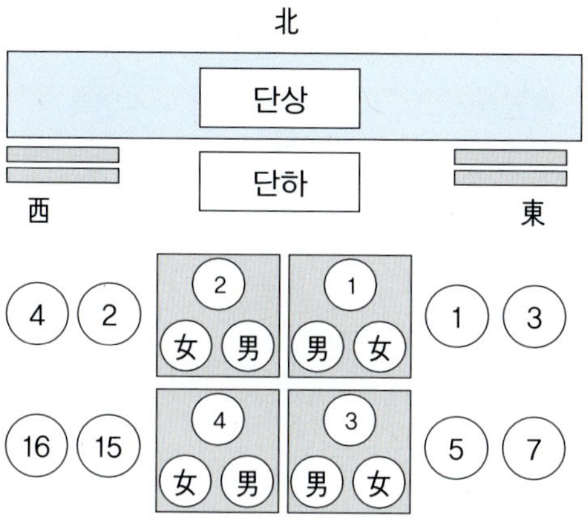

(중앙에 특별석을 배치할 때 중앙이 상석)

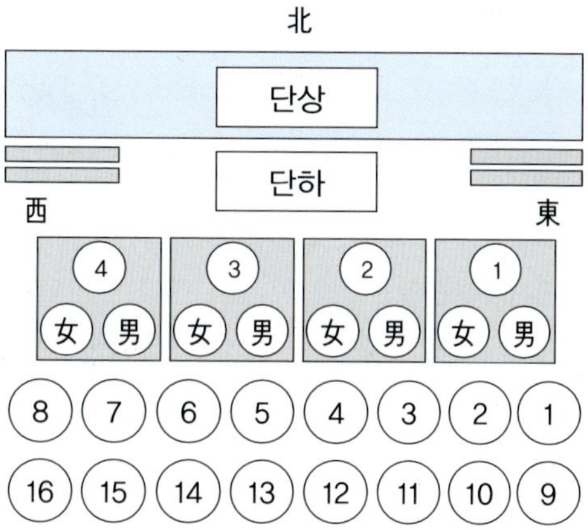

(앞줄에 특별석을 배치할 때 동쪽이 상석)

회의장소의 자석배치(탁자와 응접세트에서)

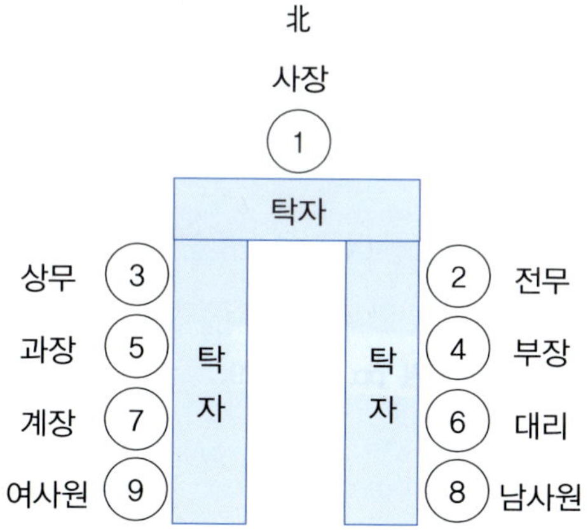

(상석에 1인이 앉은 경우)

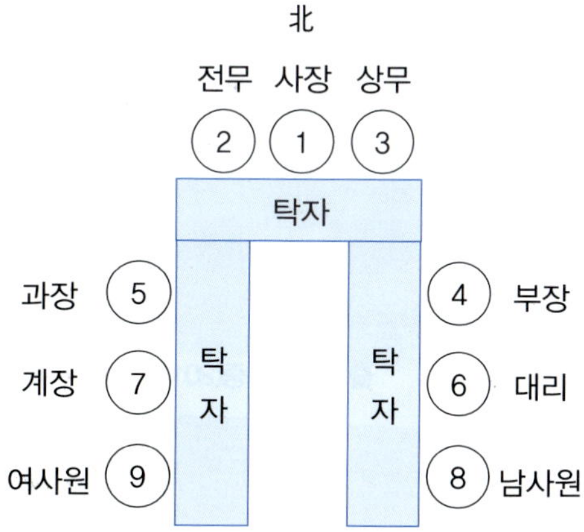

(상석에 3인이 앉은 경우)

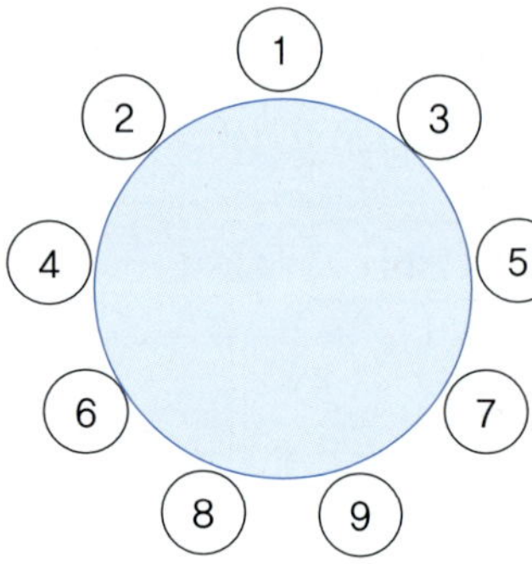

(원탁 경우, 좌석배치)

1. 사장 2. 전무 3. 상무 4. 부장
5. 과장 6. 대리 7. 계장
8. 남사원 9. 여사원

(대좌형 경우, 주인과 손님)
양 주대표가 중앙이 상으로

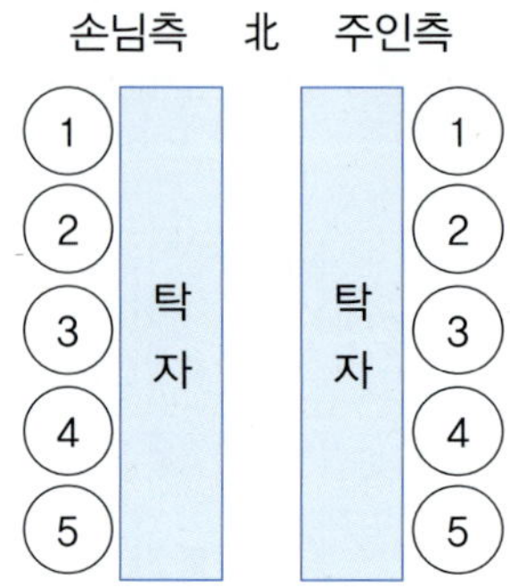

(대좌형 경우, 주인과 손님)
양 주대표가 북쪽을 상으로

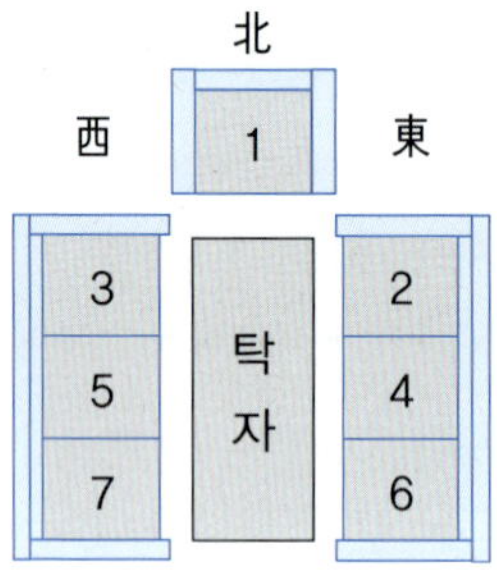

(응접세트 상하급의 석차)

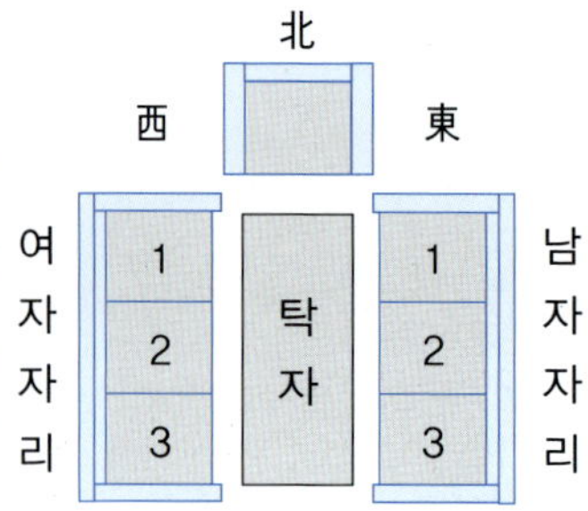

(응접세트 남녀의 석차)

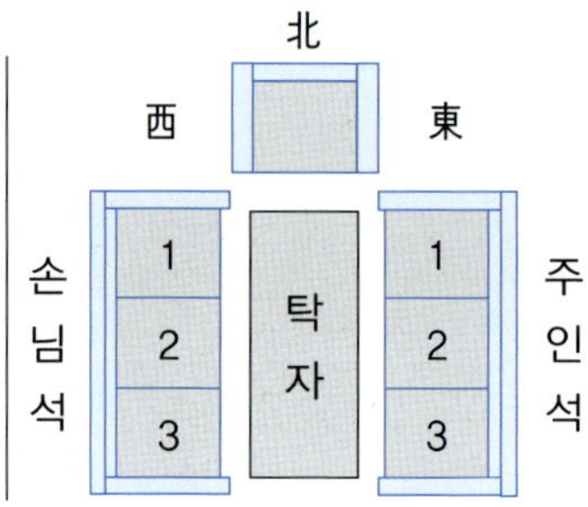

(응접세트 주객의 석차)

출처 : 김득중(2015). 인성실천 생활예절. 서울 : 중화서원, pp. 65–69.

(5) 자세

① 테이블에 앉아서 식사하기 전까지는 양 손을 무릎 위에 올려놓는 것이 기본 예의이긴 하지만 서양에서는 두 손을 식탁 모서리 위에 가볍게 올려 놓는 것이 일반화되어 있다. 무기를 소지하지 않았음을 드러내는 관행에서 비롯됐다.

② 식사가 시작되면 허리를 똑바로 세워서 미골이 의자바닥에 닿지 않게 앉는다.

③ 식사 도중에는 식탁에 팔꿈치를 올려놓지 말아야 하며 턱을 괴어서도 안 된다.

(6) 주문

① 웨이터가 건네준 메뉴판을 천천히 살핀 후 주문한다.

② 메뉴를 결정하기가 어려우면 웨이터에게 음식을 추천해 달라고 도움말을 청해도 된다.

③ 초대를 받았을 경우에는 초대한 사람의 경제사정을 고려하여 제일 비싼 요리는 선택하지 않는다. 반면에 초대한 사람의 자존심을 고려한다면 제일 싼 음식을 선택하는 것도 문제가 있다. 중간 가격 정도의 요리를 주문하는 것이 무난하다.

④ 웨이터를 부를 때 손가락을 튕기거나, 손뼉을 치거나, "웨이터!"하고 부르면 안 된다. 우리나라 식당에서는 '사장님', '언니', '이모', '고모', '아가씨', '아저씨' 등으로 부르는 경우가 흔하지만 이는 바람직한 호칭이 아니다. 말없이 눈높이로 손을 드는 것이 국제 테이블매너이다.

웨이터가 고객 쪽을 바라보고 있지 않다면 우리나라에서는 오른손을 들면서 부드러운 목소리로 "여기요", 외국에서는 "Excuse me"라고 부르는 것이 좋다.

미국의 고급 레스토랑에서는 손님들을 각 섹션Section별로 열심히 살피는 웨이터들이 있기 때문에 굳이 손을 들지 않더라도 눈짓이나 조용하게 'Excuse me'라고 하면, 웨이터가 온다.

(7) 식탁에서의 주의사항

① 고급 레스토랑에서는 식탁까지 코트, 우산, 큰 가방, 남성 모자 등을 가지고 들어가지 말고 입구의 물품보관소Coatroom, Coat Check에 맡기고 들어가는 것이 좋다. 만약 맡길 수가 없다면 코트는 레스토랑 밖에서 미리 벗어서 팔에 걸치고 들어갔다가 식탁 의자 등받이에 걸쳐 놓는다. 큰 가방이라면 식탁 의자 오른쪽 바닥에 둔다. 이유는 웨이터가 요리를 서빙할 때 앉아 있는 사람의 왼쪽에서 하기 때문이다.

② 가능하다면 레스토랑에 들어가기 전에 미리 손을 씻고 용변을 보는 것이 좋다. 식사 도중 화장실에 가는 것은 결례이기 때문이다.

③ 여성의 핸드백은 의자와 등받이 사이에 놓는 것이 일반적인 방법이다. 요즘은 식탁 옆에 따로 핸드백을 놓을 곳을 마련해 주는 레스토랑도 있다.

④ 코를 후비거나 귀를 파거나 머리를 만지거나 긁지 않는다.

⑤ 떨어뜨린 포크, 나이프, 수저나 냅킨 등은 자신이 직접 줍지 않는다. 손을 들어 웨이터를 부른 후 떨어뜨린 물건을 이야기하면 웨이터가 처리해 주고 새 것을 갖다 준다.

⑥ 식사 도중 대화하면서 젓가락, 포크 등을 공중에서 휘두르지 않는다.

⑦ 웨이터가 놓은 식기를 이리저리 마음대로 옮기지 않는다.

⑧ 음식을 먹을 때 소리 내어 씹지 않는다.

⑨ 입 안에 음식물이 들어 있을 때는 되도록 말하지 않는다.

⑩ 우리나라 레스토랑에서는 이쑤시개가 테이블 위에 있지만 외국 고급 레스토랑에는 아예 없거나 계산을 치르는 카운터에 있다. 이쑤시개는 화장실 등 혼자만의 공간에서 사용하는 것이 좋다. 식사 후 꼭 이쑤시개를 사용해야 한다면 개

인 휴대용 이쑤시개를 가지고 다녀야 한다.

⑪ 여성은 식사 후에 거울을 보며 화장을 고치지 않는다. 자신의 속옷을 보여주는 것과 같이 교양 없는 모습이다.

⑫ 식사 자리에서 흡연을 하는 것은 최근 금기사항으로 여겨지고 있다. 잘 아는 사람들끼리 한 방에서 따로 식사하는 것이어서 흡연이 허락된다면 주요리Main Dish가 끝난 후에 양해를 구하고 피운다.

(8) 냅킨Napkin 사용법

① 냅킨은 식사가 시작되면 천천히 반으로 접어서 접힌 쪽이 자기 앞으로 오도록 하여 무릎 위에 펼친다(다리 꼬지 않는다).

② 냅킨의 사용은 제한적이다. 손가락 씻는 핑거볼Finger Bowl이 나왔을 때 손가락을 씻은 뒤 물기를 닦을 때, 와인・물 등을 마시기 전에 입 가장자리를 닦을 때에만 냅킨을 사용한다. 냅킨으로 얼굴과 목을 닦거나 립스틱을 닦으면 안 된다.

③ 냅킨으로 입을 닦을 때는 접힌 반대 부분(안쪽)의 한쪽 끝을 사용한다.

④ 식사 중에 자리를 뜰 때는 냅킨을 앉았던 의자 위에 놓는 것이 무난하고 식사가 끝나면 대충 접어서 테이블 왼쪽에 놓는다.

⑤ 냅킨을 드레스셔츠의 단추 사이에 꽂거나 목에 두르거나 목 밑에 받치는 것은 흔들리는 비행기나 기차, 버스 안에서는 괜찮지만 일반 레스토랑에서는 삼가한다.

(9) 포크와 나이프Fork & Knife 사용법

① 접시를 중심으로 오른쪽에 나이프, 왼쪽에 포크가 세팅된다.

② 접시를 중심으로 바깥쪽에 놓인 것부터 음식 나오는 순서대로 한 번씩 사용하면 된다. 가장 안쪽에 놓인 큰 포크와 나이프가 스테이크를 먹을 때 사용하는 것들이다.

③ 음식을 자를 때 나이프는 오른손에, 포크는 왼손에 잡는 것이 기본이다. 음식을 자른 뒤 위치를 바꾸어 오른손으로 포크를 잡고 먹는 방법은 'Jig-Jag Eating'으로 불리며 미국식이다. 이 방법은 품위는 덜하지만 테이블 매너로 허용된다.

④ 식사 중에는 포크와 나이프를 접시 위에 '八'자 모양으로 걸쳐놓는다. 이때 나이프 날은 자기 쪽을 향하게 해야 하며 포크는 등을 위쪽으로 향하게 한다.

⑤ 식사를 마쳤을 때는 접시 중앙의 오른쪽에 나이프와 포크를 나란히 하여 3시, 4시, 5시 방향으로 놓는다. 이때 나이프 날은 자기 쪽을 향하게 해야 한다.

⑥ 포크를 잡을 때는 항상 구부러진 등 쪽이 위를 향하고 나이프의 날은 아래를 향하게 하면서 양손의 검지를 펴서 눌러 잡는다.

⑦ 한 손에 포크를 쥔 채로 입을 닦거나 물, 음료수, 와인 등을 마시면 안 된다.

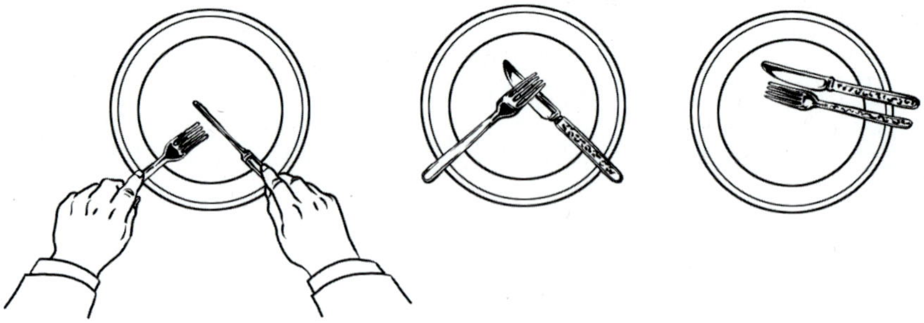

사용할 때 　　 식사 중일 때 　　 식사가 끝났을 때

〈나이프와 포크의 올바른 사용법〉

⑧ 나이프와 포크를 동시에 사용하여 고기를 자를 경우에는 끝이 서로 직각이 되게 하며 팔꿈치를 많이 벌리지 말고 손목만 움직여 자르는 것이 좋다.

⑨ 전채로 굴이 나올 경우에는 '굴 포크'Oyster Fork를 사용한다. 수프 스푼 바로 위쪽에 놓여 있거나 가장 오른쪽에 놓여 있다.

⑩ 디저트용 나이프나 포크는 중앙 접시 위쪽에 놓는다. 경우에 따라서는 후식이 나올 때 별도로 내온다.

(10) 양념통Caster

① 조미료 통이 팔을 뻗어서 닿지 않는 곳에 있다면 옆 사람에게 부탁해서 건네받는다.

② 후춧가루가 페퍼 밀Pepper Mill에 담겨 있다면 몸통을 손으로 두세 번 돌린 다음 한두 번 몸통을 쳐주면 테이블에 가루가 떨어지지 않는다.

(11) 핑거볼Finger Bowl

핑거볼은 주로 양식을 먹을 때 손가락 씻을 물을 담은 작은 그릇으로 주로 스테인리스강鋼이나 은 또는 은도금한 놋쇠 등의 금속이 소재이다. 이 그릇에 담긴 물에는 극소량의 향료를 떨어뜨려 향기를 내거나 작은 꽃 한 송이, 또는 얇게 썬 레몬조각을 띄워 나온다. 요리코스 중 필요할 때 나오거나 처음부터 식탁 왼쪽에 놓여 있을 수도 있다.

① 게나 새우의 껍질을 벗기고 나서 손가락을 씻을 때 사용한다. 과일을 포크로 먹지 않고 직접 손으로 먹기 전에, 그리고 과일을 손으로 먹은 후에 손가락을 씻을 때에도 사용한다.

② 손가락 끝을 잠깐 비벼 씻고 냅킨으로 물기를 닦아낸다.

③ 양손의 양 손가락을 한꺼번에 넣어 씻으면 물이 넘칠 수 있으므로 한 손씩 번갈아 넣어 씻는다.

> 어느 나라의 국왕이 사람들을 초대한 식사자리에서 초대 받은 사람이 잘 모르고 'Finger Bowl'의 물을 마시자 자신이 핑거볼의 물에 손가락을 씻으면 손님이 무안해 할까봐 국왕도 똑같이 핑거볼의 물을 마셨다는 일화가 전한다. 이것이 진정 고급 테이블 매너가 아닐까?

(12) 포도주 잔

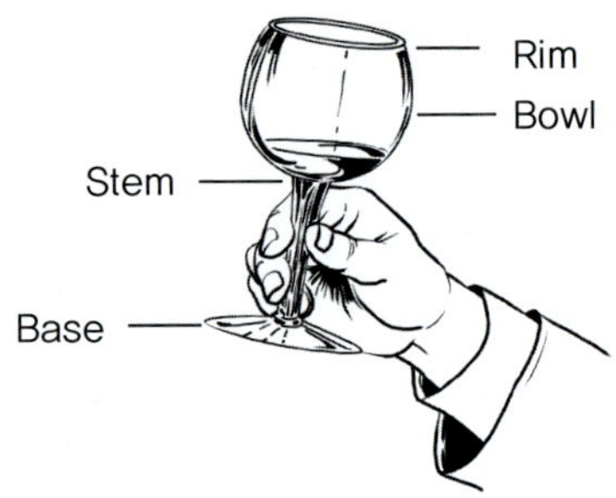

① 와인 잔을 잡을 경우에는 잔의 다리Stem 부분을 엄지와 검지로 잡고 장지는 보조 형태로 가볍게 대며 나머지 손가락은 장지 옆에 붙인다.

② 테이블 위에 있는 와인 잔은 바깥쪽에 놓인 잔부터 차례대로 마신다.

③ 'Y'자 모양의 잔은 일반적으로 셰리주 잔Sherry Wine Glass이다. 셰리주는 식전주Aperitif로서 수프와 함께 제공되며, 비워진 수프접시와 함께 치워진다.

④ 레드 와인 잔은 화이트 와인 잔보다 크다.

(13) 식전주Aperitif

① 식전주는 식욕을 돋우기 위해 식사 전에 마시는 술이다. 대표적인 식전주는 셰리주Sherry Wine가 있는데, 스페인산 백포도주로 맛이 담백하고 곰팡이 냄새

가 나는 듯하다. 이외에도 마티니(남성 술), 맨해튼(여성 술), 마가리타, 캄파리, 듀보네 등의 샴페인이 있다.

② 식전주는 보통 차가운 상태로 다리가 긴 잔에 담겨 나오기 때문에 체온 전달을 막기 위해 잔의 다리Stem부분을 잡고 마신다.

(14) 와인 마시는 매너와 유의사항

와인은 수확연도에 따라 맛이 다르다. 요리에 따라 궁합이 맞는 와인의 종류가 다르고 가격의 차이가 크므로 와인을 주문할 때는 소믈리에와 상의해 주문하는 것이 좋다. 소믈리에는 와인 전문 웨이터로 와인 리스트를 갖고 와서 손님의 예산과 시킬 요리를 참고하여 적절한 와인을 권한다. 와인에 대한 정보에 어두우면 소믈리에게 도움을 청하는 것이 현명하다.

① 웨이터가 와인 병을 가져오면 먼저 호스트가 주문한 와인인지 라벨을 확인한 후에 와인 병의 코르크 상태를 살펴야 한다. 만약 코르크 위쪽이 마른 상태가 아니고 젖어 있다면 공기가 들어가 와인 맛이 변한 것일 수 있다. 곰팡이 냄새가 난다. 바꿔 달라고 해야 한다.

② 웨이터가 호스트 앞에 놓인 잔에 와인을 약 10분의 1 정도(와인잔의 크기에 따라 5분의 1 정도로 따를 수도 있다) 차도록 따라준다. 이때 와인 잔을 들지 말고 잔의 다리 밑 부분에 오른손의 검지, 장지를 살짝 대거나 잔의 받침대에 양손을 갖다 대도 좋다.

③ 시음을 하거나 첫 잔의 와인을 마실 때는 4단계를 거친다.

㉠ 호스트는 먼저 잔에 따라진 포도주가 공기와의 산화작용을 통해 향을 풍부하게 내도록 테이블의 약간 위에서 와인 잔의 다리부분을 잡고 시계 반대

방향으로 원을 몇 번 그리며 돌려준다.

㉡ 그 다음 와인 잔을 든 오른쪽 팔을 비껴 오른쪽으로 눈높이보다 조금 낮게 팔을 약간 구부려서 와인의 색깔을 감상하며 살펴본다. 와인 잔의 바로 위쪽에서가 아니라 옆쪽에서 와인의 색깔을 보아야 한다. 이때 맑고 선명한 와인의 색채를 즐기되 투명하지 않으면 다른 와인을 요구해도 된다.

㉢ 와인색깔을 감상한 다음에는 와인 잔을 잠깐씩 살짝 여러 번 코 밑에 대면서 와인의 향을 즐긴다. 와인향보다 코르크 썩은 냄새가 나는지 유의해야 한다.

㉣ 와인의 향을 즐긴 다음에는 와인을 한 모금만 머금고 혀를 굴려가며 맛을 즐긴 뒤소리를 내지 않고 삼킨다. 레드와인은 단맛, 신맛, 떫은맛이 균형을 이루는 맛이어야 하고 화이트와인은 단맛, 신맛이 느껴져야 한다.

- 와인을 시음하는 호스트는 이 4단계가 끊어지지 않고 물 흐르듯이 수행해야 한다.
- 만약 여성이 남성들을 접대하는 자리라면 와인 테이스팅을 여성 접대자가 하지 않고 옆자리에 앉은 남자 손님에게 대행하게 하는 것이 와인 마시는 매너이다.
- 와인을 시음할 때 꿀꺽꿀꺽 소리를 내어 마시지 않고(Do not drink), 한 모금만 마신다(sipping).

④ 시음tasting한 와인의 맛이 괜찮으면 웨이터에게 OK 사인을 보내거나 "좋습니다"라고 하면 웨이터는 즉시 다른 사람들에게 와인을 따라 준다.

⑤ 와인은 한 모금씩 여러 차례 나누어서 마신다.

⑥ 와인을 마시기 전 냅킨으로 입을 닦은 다음 마시도록 한다. 그래야 잔에 음식물, 기름기 등이 묻지 않는다.

⑦ 와인은 최적의 저장온도와 마실 때의 온도가 다르다. 와인을 마실 때의 적정온

도는 보통 가벼운 맛의 레드 와인Red Wine은 15~18도 정도, 무거운 맛의 레드 와인은 17~20도 정도, 시큼한 맛의 화이트 와인White Wine은 9~11도 정도, 일반적인 맛의 화이트 와인은 13~15도 정도, 스파클링Sparkling 와인은 10~13도 정도, 스위트 화이트 와인Sweet White Wine은 5도 정도라고 한다. 그러나 이와 다른 의견도 많다. 다만, 분명한 것은 어떤 종류의 와인이든 21도를 넘으면 안 된다. 와인의 맛이 시큼할수록 더 낮은 온도로 마시는 게 좋다.

⑧ 상대방에게 와인을 잔에 따라 준 후에는 병을 약간 돌리면서 들어올리면 병 입구를 따라 와인이 흘러내리지 않는다.

⑨ 와인을 주문할 때 소믈리에가 없다면 드라이dry한 맛, 즉 달지 않는 와인 맛에서부터 단맛sweet 와인의 순서로 주문한다. 또한 비싼 와인에서 싼 와인 순으로 주문한다.

⑩ 화이트 와인에서 레드 와인 순서로 주문한다.

⑪ 숙성되지 않은 와인에서 오래 숙성된 와인 순서로 주문한다.

⑫ 일반적으로 붉은색이 나는 고기요리는 레드와인, 크림소스를 사용하는 생선요리는 화이트 와인이 어울리지만 예외적인 경우가 많다.

⑬ 한국 음식을 먹으면서 와인을 마실 경우 일반적으로 짜고 맵고 신 음식에는 화이트 와인이 좋다. 짜고, 맵고, 신 자극적 음식에 레드와인을 마시면 서로의 맛이 모두 죽기 때문이다. 제육볶음, 김치볶음 등의 매운 요리에는 달콤한 스위트 와인이나 시원한 화이트 와인이 좋다.

⑭ 일반적으로 고급 레스토랑에서 고객이 가장 많이 주문한 와인을 시키면 맛이 좋은 데다 유통회전이 빠르기 때문에 와인의 보관상태도 좋을 가능성이 크다.

⑮ 와인을 따를 때는 와인 잔과 병 사이에 2~3cm 간격을 두고 상대방 잔의 크기에 따라 3분의 1, 3분의 2 정도 차도록 따른다.

⑯ 와인은 상대방의 잔이 다 비워지기 전에 약 10분의 1 정도 남아 있을 때 채워주는 것이 기본 매너이다. 만약 상대방의 잔이 다 비워진 상태라면 양해를 구하고 따라준다.

⑰ 상대방이 자신의 잔에 와인을 따라 줄 때는 상대방의 신분이나 나이에 상관없이 와인 잔을 들지 말고 잔의 다리stem 밑 부분에 검지, 장지를 살짝 대거나 양손을 잔의 받침대base에 갖다 대고 받는다.

⑱ 와인을 마시고 싶지 않을 때는 와인 잔 가장자리에 검지를 갖다 대면 사양의 의미로 알고 상대방은 와인을 따르지 않는다. 검지를 갖다 대면서 "괜찮습니다", "No thank you"(외국에서)라고 말하면 더욱 좋다.

⑲ 와인을 집에서 보관할 때는 어둡고 공기가 잘 통하는 곳에서 와인 병을 비스듬하게 기울여서 보관해야 한다. 똑바로 세워 보관하면 와인 병의 안쪽 코르크가 건조해져서 수축되기 때문에 틈새로 공기가 병 속으로 들어가 와인 맛을 변질시키고 건조해진 코르크 마개는 빼낼 때 부서지기 쉽다.

⑳ 마지막 잔의 와인은 남기지 않고 다 마시는 것이 기본 매너이지만 사정에 따라 남길 수도 있다.

(15) 전채요리Appetizer

전채요리는 영어로 애피타이저Appetizer, 불어로 오르되브르Hors-d'oeuvres라고 하는데 메인요리 이전에 먹는 엑스트라Extra 요리이다. 전채요리는 앞으로 먹게 될 생선이나 고기 요리를 맛있게 먹기 위해 위액이나 타액의 분비를 촉진시키기 위한 것이기 때문에 어떤 요리도 전채요리가 될 수 있다.

전채요리는 조금만 먹어야 메인요리를 즐길 수 있다. 달팽이 요리Escargot Dish, 철갑상어알Caviar, 거위간Foie Gras은 세계 3대 애피타이저 요리이다. 전채요리는 경우에 따라서 생략될 수 있다.

▶ 전채요리의 종류

① 차가운 전채요리 : 철갑상어알caviar, 거위간Foie Gras, 훈제연어, 생굴, 카나페canape, 과일류 등

② 따뜻한 전채요리 : 식용 달팽이escargot, 이태리식 만두ravioli, 파이pie 등

(16) 수프Soup 관련매너

① 수프의 종류로 진한 수프를 포타주Potage, 맑은 수프를 콩소메Cónsomé라고 한다. 수프를 맛보지도 않은 채 소금, 후추를 뿌려 간을 하지 않는다.

② 손잡이가 달려 있는 그릇의 수프는 손잡이를 잡고 그릇을 들고 마셔도 괜찮다.

③ 수프를 먹을 때는 숟가락의 절반 정도로 수프를 떠서 숟가락 옆쪽을 입술에 대고 숟가락을 기울여 입 안으로 수프가 흘러 들어가게 한 뒤 입을 다문다(숟가락을 입 안에 다 집어넣지 말아야 한다).

④ 수프를 한 번 떠서 여러 번으로 나누어 먹거나 뜨겁다고 입으로 불어가며 먹지 않는다.

⑤ 수프를 먹는 방법에는 자기 앞쪽에서 바깥쪽으로 떠먹는 미국식과 바깥쪽에서 안쪽으로 떠먹는 유럽식이 있다.

⑥ 수프가 조금 남았을 때는 왼손으로 수프볼을 잡아 몸 반대방향으로 기울여 떠먹는다. 수프 숟가락은 다 먹기 전이면 그릇 안에, 다 먹었으면 수프볼 받침접시에 놓는다. 수프를 남기고 싶을 때는 스푼을 그릇 안에 뒤집어서 놓는다.

(17) 빵Bread 관련매너

① 토스트Toast, 크루아상Croissant, 브리오쉬Brioche 등은 아침식사 때만 먹는다.

② 테이블 왼쪽에 놓인 빵이 자기 빵이다.

③ 정찬에 나오는 빵은 술을 마시기 전에는 먹지 않는 것이 좋으며 식사 중간에 조금씩 손으로 떼어서 먹는다(버터, 잼을 발라서 먹어도 좋다).

④ 토스트는 나이프로 4등분하여 버터나 잼을 발라서 손으로 먹는다.

⑤ 빵 속에 내용물이 들어있어 두툼한 샌드위치일 경우에는 나이프로 작게 자른 후 손으로 먹는다.

⑥ 빵은 커피나 우유에 적셔 먹지 않는다. 수프와 소스에 적셔서 먹는 것은 괜찮다.

(18) 생선요리 관련 매너

★ 통째로 요리된 생선은 다음과 같은 방법으로 먹는다.

① 생선요리의 살은 포크를 사용하여 먹는다.

② 생선요리와 함께 나오는 레몬조각은 한 손의 세 손가락으로 즙을 짜내어 뿌려서 먹는다.

③ 가시가 입에 들어간 경우에는 가시를 입에서 직접 접시나 테이블에 뱉지 말고, 포크나 스푼을 이용해서 받아낸 후 자기접시 한쪽에 두거나 휴지에 받아내어 처리한다.

① 포크로 머리를 누르고 나이프로 등뼈를 따라 꼬리까지 가른다.

② 위쪽 살 중 2분의 1을 나이프로 떼어내서 먹고 나머지 반을 나중에 먹는다.

③ 남아 있는 생선을 뒤집지 말고, 포크로 머리를 누르고, 나이프를 뼈와 아래쪽 살 사이에 넣어 꼬리까지 훑어내려 가면서 뼈를 떼어낸다.

④ 마지막으로 생선 아래쪽 살을 먹는다. 아래쪽 살을 먹을 때 생선을 뒤집지 않습니다.

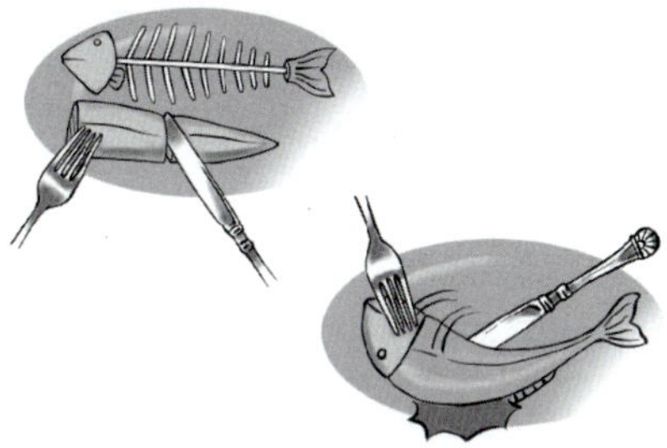

(19) 스테이크Steak 관련매너

① 스테이크의 참맛은 붉은 육즙에 있으므로 대체로 적게 구울수록 고기의 맛을 즐길 수 있다.

② 스테이크의 굽기 정도를 알고 주문해야 고기의 맛을 즐길 수 있다.

- Raw : 표면의 붉은 빛깔만 없앤 고기(1~2분 굽기)
- Rare : 표면만 약간 구워 중간이 붉은 날고기 상태(2~3분 굽기)
- Medium Rare : 중심부가 핑크인 부분과 붉은 부분이 섞인 상태(3~4분 굽기)
- Medium : 중간 정도 구운 것. 중심부가 모두 핑크빛을 띠는 정도(5~6분 굽기)
- Medium Well-done : 중심부가 거의 핑크빛이 없는 상태로 굽기(8~9분 굽기)

- Well-done : 완전히 구워져 고기 속이 갈색을 띤 상태(10~12분 굽기)

> 한국인이 선호하는 스테이크 굽기 정도인 Medium Well-done을 시키려면 "Medium Well"이라고 주문하면 무난하다.

③ 스테이크를 먹을 때는 나이프는 오른손에, 포크는 왼손에 쥐고 한 조각씩 한입 크기로 왼쪽에서부터 잘라 먹는다. 고기를 한꺼번에 잘라 놓으면 육즙이 빠져 나가고 고기가 쉽게 식어서 맛이 떨어진다.

④ 스테이크를 자를 때에는 왼쪽 바깥쪽에서부터 오른쪽으로 잘라나가고 일반적으로 세로방향으로 자른다. 스테이크를 접시에 담아내어 올 때 고기의 결이 위에서 아래로 향하게 되어 있기 때문이다. 그러나 Loin(NY Strip, Rib-eye를 만드는 부위)이나 Tenderloin 부위Filet Mignon는 고기의 결이 고우므로 어느 방향으로 자르든 크게 상관없으나 Skirt Steak, Hanger Steak, Flank와 같은 질긴 고기부위는 고기의 결과 수직으로 잘라서 먹어야 고기 맛이 좋다.

⑤ 스테이크에 지나치게 기름덩어리가 많거나 굽기 정도가 잘못되었을 경우 다시 요리를 요청해도 무방하다.

(20) 샐러드Salad와 드레싱Dressing

① 고기는 산성 식품이고 샐러드는 알칼리성 식품이기 때문에 스테이크를 먹을 때 샐러드를 함께 먹는 게 좋다.

② 일반적으로 고기와 샐러드는 번갈아 먹는 것이 좋다. 영국인, 미국인들은 샐러드를 고기요리와 같이 먹거나 그 전에 먹는 반면 프랑스인들은 고기를 다 먹은 후에 먹는 경향이 있다.

③ 생선이나 육류 코스의 샐러드는 샐러드용 나이프와 포크가 제공되지만 포크만으로 먹어도 무방하다. 오찬 시에는 육류용 포크만 사용한다.

④ 샐러드에 사용되는 소스를 드레싱Dressing이라고 한다. 소스 뿌려진 모습이 마치 여성이 드레스 입은 모습과 같다고 해서 생겨난 용어이다.

⑤ 드레싱의 종류는 여러 가지이나 크게 오일 드레싱류와 마요네즈 드레싱류로 구분된다.

⑥ 샐러드 위에 드레싱할 때 프렌치 드레싱은 샐러드 위에 직접 뿌리지만 마요네즈 소스의 경우는 접시 한쪽에 뿌려 놓고 직접 찍어 먹는다.

(21) 식후주Digestif 관련매너

식전주를 식욕 촉진주Aperitif라 하고 식후주는 소화 촉진주Digestif라고 한다. 양식에서 식후주로 남성은 주로 브랜디Brandy, 여성은 리큐어Lliqueur를 즐긴다.

① 브랜디Brandy

포도나 사과 등의 과실을 증류하여 만든 술로 독특한 향과 맛이 있으며 알코올 도수가 45~50도나 될 정도로 독한 증류주이다. 브랜디 잔은 한 손의 검지와 장지 사이에 술잔 몸통 밑부분을 받치면서 감싸거나 양손으로 술잔 몸통을 감싸서 잡고 천천히 흔들어 손의 체온을 전달시켜 조금 따뜻하게 하여 마신다.

산지에 따라 꼬냑Cognac, 칼바도스Calvados, 알마냑Armagnac 등으로 분류된다.

② 리큐어liqueur

증류주에 과실, 과즙, 약초 등을 넣고 설탕이나 착색료 등을 첨가하여 만든 혼성주이다. 당도가 있고 빛깔이 아름다운 술로 식후에 주로 여성들이 마시며 주정도는

27~80도로 매우 다양하다. 종류로는 베네딕틴Benedictine, 샤르트뢰즈Chartreuse, 코인트로Cointreau, 드람부이Drambuie, 퀴멜Kummel, 큐라소Curacao 등이 있다.

(22) 레스토랑에서 식사할 때 유의할 사항

① 스파게티는 왼손으로 스푼을 잡고 오른손으로 포크를 잡아서 스푼 위에 스파게티를 돌려 감은 다음에 먹는다.

② 에그 스탠드Egg Stand에 올려진 삶은 달걀은 달걀의 윗부분을 벗겨낸 다음 티스푼Tea Spoon으로 먹는다.

③ 달팽이 요리를 먹을 때는 왼손으로 달팽이용 집게를 사용하여 껍질을 고정시키고 오른손으로 달팽이 전용포크를 써서 껍질 속 알맹이를 꺼내어 먹는다. 껍질 속에 남아 있는 달팽이 즙은 입을 대고 마셔도 괜찮다.

④ 새우 요리는 나이프나 손으로 껍질을 벗겨내서 먹는다.

⑤ 피자는 나이프를 사용하여 삼각형으로 자른 후에 손으로 집어 먹는다.

⑥ 칵테일 속의 체리와 올리브는 칵테일을 어느 정도 마신 후에 먹는다.

⑦ 씨가 있는 과일을 먹을 때는 씨를 입 속에서 발라 스푼에 뱉어낸 뒤 접시의 한쪽에 놓는다. 종이 냅킨을 이용해 뱉어내도 된다.

⑧ 말랑말랑한 베이컨은 포크로 먹지만 바싹하게 구운 베이컨, 칵테일 속의 체리나 올리브, 요리에 섞여 나오지 않은 체리토마토는 손으로 먹어도 괜찮다.

⑨ 줄기가 단단한 부분의 아스파라거스는 포크로 자른 후 손으로 먹고, 단단한 부분이 없는 아스파라거스는 그냥 포크로 먹는다.

⑩ 치즈는 나이프나 포크를 모두 사용할 수 있다. 다만, 부드럽거나 묽은 치즈는 나이프를 이용해 발라먹는다.

⑪ 아티초크는 잎사귀를 하나씩 떼어 소스를 묻혀 베어 먹는다. 가시가 있는 부분은 나이프로 긁어내고 부드러운 줄기는 포크로 찍어 먹는다.

⑫ 여러 가지 빵이나 비스킷, 토스트, 핫케이크, 삶은 옥수수 등에 버터를 바를 때는 나이프를 사용한다. 옥수수 알갱이, 감자, 밥 등은 양념이나 버터를 포크로 섞는다.

⑬ 삶은 자두나 버찌 등을 먹을 때는 스푼을 사용한다. 씨는 입 속에서 살을 발라 먹은 다음 스푼에 뱉어 접시의 한쪽에 놓거나 티슈에 뱉어 씨가 안 보이게 할 수도 있다.

⑭ 차가운 샌드위치는 손으로 집어먹고, 뜨거운 스테이크 샌드위치는 포크와 나이프를 사용한다. 클럽 샌드위치와 같이 두툼한 샌드위치는 나이프로 작게 자른 후 손에 들고 먹는다.

⑮ 햄버거는 내용물이 빠지지 않게 손으로 잡고 입으로 베어 먹는다. 포크와 나이프가 있을 경우에는 1/2~1/4 정도로 잘라 손으로 들고 먹어도 상관없다.

(23) 정식만찬(Table D'hote : 따블도트)

음식 코스와 가격이 정해진 정식 세트 메뉴이다. 정식 만찬의 순서는 정해져 있다. 요사이는 약식화되어 있는 경우가 많다.

(식전주) → 전채요리 → 수프 → 생선요리(화이트 와인) → 셔벗[1)] → 육류요리(레드와인) → 샐러드 → 치즈 → 케이크 또는 과자류 → 과일류 → 커피 또는 홍차 → (식후주)

1) 셔벗sherbet : 최근에는 거의 생략하지만 다음 코스의 식사를 위해 미각을 산뜻하게 하기 위한 것이다. 단맛이 적고 알코올 성분이 있다. 다리stem가 긴 글라스에 담겨 나오므로 왼손으로 셔벗 잔의 다리부분을 잡고 오른손으로 디저트용 스푼을 이용해서 떠먹는다.

(24) 일품요리(Repas a la Carte : 르파 알 라 카르트)

일품요리는 '주문요리'라고도 한다. 각 코스별로 기호에 따라 주문하거나 선택할 수 있는 메뉴로 코스별로 가격이 표시된 것과 표시되지 않은 것이 있다. 가격표시가 없는 것은 고객주문형 음식으로 금액이 다르다. 일품요리의 순서는 전채요리 또는 수프 → 생선 또는 육류요리 → 샐러드 → 디저트(과일, 차, 과자류 중 택일)

(25) 테이블 세팅

① 서비스 접시 ② 냅킨 ③ 수프 스푼
④ 오르되브로 나이프 ⑤ 생선용 나이프 ⑥ 고기용 나이프
⑦ 고기용 포크 ⑧ 생선용 포크 ⑨ 오르되브로 포크
⑩ 빵 접시 ⑪ 커피 스푼 ⑫ 후르츠 포크
⑬ 후르츠 나이프 ⑭ 아이스크림 스푼 ⑮ 버터 나이프
⑯ 버터 홀더 ⑰ 냉수용 글라스 ⑱ 샴페인 글라스
⑲ 적포도주 글라스 ⑳ 백포도주 글라스

(26) 뷔페Buffet 식사매너

① 음식을 접시에 담을 때는 적당한 양을 담아야 한다. 조금씩 여러 번 담아서 먹도록 한다.

② 음식의 종류를 구분해서 더운 음식과 찬 음식을 함께 담지 않는다.

③ 접시에 음식이 겹치지 않게 음식끼리 간격을 띄워서 담는다.

④ 찬 음식과 샐러드를 먼저 먹고 더운 음식을 먹어야 속이 편안하다.

⑤ 접시에 생선과 육류를 같이 담지 않는다.

⑥ 좋아하는 음식과 과일을 지나치게 집중적으로 많이 가져다 먹지 않는다.

⑦ 테이블을 중심으로 왼쪽 방향으로 돌면서 음식을 담는다. 그러나 음식을 담기 시작하는 곳이 두 군데인 경우에는 한쪽은 시계 방향, 다른 한쪽은 시계반대 방향으로 돌면서 음식을 담는다.

⑧ 음식을 접시에 담기 위해 자리를 비울 때 냅킨은 앉았던 의자 위에 놓는다.

⑨ 음식을 담았던 접시가 비워지면 웨이터가 가져가지만 포크, 나이프, 젓가락은 계속 사용해야 하므로 빵접시, 포크, 나이프가 세팅된 플레이스 매트Place Mat나 빈 접시 위에 가지런히 놓은 뒤 음식을 가지러 간다.

⑩ 음식을 통로에 서서 먹거나 걸어 다니면서 먹지 않는다.

⑪ 좋아하는 음식과 과일을 지나치게 집중적으로 가져다 먹지 않는다.

⑫ 연장자와 함께 식사할 경우에 연장자에게 음료수나 커피, 과일 등을 가져다 주는 것은 좋은 매너이다.

⑬ 특정 음식을 가지고 나오지 말아야 한다. 접시에 음식을 남기는 것도 뷔페식사의 매너에 어긋난다.

⑭ 식사가 끝난 뒤에는 냅킨을 대충 접어서 식탁 왼쪽에 놓고 나온다.

⑮ 식사가 끝난 후에 초대해준 사람에게 감사의 인사말을 하도록 한다.

(27) 차와 커피 마시는 예절

① 일반적으로 차는 손잡이가 없는 찻잔에 나오므로 차를 마실 때는 오른손으로 찻잔을 잡고 왼손의 네 손가락으로 찻잔 밑을 받친다.

② 차를 네다섯 번으로 나누어 천천히 마신다.

③ 차를 마실 때 입 안에 잠시 머금었다가 삼킨다.

④ '차를 감상한다'는 말까지 있다. 이는 차의 색色, 향香, 미味에다 물소리, 찻잔의 촉감마저 더하여 오감五感으로 차를 마신다는 의미이다.

⑤ 차의 여향餘香은 차 맛의 깊이를 더하게 한다. 찻물이 모세혈관까지 퍼진다는 생각을 하며 여향餘香을 즐기면 심리적인 평온함도 느낄 수 있다.

⑥ 티스푼으로 커피를 저은 후에 티스푼을 입 안으로 가져가지 말고 곧장 찻잔 오른쪽 손잡이 뒤쪽에 놓는다.

⑦ 커피 잔 손잡이를 잡을 때 검지, 장지, 약지를 넣어 잡지 말고 검지와 엄지 중심으로 잡고 나머지 손가락은 밑에서 안정감 있게 받쳐 잡는다.

⑧ 커피 잔의 받침을 든 상태에서 커피를 마시지 않도록 한다.

⑨ 티스푼으로 커피를 떠먹는 것은 피해야 하고 커피 잔을 흔들어 마시는 것도 삼간다.

⑩ 커피가 뜨겁더라도 불거나 소리 내면서 마시지 않도록 한다.

(28) 커피 종류

① 카페오레Cafe au lait : 커피에 우유를 넣은 것

② 비엔나커피Vienna Cafe : 생크림을 띄운 커피

③ 카페로얄Cafe Royale : '왕족의 커피'라는 뜻이다. 더운 커피가 담긴 잔 위에 스푼을 놓고 그 위에 각설탕을 놓은 후 브랜디를 약간 부어 불을 붙여 만든다. 칵테일로 분류하기도 한다.

④ 아메리칸 커피American Coffee : 레귤러 커피Regular Coffee보다 엷은 맛을 내는 커피로 미국인들이 즐겨 마시는 커피

⑤ 아이리시 커피Irish Coffee : 데운 아이리시 위스키에 커피와 휘핑크림Whipped Cream을 넣어 만든 커피

제4장

음주예절

1 | 한국인의 음주예절

1) 한국인의 음주예절은 윗사람에게 먼저 잔을 올리는 문화로 여러 사람과 함께 술을 마실 경우에는 연장자, 지위 순으로 술잔을 올린다. 앉은 자세에서 윗사람에게 술을 따르거나 받을 경우에는 몸을 반쯤 일으킨 상태에서 양손으로 병을 잡고 따르며 잔에 술을 받을 때에도 양손으로 받는다. 우리의 조상은 소매가 늘어진 도포나 두루마기를 입었기 때문에 술을 따르거나 받을 때 오른손으로 술병을 잡고 왼손으로 도포소매를 걷어올리는 형태를 취했다. 오늘날에 와서도 오른손으로 병을 잡고 왼손은 오른손을 받치는 형태로 술을 따르거나 받는 것이 상례常禮로 되어 있다. 그러나 이제 더 이상 그런 옷을 입지 않기 때문에 윗사람에게는 두 손을 사용하는 것이 합리적이다.
2) 술잔이 비었을 때 새로 술을 따르고 잔의 80%까지 술을 따른다.

3) 술을 마시지 못하더라도 잔을 받고 곧바로 내려놓는 것은 상대방에 대한 결례이다. 일단 받았으면 잔을 잠시 입에 대었다가 내려놓는다.
4) 윗사람 앞에서 술을 마실 때에는 상체와 머리를 옆으로 약간 돌리고 마신다.
5) 술잔을 부딪칠 때는 윗사람 잔 높이보다 낮춰서 부딪친다. 술을 마시지 못하는 사람에게 억지로 권하는 것은 음주매너에 어긋난다.
6) 주전자에 담긴 술을 따를 때에는 한 손으로 주전자 뚜껑을 누르면서 따른다.
7) 자기보다 직급이 낮아도 연장자인 경우에는 두 손으로 따르고 받는 것이 예의다. 또 자리가 떨어져 있는 경우에는 직접 가서 권하는 것이 도리이다.
8) 술은 남성이 먼저 여성에게 권하고, 여성이 남성에게 술을 따르는 것은 모임 구성원의 관계를 고려하여 조심스럽게 해야 한다(예전에는 뭇 남성에게 여성이 술을 따르는 것 자체가 금기사항이었다. 요즈음은 추세가 많이 바뀌고 있다).
9) 특정인하고만 대화를 나누지 말고 공동의 화제를 택한다.
10) 한국의 음주문화는 수작酬酌문화이다. 술잔을 돌리거나 받은 잔을 돌려주는 독특한 문화가 일반적으로 자리를 잡고 있다. 이는 전통적으로 정을 나누고 화합을 위한 것이었으나 획일성을 강조하는 군사문화의 영향도 받은 것으로 보인다. 수작문화는 받은 잔을 돌려주는 반배返杯문화, 술잔을 돌리는 순배巡杯문화가 합쳐진 것이다. 술잔을 돌리는 것은 윗사람의 특권이며 아랫사람이 술잔을 돌리는 것은 음주예절에서 벗어난 행위이다. 수작문화는 정이 많은 한민족의 특성이 반영된 것이긴 하나 이런 음주방식은 비위생적이고 술을 무리하게 강요하는 측면이 있으므로 되도록이면 지양하는 것이 좋겠다.

2| 중국인의 음주예절

1) 중국인은 술잔을 다 비우기 전에 첨잔하는 것을 좋아한다.

2) 중국인은 한국식으로 술잔을 돌리지 않는다.

3) 중국인이 건배를 외치며 술을 권할 때에 단번에 다 마시지 않으면 실례가 된다. 잔을 비운 뒤에도 잔이 비었는지를 확인하므로 술이 약한 사람은 사전에 양해를 구하는 것이 좋다.

4) 술을 마실 때에 상대방과 눈을 마주치며 같이 입을 대고 같이 입을 떼야 한다.

5) 술잔에 술을 가득 따르는 것이 존경을 표하는 것이고 윗사람이 먼저 따른다.

6) 술을 마실 때 상대방이 술을 권하지 않을 때 혼자서 마시지는 않고 잔을 부딪치면 그 잔은 전부 비워야 한다.

7) 술잔을 부딪칠 때 자리에서 일어나 오른손으로 하며 너무 세게 부딪치지 않는다. 윗사람일 때는 상대보다 잔을 낮춰서 부딪친다.

8) 손님이 취해야 손님을 잘 모신 것이라는 인식이 있기 때문에 초청자는 각종 권주방법을 동원한다. 그러나 손님이 만취해서 실수를 하는 것은 몹시 싫어한다.

3| 일본인의 음주예절

1) 윗사람이 아랫사람에게 먼저 술잔을 내리는 사배賜杯문화이다.

2) 술잔에 술이 3분의 1 정도 남아 있을 때 술을 더 따라준다. 그 이하로 남아 있을

때는 더 이상 술을 권하지 않으며 상대방이 술자리를 끝내자는 의사표시로 이해한다.

3) 일본인은 술잔을 남에게 돌리지 않는다.
4) 건배 시 잔을 부딪치지 않고 자신의 눈높이 정도로 잔을 올린다.
5) 잔을 들 때 남성은 한 손으로 하여도 무방하지만 여성은 왼손으로 잔을 받쳐 들어야 한다.
6) 일본인은 한국과 달리 술을 먼저 마시고 마지막으로 밥을 먹는다. 밥이 나오면 술자리의 마무리를 의미한다.
7) 일본에서는 부인이 손님에게 술을 따라주는 것이 예의에 속한다.

4| 세계 각 국의 건배 용어

나라명	용 어
미국/ 영국/ 호주	치어스(Cheers)
스페인	쌀루드(Salud)
독 일	프로지트(Prosit)
브라질/ 포르투갈	사우데(Saude)
캐나다	토스트(Toast)
프랑스	아 보트르 쌍떼(a votre Santé)
중 국	깐뻬이(干杯)
일 본	간빠이(乾杯)

제5장

서비스 예절

1 | 서비스의 개념

1) 서비스의 정의

경영학적 측면에서 학자들은 활동론적 정의, 속성론적 정의, 봉사론적 정의, 인간 상호관계론적 정의 등으로 나누어 전문적으로 정의하고 있으나 일반인들이 이해하기에는 다소 어려운 내용들이다.

'서비스'라는 용어의 학문적 적용은 경제학자인 아담 스미스Adam Smith에 의해 최초로 시도되었다. 그는 서비스를 '부富를 창출할 수 없는 비생산적 노동'으로 보고 '제품과 결부되지 않는 모든 활동'이라고 정의했다.

여러 학자들의 서비스에 대한 정의를 종합해 보면 '서비스는 공급자가 수요자와의 접촉과정에서 유·무형의 재화를 판매하기 위해 행하는 행위나 용역, 또는 부가

적인 수행'을 의미한다. 좀더 쉽게 풀어보면 '서비스란 사회구성원의 상호관계를 바탕으로 생성되고 상대의 문제를 진심과 성의를 갖고 해결하여 만족을 주는 활동과 행위'이다. 따라서 진정한 서비스란 고객을 도와주고 고객을 리드하고 내가 가지고 있는 모든 것을 활용하여 고객에게 만족을 주는 것이다.

2) 서비스의 어원과 개념

(1) 서비스의 어원

서비스Service의 어원은 라틴어 'Servitium(노예의 봉사)'에서 유래되었다. 이 말은 'Servitude(주인의 이익을 위해 자신을 희생하는 노예상태), Servant(노예, 하인)'의 의미이다.

계급사회이던 고대와 중세 봉건제도하에서 왕실, 귀족 등의 특권층을 대상으로 한 '노예, 하인 계층의 의무적인 성격을 지닌 봉사행위'로 서비스를 인식했던 것이다.

이후 서비스의 개념은 시대의 흐름에 따라 변화되어 왔다. 서비스는 시대의 특성을 담은 개념으로 존재하면서 서비스의 향유계층과 제공계층이 엄격하게 분리된 가운데 시행되었다. 신분사회의 특성상 향유계층의 명령과 요구를 받들어 복종하고 수행하는 수직적 개념의 서비스였다. 노예와 하인계층은 인격적인 대우를 받을 수 없는 신분이기 때문에 업무수행의 보람을 인식하지 못하는 소극적이고 수동적인 개념의 서비스였다.

(2) 서비스 개념

서비스의 개념은 현대사회의 다양화에 따라 의미가 혼용되고 있는 것이 현실이다. 우리 주변에서 볼 수 있는 서비스 용어를 살펴보면 다음과 같다.

① 무료제공의 의미로 쓰인다

식사 후에 제공되는 후식 등 주문하지 않는 것들의 제공이 이에 해당된다.

② 사후관리의 의미이다

우리가 흔히 'After Service'라고 하는 것이 이에 해당된다. 'After Service'는 고객만족을 위해 대단히 중요한 마케팅 전략 중의 하나이다.

③ 봉사의 의미이다

의료 서비스, 통신 서비스, 민원 서비스 등 봉사에 중심을 둔 활동이다.

④ 스포츠 용어로 사용된다

배드민턴, 탁구, 테니스 등 네트Net를 사이에 두고 상대와 게임을 할 때 공격하는 쪽이 상대편 코트에 공을 쳐넣는 일을 의미한다.

2| 서비스의 특성

1) 서비스의 속성('Service' 단어 속에 들어 있는 7가지 의미)

① S(Smile & Speed & Sincerity) : 서비스는 미소, 신속, 성의를 다하는 것이다.

② E(Emotion) : 서비스는 감동을 주는 것이다.

③ R(Respect) : 서비스는 고객을 존중하는 것이다.

④ V(Value) : 서비스는 고객에게 가치를 제공하는 것이다.

⑤ I(Image) : 서비스는 고객에게 좋은 이미지를 심어주는 것이다.

⑥ C(Courtesy) : 서비스는 예의를 갖추고 정중하게 하는 것이다.

⑦ E(Excellence) : 서비스는 고객에게 탁월하게 제공되어야 한다.

2) 서비스의 특성

(1) 인적 자원Human Resource에 대한 의존도가 높다

서비스의 구성요소로 볼 때 시설과 지원 시스템이 최고수준일지라도 서비스를 수행하는 구성원 중에 불친절한 종업원이 있다면 그 기업체의 서비스 수준은 최저수준으로 전락하고 말 것이다.

세계적으로 유명한 호텔들을 살펴보면 시설이 훌륭해서가 아니라 서비스가 최고의 수준이기 때문에 유명해졌다는 사실을 확인할 수 있다. 기계는 인간의 노동을 대신하며 편의를 제공한다. 그러나 기계에 우리가 감동을 받지는 않는다. 우리는 사람에게 감동을 받는다. 고객만족을 위한 제1순위는 고객접점에서 종업원에게서 받은 광의의 서비스이다. 이 서비스의 주인공은 사람이다.

미국 품질관리협회에서 조사한 통계를 보면 고객이 이탈하는 가장 큰 이유는 제품에 대한 불만(14%)도 아니요, 가격 등의 불만(9%)도 아니고 고객 접점에서 종업원의 불친절(68%)에 있다.

다른 조사에서도 고객 불만의 제1순위가 제도나 체계가 아니라 고객접점에서 일어난 불친절 서비스라는 사실이 확인되고 있다. 물론 고객만족도를 높이기 위한 프로세스 개선에도 많은 관심을 가져야 하겠지만 고객접점에서 종업원의 친절한 말씨, 매너, 표정, 설명, 안내 그리고 깔끔한 인상과 복장에 의해 고객만족도는 높아진다. 이로 미루어 보면 인적자원人的資源은 대단히 중요하다. 따라서 일선 서비스 종사자들에게는 철저한 서비스 교육이 필수불가결하다.

(2) 소멸성Perishability

서비스가 수행될 때는 상대방에게 편익Benefit이 발생한다. 그러나 이 서비스는 저장이 안 되고 재활용이 안 되는 것이다. 서비스 제공자의 친절과 밝은 표정 등은 일시적이고 그 자리에서 순식간에 사라진다. 잘못된 서비스도 순간 사라지기 때문에 되돌릴 수가 없다. 따라서 불만고객이 생기는 것이다. 고객만족을 위해서는 몸에 밴 서비스가 필요하다.

(3) 무형성Intangibility

서비스는 인간의 욕구충족을 위해 수행되는 형태 없는 활동이기 때문에 진열할 수 없고 이용자가 사전에 확인할 수도 없다. 친절한 서비스를 경험한 고객은 즐거운 기억과 함께 '다음에 다시 이곳에서……' 라는 좋은 생각을 새기는 반면 불친절한 서비스를 접한 사람은 '다음에 다시는 이곳에……'라는 식으로 좋지 않은 생각을 간직하게 된다.

무형성이라는 특성 때문에 서비스의 좋음과 나쁨이 당장에는 드러나지는 않지만 고객들은 호불호好不好를 이미지Image로 아로새기고 그 이미지는 미래에 행동으로 표현되는 것이다.

3| 서비스의 목표

서비스의 목표는 고객에게 훌륭한 서비스를 제공함으로써 고객의 경험 가치를 높이고 고객과 종업원이 서로 호감을 갖게 하며 궁극적으로는 가격에 대한 거부감을 해소함으로써 이윤을 극대화하는 것이다.

서비스가 좋으면 같은 제품이라도 10%까지는 더 지불할 수 있다는 고객들이 많다. 훌륭한 서비스를 경험한 사람은 9~12명의 사람에게 이를 전하는 반면 불쾌한 서비스를 경험한 사람은 무려 20~25명에게 이를 전한다고 한다. 또 서비스가 엉망일 때 91%의 사람들은 두 번 다시 그 장소에 오지 않겠다는 반응을 보였다. 이러한 통계수치는 서비스의 필요성과 서비스의 목표를 잘 설명해 준다.

4| 서비스의 형태

1) 능동적 서비스

능동적 서비스는 고객을 적극적이고 긍정적으로 대하는 것이다. 레스토랑에서 고객이 웨이터를 부르기 전에 고객이 눈짓만 해도 신속하게 달려가서 고객의 요구를 들어주는 자세이다. 고객이 물건을 고를 때도 고객이 궁금해 하는 내용을 생각해서 미리 얘기해 주는 것이 적극적인 서비스이다.

능동적인 서비스를 하는 사람은 서비스 전문가가 될 가능성이 농후하다.

2) 수동적 서비스

수동적 서비스는 능동적 서비스와 상반된 서비스 행태이다. 고객에 대한 배려도 없고 의무감에서 서비스를 하기 때문에 불만고객이 속출하게 되는 것이다. 진정한 서비스맨이 아니라 그저 심부름꾼에 불과하다.

5| 서비스맨의 분류

1) 서비스 마스터(장인정신) – 고객감동을 실현(0.1%)
2) 서비스 엑스퍼트(전문가 마인드) – 고객만족 실현(4.9%)
3) 서비스 리더(서비스 마인드 실행) – 서비스 마인드 전파(10%)
4) 서비스 맨(서비스 마인드) – 업무보람(25%)
5) 심부름꾼(하인근성) – 급여 낮음, 보람 없음, 자존심 없음(60%)

6| 서비스 종류

1) 서비스의 5종류

(1) 대면 서비스Direct Service

서비스의 기본이다. 현장에서 고객과의 접점이 이루어진다. 고객의 즉각적인 반응이 표출된다. 종업원 개개인이 하나의 상품이기 때문에 복장, 표정, 말씨, 태도, 인사 등 몸에 밴 친절을 고객은 중시한다.

(2) 메일 서비스Mail Service

고객의 명단을 가지고 이메일 발송, 우편발송 등을 통해 관계를 유지하는 서비스 방식이다.

(3) 미디어 서비스Media Service

휴대폰 등 각종 미디어를 이용하여 고객과의 관계를 유지하는 서비스 방식이다.

(4) 이미지 서비스Image Service

판매하는 물품 이외에도 시설, 분위기, 조명, 배경음악, 종업원의 복장과 태도 등으로 고객만족을 증대시키는 서비스 방식이다.

(5) 엘리트 서비스Elite Service

고객은 누구나 존중받고 대접받기를 원한다. '버틀러 서비스Buttler Service', '일대일 서비스One to One', '퍼스널 터치Personal Touch' 등의 방법으로 고객을 대함으로써 고객에게 '순간 귀족'의 느낌을 제공하는 최고 수준의 서비스 방식이다.

2) 오감五感 서비스

인간은 오감을 통해 서비스를 느낄 수 있다.

(1) 촉각

상대방과의 피부접촉을 통해 친밀감을 느끼는 것이다(악수, 포옹 등). 음식에 적용시키면 따뜻한 음식은 따뜻하게 제공되어야 하고, 차가운 음식은 차갑게 제공되어야 만족을 느끼는 것이다.

(2) 후각

은은한 향수, 향긋한 화장품 냄새, 실내의 꽃향기 방향제 등은 좋은 느낌을 주는 반면 입 냄새, 음식 냄새, 액취암내, 체취 등은 불쾌한 느낌을 준다. 후각의 느낌을 좋게 하는 서비스는 매우 중요하다.

(3) 미각

음식점에서는 친절보다 더 앞서는 게 음식 맛이다. 음식 맛이 매우 중요한 서비스로 작용한다.

(4) 청각

배경음악 등 음향 서비스는 고객만족도에 미치는 영향이 크다. 상황에 맞는 음악 선택을 위한 노력도 열심히 해야 한다.

(5) 시각

고객만족도에 가장 큰 영향을 미치는 요소이다. 건물 외향, 실내·실외 분위기, 종업원의 표정과 복장 등에 심혈을 기울여야 한다.

3) 다섯 가지 서비스 포인트

(1) Smile

고객접점에서 부드러운 미소로 고객을 맞이하는 것은 고객에게 좋은 느낌을 주고 다가갈 수 있는 첫 관문이다.

(2) Speed

고객은 신속한 서비스를 선호한다. 일단 신속하지 못하면 여타의 질 좋은 서비스도 물거품이 되기 십상이다.

(3) Sincerity

고객은 종업원이 좋은 매너로 성심을 다해 서비스하기를 기대한다.

(4) Safety

서비스 포인트 중 간과해서는 안 될 것이 고객의 안전이다. 주차장, 이동 통로 등을 이용할 때의 안전성에서부터 심리적인 안전성까지가 여기에 포함된다.

(5) Security

고객의 비밀유지는 서비스맨의 기본적인 의무이기도 하다. 고객의 취향을 잘 파악하여 세심한 배려를 해야 한다.

★ 서비스의 기본 다섯 가지가 체화되어 있어야 한다.
Stand up ⇨ See ⇨ Smile ⇨ Sincerity ⇨ Speed

7| 고객만족과 서비스

1) 고객접점 서비스

(1) 고객접점 서비스의 의의

고객접점 서비스의 개념을 도입하여 성공을 거둔 사람이 스칸디나비아 항공사SAS : Scandinavian Airlines System의 얀 칼슨Jan Carlzon 사장이다.

고객접점 서비스란 고객과 서비스 요원 사이에 15초 동안의 짧은 순간에 이루어지는 서비스이다. 이 순간을 '진실의 순간MOT : The Moment of Truth' 또는 '결정적 순간'이라고 부른다. 이 15초 동안에 고객접점에 있는 최일선 서비스 요원이 책임과 권한을 가지고 '우리 회사를 선택한 것이 가장 좋은 선택이었다.'는 사실을 고객에게 입증해야 한다는 것이다. 즉, '결정적 순간'이란 고객이 기업조직의 어떤 측면과 접촉하는 시간이며, 그 서비스 품질에 관하여 무엇인가 인상을 얻을 수 있는 순간이다.

고객이 상품을 구매하기 위해서는 입구에 들어올 때부터 나갈 때까지 여러 서비스 요원과 몇 번의 짧은 순간을 경험하게 된다. 그때마다 서비스 요원은 모든 역량을 동원하여 고객을 만족시켜 주어야 하는 것이다.

이를 뒷받침하기 위해서는 고객접점에 있는 서비스 요원들에게 고객과의 상호작용에 의한 서비스가 순발력 있게 제공될 수 있도록 현장에 권한을 부여하는 서비스 전달시스템을 갖추어야 한다. 고객은 서비스 요원이 윗사람에게 결재를 받을 수 있도록 여유를 갖고 기다려 주지 않는다.

고객접점 서비스의 중요성은 곱셈법칙으로 설명될 수 있다. 고객이 결정적 순간에 단 한 번이라도 0점의 서비스를 받게 된다면 모든 서비스가 0점이 되어버리는 것이다. 예를 들어, 백화점에서 만족스러운 쇼핑을 마친 고객이 셔틀버스를 타고 집으로 돌아갈 때 버스의 출발시각이 예정보다 지연되거나, 버스기사의 친절・용모・유니폼 또는 운전에 문제가 있는 경우 모든 서비스는 제로Zero가 되는 것이다.

따라서 기업 관리자는 고객접점에서 가시적인 서비스를 담당하는 요원뿐만 아니라 경비, 주차, 운전, 전화교환, 청소, 정원관리, 시설관리 등 비가시적인 서비스를 담당하는 요원들도 고객접점에 있기 때문에 중요하다는 사실을 충분히 인식하고 담당요원들을 대상으로 용모나 유니폼, 서비스정신 등에 대한 교육을 강화해야 한다. 특히 고객접점에 서있는 요원의 용모와 복장은 친절한 서비스를 제공하기 이전에 첫인상을 좌우하는 첫 번째 요소라고 할 수 있다.

(2) 고객만족 경영

스칸디나비아 항공사는 17년간 흑자를 기록하다가 1979년과 1980년 사이에 3천만 달러의 적자가 누적되자 당시 40세의 젊은 얀 칼슨Jan Carlzon을 새로운 사장으로 영입했다. 얀 칼슨은 스칸디나비아 항공사의 재건을 위해 '고객만족' 전략을 세웠다. 얀 칼슨은 적자누적 상황에서도 4천 5백만 달러를 추가로 투자하고 영업비를 1천 2백만 달러나 증액하여 1만 2천여 명의 사원에 대한 서비스 교육을 실시하고 147건의 서비스개선 프로젝트를 추진하는 등 과감한 경영혁신을 시도하였다. 그 결과 첫 해에 2천 5백만 달러의 수익증대를 목표로 했으나 놀랍게도 8천만 달러의 수익을 증대시킴으로써 적자의 스칸디나비아 항공사를 단번에 흑자로 전환시켰다. 스칸디나비아 항공사는 1983년에 포춘Fortune지와 에어 트랜스포트 월드Air Transport World지에 의해 세계 최고의 항공사로 선정됐다.

이러한 스칸디나비아 항공사의 서비스 혁명을 칼 알브레이트Karl Albrecht가 이론적으로 체계화했다. 그 내용이 1985년에 출간된 『서비스 아메리카Service America』라는 책의 '고객만족 경영'에서 소개되었다.

그 후에 알브레이트는 역피라미드 조직운영을 주창한 'At America's Service', 내부고객과 종업원 만족개념을 다룬 'Service Within'을 잇달아 출간함으로써 '고객만족 경영'을 더욱 체계화했다.

스칸디나비아 항공사의 서비스 혁명과 알브레이트의 노력이 세계에 전파되어 '고객만족'이 새로운 경영이념으로 자리 잡게 되었다. 일본은 1989년, 우리나라는 1992년을 '고객만족 경영' 원년으로 삼고 있다.

'고객만족 경영CSM : Customer Satisfaction Management'이란 기업의 최종목적을 고객만족의 향상에 두는 것이다. 즉, 고객의 입장에서 고객을 우선적으로 생각하고 고객만족의 향상을 지향하여 지속적으로 추진하는 경영이다.

회사가 제공한 상품, 서비스, 회사 이미지 등에 대한 고객 만족도를 정기적 · 지속적으로 조사하고 그 결과에 기초해서 고객의 불만족스런 점을 신속하게 개선하여 고객 만족도를 높이는 경영활동이 바로 '고객만족 경영'이다.

'고객만족 경영'의 핵심인 '고객만족Customer Satisfaction'이란 '고객의 니즈Needs와 기대에 부응하며 그 결과로 상품의 재구매가 이루어지고 고객의 신뢰감이 연속되는 상태'라고 정의할 수 있다. 즉, 고객이 무엇을 원하고 무엇이 불만인지를 알아내어 고객의 기대에 부응하는 양질의 제품과 서비스를 제공함으로써 고객이 같은 회사, 같은 점포, 같은 제품을 구입하는 상황을 만들어 나아가는 것이다.

(3) 고객만족의 기준

고객만족의 상태란 고객의 기대期待보다 사용실감使用實感이 크거나 높은 상태를 말한다.

〈고객만족의 요소〉

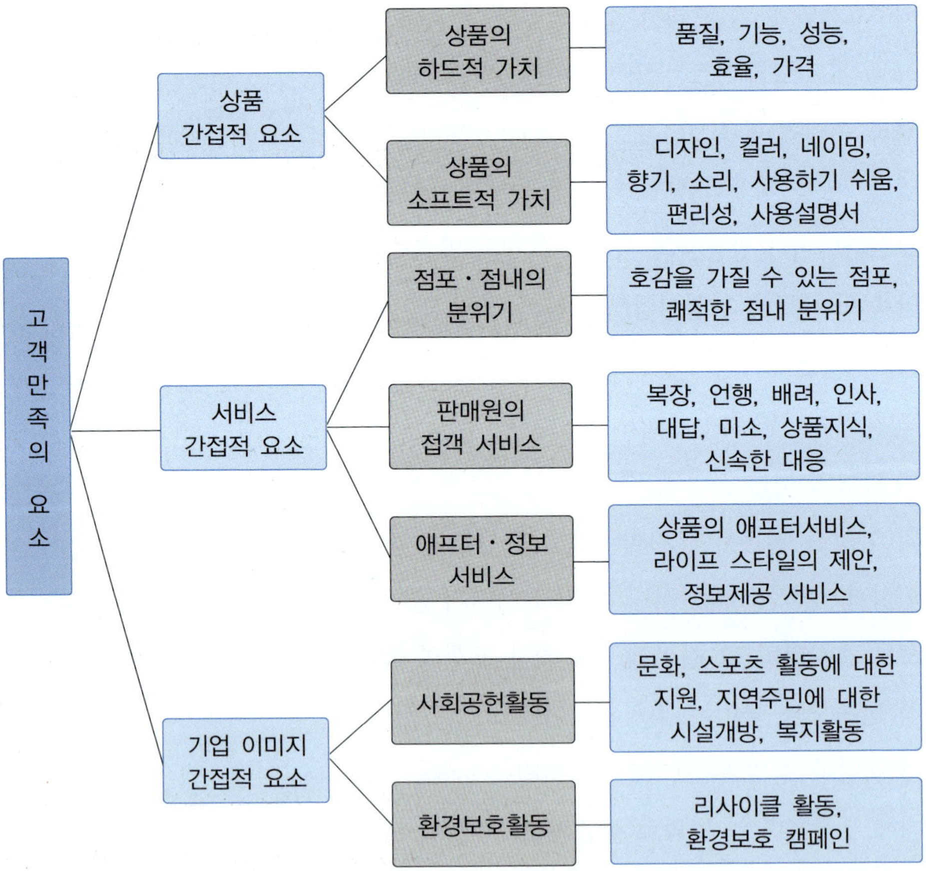

출처 : 조관일(2007). 서비스에 승부를 걸어라. 서울 : 21세기북스, p. 29.

기대했던 것보다 상품의 질과 서비스의 실감實感이 더 크다면 고객은 만족할 것이고, 그 차이가 크면 클수록 크게 만족하고 나중에는 감동으로 이어질 것이다. 반대로 아무리 좋은 상품이나 서비스가 제공되었더라도 그것이 고객의 기대에 미치지 못한다면 오히려 고객불만을 초래하게 되는 것이다.

고객만족의 기준은 고객의 '기대'이다. 어떤 서비스를 제공했느냐가 중요한 게 아니라 고객의 기대가 충족됐느냐의 여부가 고객만족의 기준이다. 어떤 경우라도 제공된 상품이나 서비스가 고객의 기대보다 크기만 하면 고객만족은 달성된다. 고객의 기대는 빠르게 변하는 속성을 갖고 있기 때문에 상품이나 서비스는 끊임없는 개선과 개혁이 필요하다. 그래야만 지속적인 고객만족과 기업의 발전이 이루어질 것이다.

(4) 서비스 사이클과 결정적 순간Cycle of Service & MOT

고객이 한 영업장에 왔다가 돌아갈 때까지 통과하는 모든 과정을 서비스 사이클Cycle of Service이라고 한다. 즉, 고객이 자신이 원하는 서비스(상품구입 등 광의의 서비스)를 받기 위해 어느 영업장에 갈 경우 고객이 문을 열고 들어가서 일을 보고 다시 그곳을 떠날 때까지 각각의 접점Contact Point에서 이루어지는 전 과정을 서비스 사이클이라고 한다.

서비스 사이클은 길거나 복잡할수록 서비스의 질이 떨어진다. 서비스 사이클에서 고객이 경험하는 연쇄적인 사건을 가리켜 스칸디나비아 항공사의 얀 칼슨은 MOT The Moment of Truth라고 했다. 이 개념은 고객만족 경영에서 접점Contact Point의 개념과 함께 대단히 중요하게 다루어진다.

MOT는 '진실의 순간'이라고 번역하지만 실제의 상황에서는 '결정적 순간', '고객접점의 순간'이란 의미가 더 크다.

MOT는 얀 칼슨 사장이 서비스 혁신을 하면서 경영에 도입한 개념이다. 이 MOT는 스웨덴의 마케팅 학자인 리차드 노만Richard Norman이 처음 사용한 말이다.

MOT는 원래 투우 용어로 투우사가 여러 개의 창을 투우에 꽂아 약을 올린 뒤 전력을 다해 덤벼드는 소에게 결정적인 일격을 가하는 순간을 뜻하는 말이다.

고객만족과 불만족은 접점에서의 결정적 순간에 어떤 서비스가 이루어지느냐에 따라 판가름 나는 것이며 그것들이 하나하나 쌓여서 서비스 전체의 품질을 결정한다.

MOT는 결정적 순간이므로 서비스 기업의 어떤 한 측면과 접촉할 때 받은 인상이므로 고객은 그것을 알지만 회사는 알기가 힘들다. 따라서 MOT에서 발생한 서비스에 대한 인상이 어떠했는지를 알려면 고객에게 직접 물어보거나 창구에 접수된 고객의 소리를 면밀하게 검토해야 한다.

서비스란 결국 MOT의 연속이며 결정적 순간에 결정적인 서비스를 제공하는 것이 서비스와 고객만족의 핵심이다. 따라서 관리자는 고객이 좋은 인상을 가질 수 있도록 서비스 사이클을 잘 관리하고 각각의 MOT마다 좋은 서비스가 제공되도록 최일선 고객접점 종사자에게 철저한 서비스교육을 실시해야 한다.

(5) MOT의 성격

① MOT는 고객이 조직의 어떤 일면과 접촉하는 일로 그 서비스의 품질에 관하여 무엇인가 인상을 얻을 수 있는 순간을 말한다.

② MOT는 서비스의 최소 구성단위이다.

③ MOT가 하나하나 쌓여 서비스 전체의 품질이 결정된다.

④ 종업원과 고객의 직접 접점만 MOT는 아니다. 고객이 잡지, 신문, 인터넷 등의

광고를 통해 무언가 인상을 주었다면 그것도 MOT이다.

⑤ 서비스 사이클의 최소단위가 MOT이다.

⑥ MOT 관련 법칙

㉠ 100－1=0의 법칙 : 서비스 100가지 중 단 하나의 접점이라도 불만족이면 99가지 접점에 대한 만족이 남는 것이 아니라 100가지 서비스 전체에 대한 불만족이 남게 된다.

㉡ 99%=1%의 법칙 : 접점관리에서는 99%의 많은 접점비중과 1%의 적은 접점비중이 같은 중요성을 갖는다.

㉢ 통나무 물통 법칙 : 여러 조각의 나무로 만들어진 통나무 물통에 물을 담을 때 어느 한 조각의 높이가 낮으면 그 조각의 높이 이상으로 물을 담을 수는 없다. 한 조각이라도 부서진 것이 있다면 상황은 더 치명적이다. 고객은 고객접점에서 경험한 서비스 중 가장 불량한 서비스를 유난히 오랫동안 잘 기억한다.

㉣ 100+1=200의 법칙 : 고객은 기대했던 것보다 더 나은 서비스를 받거나, 전혀 기대하지 않았던 서비스를 받았을 때 감동을 받는다. 100+1=101이 아니라 100+1=200이 된다는 것이다.

⑦ MOT의 구성요소 : MOT의 구성은 고객을 만족시키기 위한 요소로 구성되어 있다. 이를 서비스 마케팅의 관점에서 잘 활용하면 고객은 만족하기 마련이고 만족한 고객은 해당 서비스를 지속적으로 이용하게 된다.

㉠ 하드웨어Hardware : 고객이 접하고 체험하는 요소들은 하드웨어에 속한다. 상품의 질, 가격, 매장 분위기, 쾌적성, 인테리어, 휴게실, 화장실, 건물 청결도, 주차시설, 대기실, 기타 부대시설 등 이미 고정되어 있어 고객이 바꿀 수 없거나 바꾸는 데 많은 시간이 소요되는 요소들을 말한다.

㉡ 소프트웨어Software : 고객에게 제공되는 정보의 내용과 방법, 카탈로그, 팸플릿, 안내간판, 각종 광고물, 판촉 이벤트, 고객의 소리 수렴 시스템, 예약 관리 시스템, 진료 시스템, 결제 시스템 등 서비스 제공에 필요한 각종 시스템을 말한다.

㉢ 휴먼웨어Humanware : 고객과 접하는 모든 접점에서 종업원의 판단력, 행동, 태도, 말씨, 자세, 이미지, 신속한 대응, 프로의식, 적극성, 신뢰성, 책임감 등이다.

⑧ MOT 작성요령

㉠ 고객접점별로 구체적으로 기재한다.

㉡ 유형, 무형의 접점을 감안하여 작성한다.

㉢ 고객접점별로 잘 되고 있는 점, 안 되고 있는 점을 가감없이 기재한다.

㉣ 안 되고 있는 점의 원인을 분석한다.

㉤ 개선점에 대한 대안을 작성한다.

⑨ MOT 개선관리

㉠ 고객의 흐름을 분석한다.

㉡ 접점별 고객니즈Needs를 분석한다.

㉢ 고객요구에 따른 불만요인을 추출한다.

㉣ 요인에 따른 불만원인을 분석한다.

㉤ 원인분석에 따른 개선계획을 수립한다.

㉥ 계획에 따른 개선활동을 전개한다.

㉦ 전개된 개선활동을 평가한다.

㉧ 지속적인 개선을 위한 향후계획을 수립한다.

2) 서비스 접점의 유형

(1) 직접적인 서비스 접점

① 원격접점 : 서비스 기업과 고객 간에 어떠한 인적 접촉이 없이 이루어지는 서비스 접점이다. 예를 들면, 은행의 폰뱅킹이나 현금자동인출기를 통해서 거래를 하거나, 통신판매를 통해 배달 서비스를 받는 경우가 이에 속한다.

② 전화접점 : 대면접촉 이전에 문의, 예약, 주문 등의 수단을 통해 빈번하게 발생하는 서비스 접점이다.

③ 대면접점 : 종업원과 고객의 접촉과정에서 발생하는 접점 서비스이다. 종업원 개개인이 서비스 상품과도 같다.

(2) 간접적인 고객접점 서비스

서비스는 고객과의 직접적인 접촉 없이 물적 서비스, 시스템적 서비스와 같은 간접적인 고객접점에 의해서도 이루어진다.

① 물적 서비스 : 건물의 외관, 시설, 분위기, 공간배치, 소품, 가구, 비품, 인테리어 요소, 물자 및 서비스와 함께 제공되는 일부 유형의 제품(호텔의 음식과 음료)을 말한다. 고객이 서비스 구매과정에서 수없이 접하게 된다.

② 시스템적 서비스 : 고객의 구매선택과 이용에 간접적인 영향을 주는 접점이다. 지식, 정보, 아이디어에 의한 흐름, 절차, 체계, 제도 등으로 제공되는 편익 등을 말한다. 고객이 비가시적인 접점의 대상이 되는 경우이다.

③ 고객접점 : • 인적 서비스 : 가시적 접점
• 물적 및 시스템적 서비스 : 비가시적 접점

3) 고객 호칭 예절

① 아줌마 → 아주머님, 여사님, 사모님

② 아저씨 → 선생님(40대 이후)

③ 언니, 총각, 아가씨 → 손님, ○○○님

④ 할아버지, 할머니 → 어르신

⑤ 이봐요 → 손님

⑥ 꼬마야 → 학생, 얘

4) 서비스 마인드

(1) 서비스의 기본 마음

① 고객은 나에게 이익을 가져다주는 사람이다 : 고객은 '영업장의 손님'을 넘어서 개개인에게 경제적 이익을 주는 사람임이 분명하다. 고객이 나에게 도움을 주는 사람이라고 인식한다면 서비스하고자 하는 마음이 저절로 생길 것이다.

② 친절은 최고의 마케팅이다 : 최상의 서비스가 최고의 마케팅이란 사실을 알아야 한다. 최고의 서비스에 만족한 고객은 또 다른 고객에게 이를 전하게 된다. 입소문보다 더 좋은 마케팅은 없다.

③ 서비스 디자이너가 되어야 한다 : 천편일률적인 서비스보다는 고객의 유형과 눈높이에 따라 서비스가 달라야 한다. 그래야 고객의 만족도도 높아진다.

④ 인격적인 느낌을 주는 서비스가 최고의 서비스이다 : 인격적인 느낌을 주는 서비스를 받게 되면 고객은 존중 받는다는 느낌을 갖게 되기 때문에 고객만족도가 높을 수밖에 없다.

⑤ 5년 단골을 5초에 잃을 수 있다 : 오랜 단골고객이니까 괜찮겠지 하는 마음으로 무성의하거나 불친절하게 대했다면 아무리 오래된 단골고객도 발길을 끊을 수가 있다.

⑥ 섬김의 리더십을 갖자 : 고객을 받들어 모시는 리더십을 가지고 고객을 대해야 한다. 나를 밟고 넘어가도 좋다는 섬김의 마음을 가지고 고객을 대하면 반드시 그 마음이 고객에게 전달된다.

⑦ 상대적인 사고에 익숙해야 한다 : 역지사지易地思之, 즉 항상 고객 입장에서 생각하고 말하는 습관을 몸에 배게 해야 한다. 고객을 긍정적으로 수용하고 존중하고 상대방의 감정을 헤아려 보면 상대적인 사고를 매우 쉽게 할 수 있다.

⑧ 친절은 존중하는 마음에서 나온다 : 고객을 존중하는 마음으로 대하면 친절한 마음이 저절로 우러나온다. 친절은 개인의 인격으로부터 나온다. 인격자만이 친절할 수가 있다.

⑨ 고객과의 약속은 반드시 지킨다 : 고객과의 약속은 어떠한 일이 있어도 지켜져야 한다. 만약 약속이 지켜지지 않았다면 심적 보상이나 물적 보상이 뒤따라야만 고객을 잃지 않는다.

⑩ 잘못된 서비스는 신속하게 복구하고, 상황에 따라서는 물적 · 심적 보상도 고려한다. 서비스에 문제가 생겼다면 최대한 빠른 시간 안에 복구해야 한다. 고객에게 약속을 지키지 않았거나 서비스에 큰 문제가 있었을 경우 고객에게 물적 그리고 심적으로 보상을 하면 불만고객도 단골고객을 만들 수 있다.

⑪ 높은 이상을 추구하며 서비스 경영 메커니즘을 이해한다 : 고객에게 어떠한 가치를 제공하려는 마음으로 대하고 양질의 서비스를 제공하면 고객 수가 늘고 단골고객도 많아진다. 그러다 보면 기업의 이익이 증대된다. 그 이익이 나에게 분배된다는 서비스 선순환의 메커니즘을 알고 최고의 서비스를 제공해야 한다.

⑫ 서비스란 의무 이상의 것이다(무의식적 능력) : 서비스는 의무적이라는 소극적 수준을 뛰어넘어 무의식 속에서 이루어져야 비로소 진정한 서비스라 할 수 있다.

⑬ 예외적인 경우에는 예외적인 서비스를 한다 : 융통성이 없는 서비스로는 불만고객이 양산된다. 경우에 따라서 예외적인 서비스를 할 수 있는 융통성이 있어야 고객을 잃지 않는다.

⑭ 고객을 차별하지 않고 가족처럼 대한다 : 고객의 겉모습만 보거나, 성별을 따져 대하거나, 연령을 의식하여 고객을 대하게 되면 고객의 기분을 상하게 할 수 있다. 고객을 나의 어머니, 동생, 이모 등 가족으로 생각한다면 최상의 서비스가 제공될 것이다.

⑮ 고객의 기대를 넘어선다(100-1=0 / 100+1=200) : '100+1=200'이라는 의미는 기대했던 것보다 더 나은 서비스가 제공되거나, 전혀 기대하지 않았는데 서비스가 제공되면 고객이 일단 감동을 받는다는 것이다. '100−1=0'의 이치는 많은 서비스 중에서 불만족스러운 것이 하나라도 있으면 고객만족은 0, Zero가 된다는 것이다.

⑯ 보다 능동적이고 적극적인 서비스를 한다 : 상대방 입장에서 보고, 상대방의 궁금증을 미리 헤아려 상대방을 섬세하게 배려한다면 능동적이고 적극적인 서비스가 제공될 것이다.

⑰ 언제나 고객이 우선이다 : 흔히 '고객은 왕'이라고 말한다. 이는 어떤 상황이든 항상 고객을 우선시하라는 것이다. 고객을 우선시해야만 고객을 존중하는 마음이 전달되므로 고객만족이 커진다.

⑱ 가슴에서 우러나오는 서비스는 고객에게 감동을 준다 : 형식적으로, 의무감에서, 임무수행을 위해서 하는 서비스는 고객에게 감동을 줄 수 없다. 진심에서 우러나오는 서비스를 고객은 기대한다.

⑲ 완전무결한 서비스 제공을 위해 노력한다 : 서비스가 완전무결하기는 어렵겠지만 완벽에 가까운 서비스를 하겠다는 각오를 다진다면 양질의 서비스 마인드를 갖게 될 것이다.

⑳ 자신이 회사를 대표한다는 생각으로 고객을 대한다(주인의식) : 서비스를 잘하기 위해서 가장 중요한 마인드이다. 주인의식을 가지고 고객을 대하면 응당 정성을 다해 고객을 대하게 될 것이다.

서비스에 대해 올바른 인식을 하게 되면 행동과 습관이 바뀌면서 결국은 개인의 인격이 바뀐다.

5) 서비스의 기본예절

① 인사예절 → 제1장 '인사예절' 참고

② 첫 소리 응대예절

① 고객의 질문에 상냥하게 응대한다

"말씀 좀 여쭙겠습니다." ➡ "네, 무엇을 도와드릴까요?", "네, 말씀하십시오."

② 내용이 있는 질문과 주문을 받았을 경우에는 '내용'을 반복해 확인한 다음에 답한다

"식당은 어디인가요?" ➡ "아, 식당을 찾으시는군요. 식당은 복도 오른쪽 끝 쪽에 있습니다."

"○○○ 비누 한 세트 주문합니다." ➡ "○○○ 비누 한 세트 주문하십니까?"

(3) 안내방향지시

① 기본 동작

- 방향을 가리킬 때는 한 손 혹은 양 손을 사용한다. 한 손을 사용할 경우는 한 손의 손가락을 모두 붙이고 방향지시를 45도로 비스듬히 하면서 다른 한 손의 손바닥을 방향을 가리킨 손의 팔꿈치에 갖다 댄다. 양손으로 방향을 지시할 경우에는 손바닥이 위를 향하게 하여 팔 길이가 다르게 붙인다.
- 안내자가 방향을 안내할 때는 먼저 상대방 눈을 보고 → 손으로 안내방향을 가리키면서 안내하는 쪽을 바라본 뒤 → 다시 상대방의 눈을 본다.

② 안내할 때

- 안내 시에는 "이쪽으로 오세요.", "저 따라 오세요."라는 말 대신에 "제가 안내해 드리겠습니다."라는 표현이 더 품격이 있다.
- 방문객이 찾기 힘들고 안내하기가 어려운 곳이라면 내방객을 모시고 직접 안내하는 것이 좋다.

③ 물건 전달 시 → 제9장 직장예절 중, '물건 건네는 예절' 참고

- 종이인 경우에는 바람에 날리지 않도록 한다.
- 계산서, 거스름돈 등은 용기에 담아서 밀지 말고 들어서 건넨다.

6) 고객분석

(1) 고객이 거래를 끊는 이유는?

① 사망 → 1%

② 다른 이권과의 관계 → 5%

③ 경쟁력이 떨어지므로 → 9%

④ 상품(시설)에 대한 불만족 → 14%

⑤ 서비스 불만족 → 68%

(2) 고객불만의 발생원인

<기업 측의 문제>

① 직원이 업무나 제품에 대한 지식이 부족한 경우

② 고객감정에 대한 배려가 부족한 경우

③ 서비스 정신이 결여된 경우

④ 고객의 요구에 대해서 바쁘다고 핑계를 대는 경우

⑤ 문제회사의 규정을 어길 수 없기 때문에 고객의 요구를 수용할 수 없다고 대응하는 경우

⑥ 특정 고객만을 특별 우대할 수 없다고 말하는 경우

⑦ 회사 측의 사무 처리에는 하자가 없다고 우기는 경우

<고객 측의 문제>

① 회사의 업무나 제품에 대하여 지식이 부족한 경우

② 단순한 착오나 과실로 인한 경우

③ 악의적이거나 고의적으로 불평하는 경우

④ 업무처리 지연에 대한 초조감

⑤ 고객이 왕이라는 우월감

⑥ 회사가 여기뿐이냐는 비교심리

⑦ 서비스에 대한 항의나 자존심 손상

⑧ 열등의식

(3) 불만제기고객의 심리상태

① 감정적이다.

② 비이성적이다.

③ 요구조건이 많다.

④ 불쾌한 심리상태이다.

(4) 고객의 기본적인 욕구

① 기억되기를 바란다.

② 환영받고 싶어 한다.

③ 관심끌기를 기대한다.

④ 중요한 사람으로 인식되기를 바란다.

⑤ 편안한 분위기를 원한다.

⑥ 존경받고 싶어 한다.

⑦ 칭찬받고 싶어 한다.

⑧ 요구의 수용을 바란다.

7) 고객 불만처리의 기본 절차

① 인사와 함께 감정을 누그러뜨리고 먼저 사과한다.

② 불만사항을 듣는다.

③ 공감한다.

④ 정확한 원인을 분석한 뒤 판단한다.

⑤ 해결책을 마련한다(대안제시).

⑥ 해결사항에 대해 고객동조를 얻어낸다.

⑦ 최대한 신속하게 처리한다.

⑧ 거듭 사과한다.

⑨ 감사의 뜻을 표한다.

> 고객 불만처리 후 상황을 종합 검토하고 고객 불만일지를 작성한다. 고객 불만일지를 토대로 서비스의 개선점을 찾는다면 시행착오를 훨씬 줄일 수 있다.

8) 고객 만족도를 높이기 위한 방안

① 온화한 얼굴(입 끝 올리기)로 대하자.

② 고객과 눈 마주침에 익숙해지자.

③ 봉사하는 마음으로 임하자.

④ 고객을 내 가족처럼 대하자.

⑤ 따뜻한 마음으로 부드럽게 대화하자.

⑥ 양보와 성실의 미덕을 갖자.

⑦ 고객을 존중하자.

9) 고객과의 대화법 및 기본자세

(1) 정성스런 마음과 밝은 표정으로 대화한다

지나친 미소도 상대방에게 부담을 준다. 입 끝에 힘을 주고 얘기하면 미소를 지을 때의 표정과 같이 밝은 표정, 부드러운 표정이 된다.

(2) 적당한 목소리 톤, 정확한 발음, 부드러운 목소리로 대화한다

- 고객과 인사를 나눌 때는 '솔', '파'톤으로 하고 대화를 나눌 때는 '미'톤으로 얘기한다.
- 정확한 발음을 위해서는 평상시에 문장을 소리 내어 입모양을 상하좌우로 크게 벌려서 읽는 훈련을 한다.
- 목소리는 복식호흡을 하면서 부드러운 소리를 내도록 한다.

(3) 품격 있는 표현을 한다

고객과 대화중에 속어, 비어, 유행어는 삼가도록 한다. 표현은 인격이기 때문에 좋은 이미지를 위해서는 품격 있는 표현을 해야 한다.

(4) 고객의 말을 귀 기울여 듣고, 단정적인 표현보다는 완곡한 표현을 사용한다

고객의 말을 열심히 듣는 것은 기본이다. 단정적인 표현은 고객의 기분을 상하게 할 수 있기 때문에 되도록 부드러운 표현을 사용하기 위해서는 몇 가지 화법을 익혀둘 필요가 있다.

① 123화법을 의식하며 대화를 나눈다.

나는 한 번만 얘기하고, 상대방 말을 두 번 듣고, 세 번은 맞장구치는 화법이다. 달리 해석하면 대화중에 나는 한 번만 얘기하고, 상대방에게 두 번 얘기하도록 배려하고, 상대방의 기분을 맞춰주기 위해 세 번은 맞장구를 치라는 의미이기도 하다.

② Yes/ But 화법을 즐겨 사용한다.

어떤 상황에서 단정적인 표현을 쉽게 해 상대방의 기분을 상하게 하는 사람들이 의외로 많다. 그러나 Yes/ But 화법을 활용하면 부드러운 표현을 자연스럽게 할 수 있다. 일단 긍정한 후에 본인의 뜻을 표현한다.

> "네, 그럴 수도 있지요. 그러나 ……"
> "네, 그렇게 생각하실 수도 있겠지요. 그러나 ……"
> "아, 죄송합니다만 ○○하기가 어렵습니다."

③ 의뢰형의 표현을 한다.

고객과의 접점이나 직장동료와의 대화, 가족과 대화하면서 의뢰형의 표현을 즐겨 써야 한다. 의뢰형의 표현은 상대방을 존중해 주는 느낌을 주고 품격 있는 느낌을 갖게 한다.

> "손님, 이쪽으로 오시겠습니까?"
> "주민등록증 좀 보여 주시겠습니까?"
> "잠시 기다려 주시겠습니까?"

(5) 사무적인 경청은 피하고 적극적 경청(공감적 · 반영적 경청)을 한다

적극적인 경청의 반대말은 사무적인 경청이다. 사무적인 경청은 고객에게 딱딱한 느낌을 주게 된다. 고객과의 대화는 공감적 경청과 반영적 경청을 하면서 대화를 나누면 좋다.

공감적 경청은 상대방의 감정을 이해하고 눈높이를 같이 한다. 즉, 감정의 파도를 같이 타는 것이다("아, 눈이 많이 부으셨군요.", "계속 서계셔서 힘드시지요?").

반영적 경청은 '인정반응'과 '언어적 반응'으로 나뉜다. 인정반응은 상대방을 수용하는 반응이다("아", "네", "그렇지요". "역시" 등).

언어적 반응은 상대방 마음을 헤아려 표현하거나("많이 소란스럽지요?", "기다리시느라 힘드셨지요?") 상대방의 말을 확인하여 요약해 주는 것이다("지난 토요일에도 오셨군요.", "아, 가입하셨습니까?").

(6) 시선처리를 효과적으로 한다

상대방의 어느 한 부분을 뚫어지게 쳐다보면 상대방에게 당혹감을 줄 수 있다. 고객과 대화할 때 목 이하로 시선을 보내는 것은 결례이다. 얼굴을 중심으로 시선을 두어야 한다. 상대방의 미간, 인중, 턱 끝을 여유 있게 번갈아 보든지, 눈 · 코 · 입 · 목에 시선을 둔다. 순서대로 보지 말고 번갈아 보면 좋은 시선처리가 된다.

10) 고객에 대한 접객용어와 표현

① "저 사람", "이 사람" → "저 분", "이 분"

② "알았어요."→ "네, 잘 알겠습니다."

③ "나는" → "저는"

④ "우리 회사(동료끼리)"→ "저희 회사(외부인에게)"

⑤ "안녕하세요?" → "안녕하십니까?"

⑥ "어서 오세요" → "어서 오십시오"

⑦ "이름이 뭐예요?" → "성함(존함)이 어떻게 되십니까?"

⑧ "너무 미안합니다." → "정말 죄송합니다."

⑨ "왜 혈압을 올리세요?" → "말씀을 조금 차분하게 해주십시오"

⑩ "전화 잘못하셨습니다." → "전화가 잘못 걸렸습니다."

<고객을 맞이할 때>

"어서 오십시오"/ "안녕하십니까?"/ "무엇을 도와 드릴까요?"

<용건을 받아들일 때>

"네, 잘 알겠습니다."/ "네, 말씀대로 처리해드리겠습니다"

<감사의 마음을 표현할 때>

"정말 감사합니다."/ "××을 이해해 주셔서 정말 감사합니다."

<질문이나 부탁을 할 때>

"죄송합니다만, 주소를 말씀해 주시겠습니까?"

"죄송합니다만, 성함이 어떻게 되십니까?"

"이쪽으로 앉으시겠습니까?"/ "이쪽으로 모시겠습니다."

"계산 도와드리겠습니다."/ "계산 부탁드립니다."

<기다리게 할 때>

"잠시만 기다려 주시겠습니까?"

"죄송합니다만, 약 5분만 더 기다려 주시겠습니까?"

<잠깐 자리를 비울 때>

"잠시 실례하겠습니다."

"죄송합니다만, 잠시 기다려 주시겠습니까?"

<용건을 마칠 때>

"대단히 감사합니다."/ "오래 기다리셨습니다."

"오랫동안 기다리시게 해서 정말 죄송합니다."

<꼴불견인 고객접대>

- 고개만 끄덕하는 인사
- 무표정한 인사
- 눈맞춤이 없는 인사
- 고객을 지나치게 따라다니면서 과잉으로 친절할 때
- 인사말의 처음과 끝이 분명하지 않을 때
- 고객을 지나치게 쳐다보거나 칭찬할 때
- 고객에게 지나치게 수다스러울 때
- 제품에 대해 과장되게 설명할 때
- 고객에게 무성의하게 대할 때

11) 고객유형별 관리법

사람들이 행동의 경향성을 보이는 것에 대해 1928년 미국 콜롬비아대학교 심리학 교수인 윌리엄 마스톤William Marston 박사는 독자적인 행동유형 모델을 만들었다.

마스톤 박사는 인간이 환경을 어떻게 인식하고 그 환경 속에서 자기 개인의 힘을 어떻게 인식하느냐에 따라 네 가지 형태로 행동한다고 했다. 이것이 DISC 행동유형으로 주도형Dominance, 사교형Influence, 신중형Conscientiousness, 안정형Steadiness 이다.

전문적인 DISC 행동유형 검사를 통해 어떠한 유형인지를 파악하는 것이 정확하지만 네 가지 유형의 특성을 알고 있다면 영업장에서 고객을 대할 때 고객이 하는 말의 내용과 목소리, 말의 속도, 제스처, 걸음걸이 등을 보고 어떤 유형인지를 판단할 수 있다. 유형에 따라 적절한 응대를 하면 결과가 좋을 것이다. 고객을 대하는 서비스업에 종사한다면 이 DISC 행동유형에 대한 이해가 필요하다.

(1) 주도형추진형

① 기본 성향

- 일을 주도적으로 처리한다.
- 뒤끝이 없고 호탕하며 상대방에게 신뢰를 가지면 끝까지 간다.
- 자존심이 무척 강하다. 꼭 이기려는 성격이다.

② 특징

- 자신감이 넘치며 당당하다.
- 다른 사람의 말에 귀를 기울이지 않는다.
- 시원시원하게 행동과 말을 하기 때문에 거칠어 보인다.
- 명령조로 말하는 경우가 많다.
- 제스처가 크고 걸음걸이는 씩씩하다.
- 직원을 무시하고 책임자를 찾으며 큰 소리를 치는 유형이다.

③ 화법

- 두괄식으로 핵심만 간결하게 말하는 것이 효과적이다.
- 한눈에 알아보기 쉬운 도표나 그래프를 이용해 핵심만 설명하면 좋다.

④ 응대법

- 상대방을 최대한 존중해야 한다.
- 변명하지 말고 잘못을 인정해야 한다.
- 자극하지 말고 차분하게 접근해야 한다.
- 고객이 흥분한 상태에서는 가만히 듣고, 시간이 지나면 차분하게 자초지종을 이야기한다.

(2) 사교형표현형

① 기본 성향

- 상대방의 감정을 파악하는 직관력이 뛰어나다.
- 낙천적이다.
- 호기심이 많다.

② 특징

- 누구든지 쉽게 친해지고 상대방의 기분을 잘 맞춘다.
- 유머감각이 있고 잘 웃는다.
- 남에게 인정과 칭찬 받기를 좋아한다.
- 목소리가 크고 말이 빠르다.
- 감정표현이 솔직하고 표정과 제스처도 풍부하다.

- 말이 많다(핵심을 말하기 전에 장황한 사설).

③ 화법

- 논리적이기보다는 감성에 호소하는 것이 효과적이다.
- 상대가 얘기를 끝낼 때까지 기다리는 미덕을 발휘한다.

④ 응대법

- 절대 말을 끊지 말아야 한다(경청).
- 동감, 공감(맞장구)의 표현을 한다.
- 논리적이거나 분석적인 면이 약하므로 논리적 접근을 삼간다.
- 말을 자르지 말고 열심히 들어주면 자신이 하고 싶은 말을 다한 뒤에는 스스로 풀어진다.

(3) 신중형분석형

① 기본 성향

- 자기조절 능력과 직관력이 뛰어나다.
- 사려가 깊고 예의도 바르다.
- 논리적이고 분석적이며 고집이 있다.

② 특징

- 사회성은 부족한 편이다.
- 행동과 사고가 올바르고 감정표현이 적다.
- 개인적인 얘기는 하지 않는 편이다.
- 목소리는 작고 딱딱하고 차가운 느낌을 준다.

- 표정변화가 별로 없고 눈빛은 예리하고 날카로워 보인다.
- 제스처는 작거나 거의 쓰지 않고 걸음도 크지 않다.

③ 화법

- 논리적이어야 한다.
- 객관적인 자료, 데이터를 바탕으로 얘기하는 것이 효과적이다.
- 순차적으로 차근차근 대화를 이끌면서 근거를 충분히 들어 설명한다.

④ 응대법

- 어설픈 답변이나 불확실한 대답은 지양해야 한다.
- 지나치게 친밀감을 나타내면 부담스러워 한다.
- 질문이 많은 편이기 때문에 질문에 성실하게 답한다.
- 자세한 내용을 담은 이메일이 더 효과적일 수 있다.
- 불만사항을 기재하면서 성실하게 듣는 태도를 보인다(메모, 기록을 좋아함).

(4) 안정형온화형

① 기본 성향

- 조용하며 성실하다.
- 생각이 많아 우유부단한 경향이 있다.
- 사려가 깊고 인내심과 꾸준함이 있다.

② 특징

- 안정적인 것을 추구하고 변화와 도전에는 매우 신중하다.
- 불만 시 인터넷이나 언론투서를 이용하기도 한다.

- 앞에 나서지 않고 뒤에서 돕는다.
- 다른 사람과 협력해서 과업을 수행하기를 원한다.
- 표정은 부드럽고 유순하며 착한 인상을 준다.
- 목소리는 부드럽고 작은 편이며, 말의 속도는 느린 편이다.
- 제스처는 작고 걸음속도가 조금 느린 편이다.

③ 화법

- 차근차근 순서에 맞게 대화한다.
- 설득할 때는 권유형의 어조로 얘기하고 같이한다는 느낌을 주어야 한다.
- 끝까지 얘기를 듣고 난 후에 이야기하는 것이 좋다.
- 본론에 들어가기 전에 여담을 통해 마음의 문을 열게 한다.

④ 응대법

- 지속적인 관심과 사후관리를 한다.
- 반복과 확인을 통해 의견을 듣는다.
- 생각할 시간을 충분히 준다.
- 어떤 일에 대한 해결책이나 방법을 제시해 주는 것을 좋아한다.
- 결정을 못할 때에는 직원이 주도해서 결정을 유도한다.

제6장

공공장소의 예절

1 | 전람회장 예절

1) 예술작품을 관람하다 사진을 찍고자 할 때는 주최 측에 허락을 받고 다른 관람객에게 방해가 되지 않게 촬영해야 한다.
2) 작품이나 전시품은 만지지 않도록 한다.
3) 전람회장에서는 신발소리가 나지 않게 걷도록 하고, 옆 사람과 큰 소리로 얘기하지 않도록 한다.
4) 관람을 끝내고 나올 때는 전람회 주최 측에 축하, 혹은 감사의 뜻을 전하고 나오도록 한다.

2| 공연장

1) 공연 시작 10분 전에는 입장하도록 한다.
2) 공연 시작 시각에 늦을 경우에는 우선 빈자리에 앉아 있다가 휴식시간에 자신의 좌석을 찾아가는 것이 좋다. 빈자리가 없을 경우에는 자신의 지정좌석을 안내자에게 부탁해서 안내 받아 앉는다.
3) 자신의 좌석을 찾아갈 때는 이미 앉아 있는 관객의 무릎을 건드리거나 발을 밟지 않도록 주의해야 하며 "죄송합니다"라고 양해를 구하면서 좌석을 찾아 들어가 앉도록 한다.
4) 공연 도중에 옆 사람과 이야기를 나누지 않는다.
5) 공연장에서 휴대폰의 전원은 꺼놓아야 한다.
6) 공연장 안에서 남성은 반드시 모자를 벗어야 하고, 여성도 뒷사람을 위해 벗는 게 좋다.

3| 음악 공연장

1) 음악회에 갈 때는 정장차림으로 가는 게 원칙이다.
2) 음악회가 시작된 뒤에 공연장에 도착한 경우에는 무조건 공연장 안으로 들어가지 말고 안내자의 안내를 받거나, 한 곡이 끝나거나 진행 중인 막이 끝날 때까지 기다렸다가 막간Intermission을 이용하여 들어가도록 한다.
3) 음악회의 휴식시간에 다른 사람과 대화할 때는 조용한 목소리로 해야 한다.

4) 음악회 도중 꾸벅꾸벅 졸거나 잠들었다가 코를 골면 안 된다.

5) 음악회에서 박수 보내는 기본을 알고 있으면 실수하지 않는다.

- 성악의 경우 프로그램을 3~4곡씩 묶어놓으므로 한 묶음이 끝날 때마다 박수를 보내고, 모든 악장이 끝난 후에 박수를 보낸다.
- 오페라의 경우에는 아리아나 이중창이 끝나면 박수하고, 남성 성악가에게는 'Bravo', 여성 성악가에게는 'Brava', 혼성 성악가에게는 'Bravi'를 외치며 박수를 보낸다.
- 교양곡이나 협주곡 등 악장의 수가 3~4악장으로 되어 있는 곡은 모든 악장이 끝난 후에 박수를 보낸다.
- 기악연주는 한 악장으로 되어 있거나 소품일 경우에는 곡이 끝날 때마다 박수를 보내도 괜찮다.
- 민속음악의 경우에는 청중들이 연주 도중 비교적 자유롭게 감정을 표출해도 좋다. 사물놀이, 판소리의 경우에는 '얼쑤', '잘 한다', '얼씨구' 등 추임새를 넣어도 좋다. 그러나 연주 도중에 괴성을 지르거나 품격 낮은 휘파람 소리를 내서는 안 된다. 연주곡의 템포가 빠르고 신나는 곡이라도 음악에 맞춰 손뼉을 치면 안 된다. 연주곡이 완전히 끝난 후에 박수를 보낸다.
- 앙코르는 두 번까지 할 수 있으나 예외적인 경우가 있다.

4 | 연극 공연장

1) 객석에서는 부스럭거리거나 과자 먹는 소리 등 소음을 내서는 안 된다.

2) 박수는 공연이 모두 끝났을 때 보낸다.

5 | 골프장 예절

1) 경기자의 예절

① 경기자들은 먼저 경기를 도와 줄 도우미와 인사를 나눈다.

② 볼에 표시를 한 후에 캐디와 상대에게 자신의 볼을 확인하게 한다.

③ 경기하는 사람만 티잉 그라운드에 들어간다.

④ 연습 스윙을 할 때 잔디가 파이지 않도록 한다.

⑤ 경기자 외의 사람은 항상 볼의 뒤쪽에 선다.

⑥ 캐디가 공을 치라고 말하기 전까지는 치지 않는다.

⑦ 공이 다른 사람 있는 쪽으로 향할 때는 '포어Fore'라고 외친다.

⑧ 경기자가 공을 치고 있는 동안은 누구도 움직이거나, 말을 하거나, 홀의 근처에서 서성거리거나, 연습스윙을 하면 안 된다.

⑨ 공을 스윙하는 사람의 시야 안에 사람이 서 있으면 안 된다.

⑩ 경기의 진행속도를 유지해야 한다. 5분 이상 지체해서는 안 된다.

⑪ 코스보호를 위해서는 경기자는 벙커를 나오기 전에 움푹 파인 곳이나 발자국을 판판하게 골라놓아야 한다.

⑫ 같은 팀 경기자의 공보다 앞쪽으로 나아가는 행동을 삼간다.

⑬ 다른 사람의 퍼팅라인을 밟지 않는다.

2) 관람객의 예절

① 휴대폰은 전원을 꺼놓는다.

② 반드시 골프화나 운동화를 신는다.

③ 경기 도중 선수들에게 방해되는 말과 행동을 해서는 안 된다.

④ 사진촬영은 방해가 안 되는 거리에서 하되 스윙을 끝낸 후에 한다.

⑤ 통제선 안으로 들어가지 않는다.

⑥ 경기 중인 공에 손을 대지 않는다.

6| 스키장 예절

1) 리프트는 줄을 서서 기다린다.
2) 리프트 탑승 중에는 금연한다.
3) 리프트 운행 중에 심하게 움직이면 추락의 위험이 있으므로 주의해야 한다.
4) 슬로프를 내려갈 때 앞선 사람에게 방해가 되지 않도록 진로를 택한다.
5) 슬로프 안전요원의 안내지시는 반드시 따르도록 한다.
6) 앞선 사람을 추월할 때는 좌우를 살펴 충분한 거리를 두고 추월한다.
7) 슬로프에 사람이 많을 때는 고속주행을 삼간다.
8) 슬로프 중간에서 급하게 정지하거나 서 있으면 다른 스키어들과 부딪혀 사고가 날 수 있으므로 조심해야 한다.
9) 난폭하게 스키를 타다가는 다른 사람을 다치게 할 수 있으므로 조심해야 한다.
10) 슬로프에 쓰레기를 버리지 않도록 한다.

7| 엘리베이터 예절

1) 엘리베이터를 타고 내릴 때 안내원이 없을 경우에는 하급자(안내자)가 먼저 타서 엘리베이터를 안전하게 조작하면서 윗사람, 어린이, 여성을 나중에 타게 하고 먼저 내리게 한다.
2) 안내원이 있을 경우에는 윗사람, 어린이, 여성의 순서로 타고 내리게 한다.
3) 엘리베이터 안에서 상석은 일반적으로 조작버튼과 거리가 먼 안쪽이다.
4) 호텔이나 아파트 등의 엘리베이터에서 남자는 모자를 벗는 것이 예의이다. 이유는 엘리베이터를 객실 혹은 집의 연장으로 보기 때문이다. 그러나 사무실, 백화점 등 공공장소의 엘리베이터에서는 굳이 모자를 벗지 않아도 된다.
5) 엘리베이터 안에서 타인과는 눈을 마주치지 않는 것이 좋다. 껌을 씹거나 벽에 기대지 말아야 한다. 잡담이나 이상한 행동도 금한다.

8| 에스컬레이터 예절

1) 일반적인 상황이라면 뛰어서 올라가거나 내려가지 않는다.
2) 바쁜 사람을 위해서 왼쪽은 비워두고 오른쪽에 서서 올라간다.
3) 올라갈 때는 여성이 먼저 타고 내려 갈 때는 남성이 먼저 탄다.
4) 고객을 모셨을 경우 올라갈 때는 고객을 앞세우고 내려갈 때는 안내자가 앞선다.
5) 가방 등을 손잡이에 올리지 않는다.
6) 내릴 때 넘어지지 않도록 스텝조절을 잘 하면서 내린다.

제7장

교통수단 이용 예절

1 | 승용차 탑승예절

1) 승용차의 좌석서열

(1) 운전기사가 있는 경우

① 제1석은 조수석 뒷자리

② 제2석은 운전석 뒷자리

③ 제3석은 뒷좌석의 가운데 자리

④ 제4석은 조수석

승객들의 복장과 체구에 따라서 기본 좌석예절과 달리 앉을 수 있다.

(2) 자가운전자인 경우

① 제1석은 조수석

② 제2석은 조수석 뒷자리

③ 제3석은 운전석 뒷자리

④ 제4석은 뒷좌석 가운데 자리

> 우리나라에서는 운전자의 배우자는 자가운전자의 옆자리에 앉는 것이 바른 매너이다. 영국에서는 상류층은 운전자 옆에 상대방 배우자가 앉고, 중류층은 운전자의 배우자가 앉으며, 하류층은 동성끼리 앉는다.

2) 승용차 탑승예절과 유의사항

① 운전기사가 있을 경우에는 승용차 좌석의 서열은 뒷자리 오른편이 1석, 왼쪽이 2석, 가운데가 3석, 앞자리가 4석, 즉 말석인 것이 원칙이다. 예외적으로 여성이 치마를 입었거나 몸집이 큰 사람이 3석에 해당될 경우에는 2석이나 4석에 앉도록 할 수 있다.

② 자가운전자일 경우에는 앞자리가 1석, 뒷자리 오른편이 2석, 왼쪽이 3석, 가운데가 말석이 된다. 운전자의 배우자는 언제나 옆 좌석에 앉는다.

③ 윗사람이 승차할 경우에는 오른손으로 문을 열고 차문을 잡은 채 왼손으로 "타십시오!"라고 안내한다. 하차 시에도 오른손으로 문을 열고 안전을 확인한 후에 하차를 안내한다.

④ 여성과 동승할 때는 여성이 먼저 타도록 하고 하차 시에는 남성이 먼저 내려서 차문을 열어준다.

⑤ 눈, 비가 오는 날에는 우산의 눈이나 비를 털어낸 뒤 탄다.

⑥ 여성이 치마를 입고 자동차에 탈 경우는 시트에 엉덩이를 먼저 밀어 넣고 두 다리를 가지런히 모은 상태로 재빨리 차 안으로 옮긴다.

⑦ 승용차 안에 동승자가 있을 경우에는 담배를 피우면 안 된다.

⑧ 자동차 안의 계기나 시트를 운전자의 양해를 구하지 않고 임의로 조작하지 말아야 한다. 조작을 했을 경우 내릴 때 원래대로 해놓고 내린다.

⑨ 자가운전자일지라도 동승자의 취향을 모르는 상태에서는 라디오나 음향기기의 볼륨을 높이지 않는 것이 좋다.

⑩ 운전자의 졸음이나 지루함을 덜어 주기 위해 가벼운 담소를 나누는 것이 좋다.

〈승용차의 좌석 배열〉

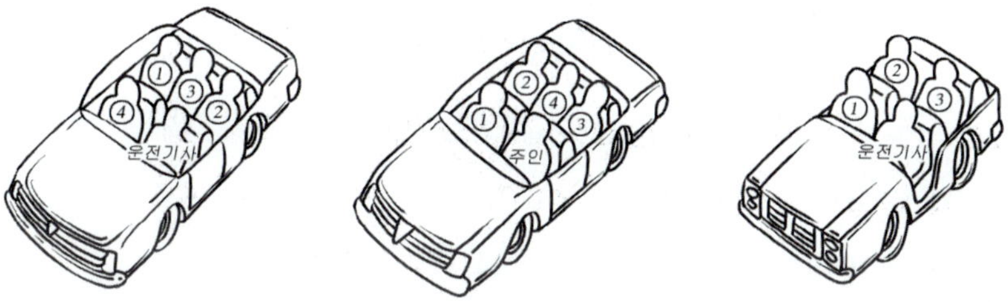

운전자가 있을 경우　　자가 운전의 경우　　지프의 경우

출처 : 김은희 외(2002). 예절과 서비스. 서울 : 대왕사, p. 135.

2| 버스 · 지하철 탑승예절

① 승 · 하차 시에는 줄을 서서 차례로 타고 내리며 하차승객이 내리는 데 불편하지 않도록 최대한 배려한다.

② 사정이 허락한다면 노약자, 어린이, 임산부, 여성을 먼저 태우고 내릴 때는 반대로 한다.

③ 버스 · 지하철 안에서도 노약자, 어린이, 임산부에게 자리를 양보한다.

④ 지하철에서는 두 다리를 많이 벌리거나 꼬고 앉지 말아야 한다.

⑤ 타인에게 머리를 기대면서 잠을 자지 말아야 한다.

⑥ 신문은 최대한 작게 접어서 읽는다(1/2로 접어서 보도록 한다).

⑦ 휴대폰 통화나 옆 사람과의 대화는 최대한 작은 소리로 해야 하고, 휴대폰 소리모드는 진동으로 설정해 놓는다.

⑧ 버스 · 지하철 안에서 화장을 하거나 머리를 빗지 말아야 한다.

⑨ 승객이 많은 버스 · 지하철 안에서 부피가 큰 배낭은 손에 드는 것이 등에 메는 것보다 공간이 넓어져 다른 사람에게 피해를 덜 준다.

⑩ 껌을 소리 내어 씹지 말아야 하며, 앞에 앉은 승객을 뚫어지게 바라보는 것도 결례다.

⑪ 버스 좌석 팔걸이에 걸터앉지 않는다.

⑫ 승객이 많을 경우 "내립니다.", "실례합니다." 등으로 양해를 구하면서 입구 쪽으로 이동하거나 내린다.

⑬ 우리나라 사람끼리는 무거운 짐이나 가방을 들고 있는 승객에게 자리를 양보하거나 짐을 받아줘도 괜찮다. 그러나 외국인에게 가방을 달라고 하면 오해를 받을 수 있다.

⑭ 빈자리가 있다고 멀리서부터 황급히 달려가서 앉는 것은 삼간다.

⑮ 다른 승객과 몸이 닿지 않도록 조심해야 한다.

⑯ 다른 승객이 자리를 양보하거나 짐을 받아줬을 때는 분명하게 고맙다는 말을 해야 한다.

⑰ 버스에서 창가 쪽의 사람이 일어서서 나가려 하면 잠시 일어서서 편하게 나갈 수 있도록 배려한다.

⑱ 남의 발등을 밟거나 몸이 부딪혔다면 정중히 사과를 해야 한다.

⑲ 지하철에서 옆 칸으로 이동할 때는 문을 닫고 이동한다.

⑳ 애완동물 동반은 삼가는 것이 원칙이다. 부득이한 사정이라면 남의 눈에 잘 띄지 않도록 하고 배설물 봉지 등을 꼭 챙겨야 한다.

3 | 기차 탑승예절

1) 기차의 좌석서열

(1) 두 사람이 나란히 앉은 경우

① 제1석은 창가 쪽 좌석

② 제2석은 통로 쪽 좌석

(2) 네 사람이 마주보고 앉은 경우

① 제1석은 기차 진행 방향의 창가 쪽

② 제2석은 기차 진행 역방향의 창가 쪽

③ 제3석은 기차 진행 방향 통로 쪽

④ 제4석은 기차 진행 역방향 통로 쪽

2) 기차 탑승예절과 유의사항

① 승·하차 시에는 줄을 서서 차례로 타고 내리며 노약자, 어린이, 임산부, 여성을 먼저 태우고 내릴 때는 반대로 한다.

② 두 다리를 많이 벌려 앉지 않는다(옆 사람의 다리에 닿으면 안 된다).

③ 코를 골거나 타인에게 머리를 기대고 잠을 자지 말아야 한다.

④ 신문은 최대한 작게 접어서 읽는다.

⑤ 껌을 소리내어 씹거나 음식물을 소리내어 먹지 말아야 하며 냄새가 강한 음식은 피한다.

⑥ 휴대폰 통화 옆 사람과의 대화는 최대한 작은 소리로 짧게 해야 하며, 휴대폰 소리모드는 진동으로 설정한다.

⑦ 좌석 팔걸이에 걸터앉지 않는다.

⑧ 입석승객이 옆에 서있을 경우에는 잠시 동안이라도 자리를 양보해 주는 미덕을 발휘한다.

⑨ 동반한 어린아이가 있다면 떠들거나 울지 않도록 신경을 써야 한다.

⑩ 화장실은 다음 사람을 위해 깨끗하게 사용하고 세면대는 휴지로 닦고 나온다.

⑪ 침대칸의 침대는 아래쪽이 상석이다.

⑫ 침대칸에서 한 침대에 두 사람이 드는 것은 예절에서 벗어난 행위이다.

⑬ 기차 안에서 신발을 벗는 행위는 삼가야 한다.

⑭ 기차 화장실에서는 금연이다.

4| 비행기 탑승예절

1) 비행기의 좌석서열

(1) 2인용 좌석

① 제1석은 창 쪽이다.

② 제2석은 통로 쪽이다.

(2) 3인용 좌석

① 제1석은 창 쪽이다

② 제2석은 통로 쪽이다

③ 제3석은 가운데 자리이다.

2) 기내 예절과 유의사항

① 비행기를 타고 내릴 때는 윗사람상급자이 먼저 타고 먼저 내리는 것이 올바른 순서이다.

② 무거운 짐은 앞좌석 밑이나 자신의 좌석 앞쪽 아래에 둔다.

③ 이·착륙 시에는 안전벨트를 착용하고 간이 테이블은 원래 상태로 돌려 놓아야 한다.

④ 안전벨트 착용 사인이 켜져 있을 때는 원칙적으로 화장실 사용은 하지 않는 게 좋지만 승무원의 허락을 얻어 사용할 수도 있다.

⑤ 화장실에서 세면대를 사용한 후에는 다음 사람을 위해 휴지로 물기를 닦아주는 것이 좋다.

⑥ 화장실에 들어가기 전에 사람이 없다는 'Vacant' 표시와 사용 중이라는 'Occupied' 표시를 확인하는 것이 필요하다.

⑦ 등받이를 뒤로 젖힐 경우에는 뒷사람이 놀라지 않도록 천천히 젖힌다.

⑧ 식사가 시작되면 등받이를 원위치로 해야 뒷사람이 편하게 식사할 수 있다.

⑨ 통로 쪽에 앉았을 경우에는 창 쪽에 앉은 탑승객의 식판을 받아서 건네주는 것이 예의이다.

⑩ 창 쪽에 앉았을 경우 통로 쪽 탑승객의 식사가 끝날 때까지 통로로 나오지 않아야 한다.

⑪ 식사 때 양팔을 너무 벌리면 옆 사람이 불편해질 수 있다.

⑫ 식사가 다 끝나면 승무원이 식판을 가져갈 때까지 종이냅킨으로 식판을 덮어두는 것이 미관상 좋다.

⑬ 기내에서 맨발이나 양말만 신고 복도를 오가는 행동은 삼간다.

⑭ 옆 사람과 대화를 할 때는 최대한 작고 낮은 목소리로 한다.

⑮ 승무원이 필요하면 호출버튼을 누르거나, 손을 들거나, 눈짓으로 조심스럽게 부른다. 지나가는 승무원의 옷을 잡아당기거나 몸을 만지면서 부르는 것은 올바른 매너가 아니다.

⑯ 코를 골거나 팔꿈치를 크게 벌리고 잠을 자는 것은 주위의 탑승객에게 불편함과 불쾌감을 주는 행동이다.

⑰ 식사나 음료수 등을 제공 받을 때마다 "Thank you" 인사를 잊지 말아야 한다.

⑱ 화장실을 포함하여 기내의 모든 장소에서 흡연은 금지된다.

⑲ 술은 기내에서는 쉽게 취하므로 평소 주량보다 적게 마시는 것이 안전한 반면

물 등 음료수는 자주 마셔야 피부가 건조해지지 않는다.

⑳ 기내에서는 오징어 등 냄새가 고약한 음식을 먹으면 안 되고, 껌도 소리내어 씹지 않는 것이 바람직하다.

㉑ 내릴 때에는 좌석 순서대로 일어나 통로에서 기다리다가 앞사람을 따라 천천히 움직이는 것이 자연스럽다. 급하게 움직이거나 남을 앞지르려는 태도는 좋지 않다.

㉒ 내릴 때 수고한 승무원에게 "Bye~" 인사를 하도록 한다.

제8장

글로벌 여행 예절

1 | 해외여행 시 필수 준비물

1) 여권

2) 비자

3) 환전 : 한국 외환은행과 시중은행의 외화 환전부서에서 일정 한도액까지 외화를 살 수 있다. 많은 액수의 현금을 소지하기보다는 여행자 수표나 신용카드를 사용하는 것이 안전하다. 여행 시 여러 장소에서 팁을 주어야 하므로 1달러, 5달러, 10달러짜리 소액권을 미리 준비해 두면 나중에 편리하다.

4) 항공권

5) 예방접종 증명서 : 지역에 따라서는 사전에 질병 관련 접종 증명서를 요구하기도 하지만 그런 나라가 많지는 않다. 네팔, 인도, 아프리카 등에 가려면 개인적으로 질병 감염 예방을 위해서 출발 2주 전에는 접종을 받아야 한다.

6) 여행필수용품 : 일반적인 필수용품 외에 여행목적과 여행지의 기후, 체류일수, 풍습 등을 고려하여 옷을 따로 준비하고 상비약(감기약, 설사약, 소화제, 1회용 반창고, 진통제 등)도 챙긴다.

2| 여객기를 이용할 경우

1) 출국절차와 유의사항

① 수하물은 좌석등급에 따라 허용되는 개수, 크기, 무게가 다를 수 있으므로 미리 해당 항공사에 확인하고 짐을 꾸린다. 기내에 가지고 탈 수 있는 수하물 크기는 항공사마다 다르다. 대한항공 일반석은 3면의 총합이 115cm(3면의 최대 허용길이 : 가로 55cm, 세로 40cm, 높이 20cm)이하이고, 무게가 12kg 이하 정도까지 허용된다.

② 항공기 종류(대형, 소형)에 따라 수속시간에 차이가 있으므로 미리 확인하고 여유 있게 공항에 도착한다. 국제선 비행기는 최소한 2시간 전, 국내선 비행기는 약 1시간 전에 공항에 나가야 한다. 공항 도착 즉시 해당 항공사 체크인 카운터에 가서 탑승 수속을 밟는다. 사전에 구입한 항공권을 해당 항공사의 카운터에 여권과 함께 제시하면 탑승시각Boarding Time과 탑승 게이트Gate가 적힌 탑승권을 발급해 준다.

③ 체크인 카운터에서는 기내 반입 물품을 제외하고는 모두 위탁 수하물로 처리하여야 한다. 위탁 수하물 중 신고가 필요한 물품은 세관에 따로 신고하여야 하고, 대형 수하물은 전용카운터에 맡겨 처리하며, 악기 종류는 체크인 카운터

에서 안내하는 대로 처리하여야 한다(요금이 따로 부과된다).

④ 수하물 부치는 수속이 끝나면 짐표Baggage Claim Tag를 확인하고 수하물이 몇 개인지를 기억해 두어야 목적지에 도착해서 짐을 빠뜨리지 않고 찾을 수 있다.

⑤ 체크인 카운터에 비치된 출국 신고서를 작성한다. 이 서류에 인적사항, 관광목적지, 관광목적, 항공편 등을 기재하여 출국수속을 밟을 때 여권과 함께 제출하면 된다.

⑥ 병역의무자가 국외로 나갈 때는 필요한 서류(여권, 국외여행허가증명서, 출국신고서)를 공항 내에 있는 병무신고사무소에 제출해야 한다. 병무신고 대상자는 만 18세가 되는 해의 1월 1일부터 만 35세가 되는 해의 12월 31일 사이에 해당하는 대한민국 남자이다. 병역을 마친 사람과 제2국민역은 제외된다.

⑦ 출국 시에 고가의 물품이나 미화 1만 달러를 초과하는 외화를 가지고 떠나는 경우에는 '여행자 휴대물품 반출신고(확인)서'에 품목, 수량, 가격을 쓴 후 실제의 물품, 화폐 등의 반출신고를 해야 한다. 물품을 신고하지 않고 출국할 경우, 귀국할 때 외국에서 구입한 것으로 간주되어 과세 등의 불이익을 당할 수 있다.

⑧ 탑승수속, 세관신고를 마치면 가까운 출국장으로 이동하여 보안검색을 받아야 한다. 보안검색은 요원의 안내에 따라 휴대물품을 X-ray 검색대 위에 올려놓고 소지품은 바구니에 넣은 뒤 문처럼 생긴 금속 탐지기를 통과한다. 보안검색을 마친 여행객은 본인의 휴대품을 갖고 출국심사장으로 이동한다.

⑨ 출국심사대 앞의 대기 선에서 기다리다가 자신의 차례가 오면 여권, 탑승권, 출국신고서를 직원에게 제시한다. 출국심사관은 여권에 출국 확인 스탬프를 찍어주고 출국신고서를 챙겨둔 뒤 여권을 돌려준다.

⑩ 출국심사를 마치면 탑승구역에 들어서게 된다. 탑승구역에는 면세점, 식당, 라

운지 등의 편의시설이 있다. 탑승시각까지 휴식을 취하거나 필요한 물품을 구입한다.

⑪ 탑승시각이 되면 탑승 게이트를 통과한 뒤 비행기에 올라 좌석번호를 기입한 탑승카드를 승무원에게 보이고 승무원이 안내하는 방향으로 가서 좌석을 찾아 앉는다.

⑫ 이·착륙 시에는 벨트착용 안내방송과 함께 표시등이 켜지므로 등이 꺼질 때까지 벨트를 매고 있어야 한다.

외화, 여행자수표

외화는 공항의 환전소, 은행·호텔의 출납계에서 바꾼 뒤 여행하면서 사용한다. 현지에서 쓰고 남은 돈을 달러나 우리 돈으로 다시 환전할 수 있다. 다만, 동남아시아에서는 현지 동전을 다시 바꾸어주지 않으므로 남은 동전으로는 비행기 안에서 물건을 사면서 소비하는게 좋다. 해외 나갈 때 안전을 위해서는 현금보다 신용카드나 여행자수표를 사용하고 현금은 예비비로 약간만 준비해 간다. 동남아시아 여행 시에는 팁을 줄 때 미화 1달러 대신 우리 돈 1,000원을 사용해도 괜찮다.

2) 입국절차와 유의사항

① 항공기가 목적지에 도착하면 램프를 따라 이동하거나 버스를 타고 입국심사장으로 이동한다.

② 입국심사대 앞에 도착하면 대기 선에서 기다리다가 심사관에게 기내에서 작성한 해당 국가 입국신고서와 여권을 제출한다.

③ 입국심사를 마치면 에스컬레이터를 타고 1층으로 이동하여 모니터를 통해 번호로 표시되는 수하물수취대로 가서 자신의 짐을 찾는다. 만약 자신의 수하물

이 나오지 않을 때는 분실 수하물 관리소에 이 사실을 신고한다.

④ 세관에 신고해야 하는 물품이 있을 경우에는 수하물을 찾고 나서 세관 신고 지역으로 이동하여 세관심사대에서 미리 작성해둔 여행자 휴대품 신고서를 제출한다.

귀국시의 세관 신고대상 물품

- 외국에서 취득하거나 국내면세점에서 구입해서 출국했다가 반입하는 물품가운데 미화 400달러를 초과하는 물품
- 1인당 면세 기준을 초과한 주류, 담배, 향수(단, 19세 미만인자가 반입하는 주류와 담배는 면세 기준에 상관없이 모두 신고해야 한다)
- 반입금지 · 제한물품
- 판매를 목적으로 반입하는 상용물품
- 출국 시에 휴대 반출신고를 했다가 재반입하는 물품

3| 기내예절

비행기 내에서의 기본예절은 '제7장 교통수단 이용예절' 편에서 이미 자세히 다루었음

4 | 호텔 이용 예절과 유의사항

① 투숙할 호텔에 도착하면 각자의 짐은 호텔 소속 포터Porter나 호텔 벨맨Bell Man이 객실까지 운반해 준다. 이때 짐 한 개당 미화 1달러 정도의 팁을 주는 게 좋다.

② 투숙한 호텔명을 외우기가 어렵고 주변지리가 파악이 안 된 상태라면 호텔에서 외출할 때 호텔번호가 적힌 카드나 Letter-Head 등을 휴대하고 외출한다.

③ 객실열쇠가 전원과 연결되어 있는 경우에는 키 박스에 키를 꽂는다.

④ 호텔방문은 자동으로 잠기는 경우가 많으므로 확인하는 습관을 갖는다.

⑤ 복도, 로비, 레스토랑에서 너무 큰 소리로 말하는 것은 결례이다.

⑥ 객실 안에서 휴대용 버너를 이용해 라면 끓이기 등 취사를 하면 안 된다.

⑦ 객실 안에서 카드놀이를 하거나 술을 마시면서 큰 소리로 떠들면 안 된다.

⑧ 잠옷을 입고 복도를 다니면 안 된다.

⑨ 객실 침대 맨 위에 있는 커버는 잠자는 동안에는 벗겨서 옷장 등에 넣어둔다.

⑩ 투숙기간 동안 룸 메이드Room Maid의 객실 청소 및 서비스를 원하지 않는 경우에는 바깥쪽 문손잡이에 객실 내에 비치된 'Do not disturb' 카드를 내걸어둔다.

⑪ 투숙한 호텔의 교환원에게 아침 기상 전화 'Wake-Up Call'을 부탁할 수 있다. 'Wake-Up Call'이 울리면 빨리 받고 "감사하다"라고 말하는 것이 예의이다.

⑫ 욕조 사용 시에는 커튼을 욕조 안으로 넣고 샤워를 해야 물이 욕조 밖으로 흐르거나 튀지 않는다.

⑬ 샤워 시 수도꼭지 위에 있는 표시가 영어권 지역에서 HHot가 더운물, CCold가 찬물을 뜻하지만 프랑스, 이탈리아 등에서는 CChaud가 더운물, FFroid가 찬물이

므로 주의해야 한다.

⑭ 귀중품은 호텔 귀중품 보관함Safety Deposit Box에 맡긴다.

⑮ 룸서비스를 받고 싶으면 전화로 주문할 수 있으나 식당보다 10~15% 정도 비싸다. 식사를 마친 뒤 식기를 냅킨으로 덮은 후 문 밖에 내놓는 것이 예의이다.

⑯ 객실 청소하는 룸 메이드에게 주는 팁은 베개 밑에 놓아두는 것이 좋다(1$ 정도).

⑰ 외출 시 객실열쇠는 분실을 예방하기 위해 프런트에 맡기는 게 좋다.

⑱ 호텔투숙 중 외부전화를 하거나 미니바 안에 있는 술, 음료수 등을 마시면 체크 아웃할 때 요금을 지불해야 한다.

⑲ 객실 내의 TV에는 일반 무료채널과 자체운영 유료채널이 있다. 객실에 있는 프로그램 안내문을 보고 선택한다. 성인용 유료채널은 잠깐만 봐도 한 편의 요금이 계산되고 요금도 다소 비싸므로 주의해야 한다.

⑳ 여행지에서 드레스셔츠, 바지 등은 호텔 하우스키핑에 세탁을 의뢰할 수 있다. 속옷이나 양말 등은 욕실 내에서 빨아도 되지만 세탁물을 발코니에 널어두는 것은 삼가야 한다.

5| 팁 예절

우리나라는 일찍이 서구문화와 접촉이 많지 않았기 때문에 팁 문화가 잘 발달되어 있지 않다. 우리와 비슷한 문화적 배경을 가진 일본이나 중국 역시 팁에 대한 인식이 일반화되어 있지 않은 상태이다. 미국이나 유럽의 영향을 많이 받은 나라들은 팁 문화가 정착되어 있다.

국외여행을 하면서 국제적인 팁 문화를 경시할 경우 자칫하면 인색하고 매너가 나쁜 사람으로 인식될 수 있다. 외국여행 시에는 서양의 팁 문화를 잘 이해하고 실천하는 것이 필요하다.

외국에서는 팁이 우리나라와 달리 광범위하게 적용되므로 팁을 위한 잔돈을 그 나라 돈으로 준비하는 것이 좋다. 팁은 일반적으로 각종 요금의 10~15%를 지불하면 된다.

미국에서는 대부분의 식당 계산서에 봉사료가 포함되어 있지 않으므로 팁을 주는 게 기본 매너이다. 그러나 일부 레스토랑에서는 봉사료가 계산서에 포함돼 있는 경우도 있다. 계산서를 꼭 확인하고 이중으로 팁을 지불하지 않도록 하는 것이 현명하다. 유럽에서는 보통 계산서에 봉사료가 포함되어 있으므로 매번 팁을 주지 않아도 되지만 상황에 따라서는 팁을 줘야 할 경우도 있다. 러시아나 동구권의 경우 과거 사회주의 시절에는 원칙적으로 팁을 받지 못하게 되어 있었으나 요즘에 와서는 팁을 주는 관행이 보편화됐다.

1) 팁 지불 시 예절과 유의사항

① 일반적으로 팁은 손바닥 아래로 해서 돈이 보이지 않게 “Thank you”하며 건넨다.

② 레스토랑에서는 계산서를 담아 온 ‘Tray’나 ‘Bill Holder’에 주면 된다.

③ 과도하게 팁을 요구하는 경우에는 단호히 거절한다.

④ 셀프서비스 레스토랑에서는 팁을 줄 필요가 없다.

⑤ 팁은 동전으로 주는 것보다 지폐로 주도록 한다.

⑥ 남녀동반 시에는 남성이 팁을 주도록 한다.

⑦ 일반적으로 팁을 지불해야 하는 대상은 다음과 같다.

- 호텔, 공항의 포터
- 호텔의 벨맨과 룸 메이드
- 택시기사
- 레스토랑의 웨이터, 웨이트리스
- 이발사, 미용사
- 외투보관소Coat Check 관리인(코트, 모자, 가방 등을 맡겼을 경우)
- 관광안내인, 쇼핑안내인 등

2) 호텔에서의 팁

① 투숙한 방을 청소하는 룸 메이드에게 감사의 표시로 베개 모서리 위나 밑에 미화 1달러 정도를 놓아둔다.

② 짐을 날라 준 벨 맨에게는 짐 1개당 미화 1달러로 계산해서 준다.

③ 택시를 불러주는 등 서비스를 해준 사람에게도 미화 1달러 정도를 준다.

④ 룸서비스를 이용했을 경우에는 음식 값의 15% 정도를 준다.

⑤ 발레파킹Valet Parking 서비스를 받았을 때는 미화 1달러 정도를 준다.

⑥ 프런트 직원에게 특별한 서비스를 받았을 경우에는 선물이나 미화 5달러 정도를 준다.

3) 택시 및 교통수단의 팁

① 택시가 목적지에 도착하면 요금의 10~15%의 팁을 준다.

② 택시를 대절하거나 오래 기다리게 하거나 늦은 밤에 택시를 탔을 경우에는 10~15% 이상의 팁을 준다.

③ 패키지여행의 경우에는 여행객 1인당 하루에 미화 10달러 정도를 팁으로 계산한다.

6| 해외여행 예절

1) 여행지의 기본예절

(1) 고급 레스토랑 이용 시 예절과 유의사항

① 사전에 예약을 하고 복장은 장소에 어울리도록 입는다(정장만을 입어야 하는 곳도 있으므로 사전에 확인해야 한다).

② 레스토랑에 들어서면 종업원의 안내에 따라 자리에 앉는다. 안내된 자리가 마음에 들지 않으면 다른 자리를 요청할 수 있다.

③ 종업원을 부를 경우 큰소리 내기보다는 오른손을 머리 높이로 들어 종업원이 다가오도록 한다.

④ 필요한 경우 흡연을 해도 되는지에 대해 미리 확인한다. 흡연이 허용되더라도 최소한 주 요리Main Dish가 끝날 때까지는 피우지 않는다.

⑤ 레스토랑 반입이 금지된 주류 등은 가지고 가지 않아야 한다.

⑥ 음식을 빨리 달라고 독촉하지 않는다.

⑦ 뷔페식당에서는 음식물을 가지고 나오지 않는다.

⑧ 테이블 밑에서 다리를 꼬거나 신발을 벗지 않는다.

⑨ 식사가 끝나고 '이쑤시개'를 테이블에 앉아서 사용하지 않는다(화장실 등에서 사용).

⑩ 식사 자리에서 화장을 고치거나 머리를 만져서는 안 된다.

⑪ 자신이 마셨던 와인 잔 등을 상대방에게 주며 마시라고 권하지 않는다.

⑫ 계산서에 봉사료가 포함되어 있지 않다면, 식비의 15~20% 정도를 팁으로 준다. 계산을 신용카드로 할 경우에는 Extra Tips란에 팁 금액을 손님이 써넣고 Total Amount란에 식사비와 팁 금액을 합산해 적어서 주면 레스토랑 주인이 처리한다.

★ 종업원 서비스가 엉망이라고 생각되면 팁을 주지 않아도 된다.

(2) 관광지 예절과 유의사항

① 관광 시 일행과 크게 웃거나 큰소리로 떠들지 않도록 한다.

② 화려한 옷차림보다는 실용적인 차림이 더 좋다.

③ 지역에 따라 전염병에 유의해야 한다. 마시는 물은 꼭 판매하는 물생수이나 끓인 물을 마시도록 한다.

④ 일정은 무리하지 말고 여유 있게 잡도록 한다.

⑤ 타인과 부딪치거나 남의 발을 밟았을 때는 사과를 한다. 남에게 발을 밟혔을 때도 마찬가지다(이 점은 한국과 많이 다르다).

⑥ 관광지에 자기 이름을 새기는 등의 '한글 낙서'를 삼가야 한다. 이런 추태는 두고두고 오래 남는다.

⑦ 남의 도움을 받거나 실수를 했을 경우에는 감사의 말과 사과의 말을 분명하게 해야 한다.

⑧ 미국과 유럽 등 'Lady First'가 일상화된 나라 사람들의 비웃음을 사지 않도록 여성을 배려해야 한다(예를 들어, 엘리베이터를 탈 경우 여성을 먼저 타게 하는 것은 기본이다).

⑨ 보행 시 영국, 호주, 싱가포르, 홍콩, 일본 등지에서는 우리나라와 반대로 자동차가 좌측통행이므로 길을 건널 때 특히 조심해야 한다.

⑩ 사진촬영 금지 구역에서는 촬영을 하지 말아야 한다. 기념으로 현지인을 사진 찍고 싶을 때는 미리 허락을 받고 찍도록 한다.

⑪ 유럽은 관광객을 위한 면세쇼핑제도가 있다. 면세쇼핑전표No Tax Shopping Cheque를 보관했다가 출국 시에 세관에 제출하면 세금을 환급받을 수 있다.

⑫ 종교사원을 방문할 때는 긴 소매, 긴 바지 차림이어야 한다. 사원 중에는 모자나 신발까지 벗고 안으로 들어가도록 하는 곳도 있다.

2) 해외여행 시 사고 대처법

(1) 여권

여권을 분실했을 때는 먼저 현지 경찰서에 서면으로 신고한 뒤 신고 확인증을 받아서 현지 한국대사관이나 총영사관에 제출하면 '여행증명서'를 받을 수 있다.

(2) 수하물 분실

수하물 분실 시에는 4시간 이내에 관련 항공사 카운터에 신고해야 한다. 탁송화물은 1kg당 미화 20달러, 기내 수하물은 1인당 미화 400달러까지 보상을 받을 수 있다.

고가품의 보상은 사전에 신고한 물품에 한정한다.

(3) 항공권 분실

항공권을 분실했을 때는 항공권이 전산화되어 있기 때문에 절차를 밟으면 된다.

(4) 신용카드 분실

신용카드 분실 시에는 현지 경찰서에 분실신고한 후 '신고 확인서'를 받아 현지의 카드발행사 지점으로 가서 분실 및 재발행 신청을 한다. 만약을 위해 여행 시에는 신용카드 번호를 메모해 둔다.

(5) 교통사고 발생

교통사고 시에는 통역할 수 있는 사람의 도움을 받아서 책임소재를 가린다. 미리 'I am sorry'라고 말했다가는 잘못을 인정한다는 뜻으로 상대방이 해석할 수 있으므로 언어 사용에 주의해야 한다. 개인여행일 경우에는 현지 한국공관이나 기관에 연락하여 도움을 받는 것도 한 방법이다.

3) 해외여행지에서 알아두어야 할 상식과 예절

① 외국여행에서는 항공기 내에서만 팁이 없고 가는 곳마다 팁을 줘야 한다. 계산서에 봉사료가 포함되어 있지 않을 경우에는 거의 팁을 주게 되어 있다. 팁을 줄 때에 동전으로 주지 말고 지폐로 주는 것이 예의이다.

② 레스토랑에서 식사비를 신용카드로 계산할 경우에는 'Extra Tips'란에 팁 금액 (음식값의 15~20%)을 써넣은 후 식사비와 팁 금액을 합한 금액을 손님이 직접 'Total Amount'란에 적은 다음 계산한다(미국 식당에서는 일반적으로 6명 이상이 식사를 하게 되면 레스토랑 측에서 팁을 정해 계산서에 포함해 청구하는 경우가 많으므로 청구된 계산서를 잘 살펴서 이중으로 팁을 주지 않도록 한다).

③ 해외 유명 관광지에서 한글 낙서가 발견되는 사례가 적지 않다. 이런 행위는 개인의 차원을 넘어서 국가의 이미지까지 훼손시키는 것이므로 삼가야 한다.

④ 촬영금지구역에서 사진이나 동영상 촬영은 하지 않아야 한다.

⑤ 혼잡한 관광지에서 다른 사람 몸과 부딪히거나 발을 밟았을 경우에는 사과하는 것을 잊지 말아야 한다.

⑥ 남에게 실수했을 때는 '죄송합니다.' 도움을 받았을 때는 '감사합니다.'라는 뜻을 분명하게 밝힌다.

⑦ 보행 시 영국, 홍콩, 싱가포르, 호주, 일본 등은 한국과는 달리 자동차가 좌측통행을 하므로 좌우를 잘 살피며 길을 건너야 한다. 이들 나라는 일본을 제외하고는 대부분 영연방국가이며 왕실마차의 마부석이 오른쪽이라서 그런 전통에 따라 자동차의 운전석도 오른쪽에 만들었다고 한다.

⑧ 택시를 탈 때 우리나라와 같이 아무데서나 손을 들어 택시를 세우는 일은 드물다. 일반적으로 택시 정류장에서 타거나 콜택시를 이용한다.

⑨ 인도네시아, 말레이시아, 태국에서는 머리를 신성시하므로 어린 아이라도 머리를 만지지 않도록 한다.

⑩ 태국은 불교국가로 불상과 승려를 신성시한다. 따라서 사찰에 입장할 경우에 반바지 차림은 삼가야 한다. 여성관광객들이 승려와 악수하는 행위도 금지된다.

⑪ 이슬람이 국교인 인도네시아, 말레이시아, 중동 국가에서는 남에게 물건을 받

을 때는 오른손을 사용해야 한다.

⑫ 홍콩인에게 시계선물은 하지 않는 게 좋다.

⑬ 중국에서 흰색, 검은색은 화를 부르는 색깔로 여기므로 가급적 피하는 것이 좋다(예를 들어, 봉투나 선물 포장지를 선택할 때). 녹색도 많은 중국인들이 기피하는 색깔이다.

⑭ 일본인과 중국인은 짝을 이루는 물건이 행운을 가져다준다고 생각하므로 선물을 할 때는 짝으로 된 세트를 고르는 것이 좋다.

⑮ 중국에서는 외국인이 어떤 종교든 전도・선교하는 행위가 금지되어 있다.

⑯ 미국식 'OK' 사인(링사인)은 나라마다 다른 의미가 있다는 점에 유의해야 한다. 한국과 일본에서는 돈을 뜻하지만 중남미 국가에서는 외설적인 의미로, 프랑스에서는 '가치 없다'는 의미로 통한다. 그리스에서는 '동성애'를 나타낸다.

⑰ 한국, 미국, 유럽에서는 손바닥을 바깥쪽으로 하여 'V'자 사인을 보내면 '승리'의 의미로 받아들인다. 반면 그리스에서는 지독한 욕이 된다. 그리스인들이 승리의 사인을 할 때는 상대방에게 손등을 보이면서 검지, 장지로 'V'자를 만든다. 상대방에게 손등을 보이는 'V'자는 영국, 프랑스에서는 '꺼져버려'라는 의미다.

⑱ 미국과 유럽에서 동성끼리 손잡고 다니면 동성애자가 된다.

⑲ 우리나라, 유럽, 미국 등 대부분의 나라에서 '안녕'의 의미로 손바닥을 상대방을 향해 좌우로 흔들지만 그리스에서는 '당신의 일이 잘 되지 않기를 바란다.'는 부정적인 의미가 있으므로 조심해야 한다.

⑳ 유럽에서 엄지로 코를 미는 것은 남을 비웃고 조롱할 때 하는 몸짓이다.

㉑ 유럽, 남미에서 여성의 오른손을 잡고 손등 위에 입을 맞추는 것은 존경과 아름다움을 칭찬하는 의미가 담겨 있어 여성이 좋아하는 인사법이다.

㉒ 장지(가운데 손가락)를 뻗쳐 세우는 것은 외설적으로 나쁜 의미가 있다.

㉓ 고개를 상하로 끄덕이는 것은 대부분의 나라에서 'Yes'의 긍정적 의미로 받아들이는 반면 불가리아 및 그리스에서는 'No'의 부정적 의미(모르겠다, 아니다)로 받아들인다.

㉔ 검지와 장지 사이로 엄지를 내미는 것은 한국에서 외설적으로 나쁜 의미가 있고 유럽에서도 경멸의 의미가 있으나 브라질에서는 행운의 상징으로 해석한다.

㉕ 미국에서는 검지 위에 장지를 얹어 손을 들면 '행운이 따르기를 바란다.'는 의미가 있다. 인사를 받는 사람은 상대방에게 감사하다는 표현을 한다.

㉖ 싱가포르에서는 길거리에 침을 뱉거나 휴지, 담배꽁초를 버리거나 무단횡단을 하면 무거운 벌금을 물어야 한다.

㉗ 인도에서는 여자와 인사할 때 악수를 하지 않고 합장하여 허리를 약간 숙인다.

㉘ 호주에서는 입을 가리고 웃으면 입 냄새가 나는 사람으로 오해를 받는다.

㉙ 미국에서는 재채기를 한 후에 미안하다고 말해야 하지만 코를 풀 때는 유럽에서처럼 생리적으로 자연스러운 현상으로 인정되므로 굳이 미안하다고 양해를 구하지 않아도 된다. 다만, 코를 풀 때 탱탱 소리를 내어 너무 크게 풀지 말고 조심스럽게 푸는 것이 좋다.

㉚ 멕시코에서는 뒷주머니에 손을 넣거나 엉덩이에 손을 갖다 대면 도전하는 것으로 오해하니 조심해야 한다.

㉛ 영국인들은 신체적 접촉을 싫어하기 때문에 처음 소개받았을 때 무리해서 악수를 하지 않는 것이 더 좋다.

㉜ 프랑스에서는 장례식 때 주로 카네이션을 많이 사용하기 때문에 일반 선물로 카네이션 꽃을 선물하지 말아야 한다.

㉝ 그리스에서는 상대방을 향하여 손바닥을 펴 보이면 상대를 저주한다는 의미

이므로 조심해야 한다.

㉞ 아프리카에서는 사진을 찍으면 혼을 빼앗긴다고 생각하는 부족도 있으므로 사진촬영을 할 때는 반드시 사전에 허락을 받아야 한다.

㉟ 유럽과 미국 등에서는 어디서나 항상 'Lady First'란 사실을 알고 실수하지 않아야 한다.

㊱ 대부분의 나라에서는 주먹을 쥐고 엄지를 위로 올리면 '매우 잘 한다', '매우 좋다' 등의 긍정적인 의미이고 아래로 향하면 '형편없다'는 뜻이다. 그러나 그리스에서는 엄지를 위로 올리면 '입 닥쳐'의 의미이고 러시아의 일부 지역에서는 동성연애자의 사인으로 해석되기도 한다.

㊲ 이탈리아인들은 '별로 재미없다. 꺼져버려라'의 의미로 턱을 두드린다.

㊳ 귀 주변이나 머리 옆쪽에서 검지로 원을 그리면 대부분의 나라에서는 '너 미쳤구나.'라는 의미로 통하니 조심해야 한다.

㊴ 중동의 여러 국가에서는 손가락으로 사람을 가리키며 말하는 것은 매우 무례한 행동으로 간주된다.

㊵ 유럽과 미국에서는 양 손바닥을 하늘로 향하면서 양 어깨를 위로 으쓱 올리는 동작은 '나는 잘 모르겠다.', '내가 뭘'하는 정도의 뜻이다.

제9장

직장예절

1| 직장 내 예절

1) 직장예절의 중요성

직장이라고 하는 곳은 서로 다른 사람들이 만나 공동의 목표를 가지고 함께 일하는 장소이다. 직장은 서로 협력하면서도 더 큰 성공을 위해 서로 선의의 경쟁을 해야만 하는 곳이다. 경쟁에서 승리하기 위해서는 개인의 능력만 가지고는 안 된다.

좋은 직장이란 사랑하는 마음을 가지고 조직원과 원활한 관계를 유지하면서 매사에 남을 배려하고 베풀고 격려하고 돕고 칭찬을 아끼지 않는 가운데 목표달성을 위해 매진하는 그런 직장일 것이다.

미국 카네기재단에서 성공한 사람 일만 명을 대상으로 5년 동안 '성공의 비결'을 물었더니 응답자 85%가 '인간관계를 잘했기 때문'이라고 답했다. 또 미국 컬럼비아

대학교 MBA과정에서 우수기업 CEO을 대상으로 '당신이 성공하는 데 가장 큰 영향을 준 요인은 무엇인가'라고 질문했더니 놀랍게도 능력, 기회, 운運 등이 아니고 '매너'manners를 꼽았다. 프랑스에서는 매너를 '삶을 멋있게 그리고 성공적으로 영위할 줄 아는 방법'이라고 정의한다. 의미가 있는 정의이다.

성공적인 직장생활을 위해서는 직장예절에 대해 많은 관심을 가질 필요가 있다.

2) 용모와 복장예절

직장에서 좋은 이미지를 만들고 이를 유지하려면 용모와 복장에 많은 신경을 써야 한다. 옷은 일반적으로 시간, 장소, 상황에 맞게 입어야 한다. 직장에서 복장은 자신의 이미지뿐만 아니라 직장 전체의 이미지를 위해서도 매우 중요하다.

(1) 남사원의 용모와 복장

① 용모

<두발>

- 두발은 비듬이 떨어지거나 냄새가 나지 않도록 관리해야 한다.
- 단정하고 세련된 느낌을 주어야 한다.
- 뒷머리는 드레스 셔츠 칼라에 닿지 않는 게 좋다.
- 향취가 강한 헤어제품은 사용하지 않는다.

<얼굴>

- 얼굴에 기름기가 끼어 번들거리지 않아야 한다.
- 매일 아침 면도를 해야 하고 코털이 밖으로 나오지 않도록 한다. 남성들의

수염은 면도 후 약 4시간이 지나면 다시 자라 나온다.

- 구레나룻은 귀밑으로 내려오지 않도록 하고 코밑수염(콧수염)은 기르지 않는게 좋다.
- 입술이 마르지 않도록 립밤을 바르는 등 관리를 해야 한다.
- 눈꼽은 수시로 떼어 내야 한다.

<복장과 구두>

- 머리카락, 비듬이 재킷 어깨 위에 얹혀 있지 않도록 수시로 털어낸다.
- 주머니에 물건을 넣어 불룩해지지 않도록 한다. 지갑, 명함지갑, 손수건 이외의 것은 가방에 넣고 다닌다.
- 바지의 주름선이 두 개로 되지 않도록 다리미질에 신경을 쓰고 바짓단이 구두 굽의 2분의 1 내지 3분의 2 정도 내려오는 것이 보기 좋다.
- 드레스 셔츠는 구김이 없어야 하고 칼라와 소매 끝부분이 깨끗해야 한다.
- 드레스 셔츠 소매는 재킷 소매에서 1~1.5cm 정도 나오게 입는다.
- 넥타이는 얼룩이 없도록 세탁한 것을 넥타이 끝이 벨트의 버클 밑 부분까지 내려오도록 맨다.
- 넥타이 색상은 드레스 셔츠 및 양복 상의와 조화를 이루어야 한다.
- 혁대의 색깔은 구두 색상과 같아야 한다.
- 양말은 바지 혹은 구두색과 비슷해야 한다(바지색에 맞춤이 무난함).
- 구두는 검은색이나 갈색이 무난하고 항상 깨끗하도록 관리를 잘 해야 한다.
- 구두 굽은 어느 정도 닳으면 바꾼다.
- 구두 뒤축을 구겨 신지 않는다.

(2) 여사원의 용모와 복장

① 용모

<두발>

- 본인의 직업과 얼굴형에 맞는 헤어 스타일로 세련되면서도 단정한 느낌을 주어야 한다.
- 되도록이면 짙은 염색이나 부분 염색(블리치 또는 블리치 컬러)을 하지 않는다.
- 냄새가 나지 않아야 한다.

<얼굴>

- 색조화장은 진하게 하지 않는다.
- 화장기 없는 얼굴은 게으른 인상을 줄 수가 있다.
- 입술관리를 잘 해야 하고, 너무 진하거나 번들거리는 립스틱은 바르지 않는다.
- 눈썹 연장술로 속눈썹을 너무 길게 만들지 않도록 한다.
- 파운데이션 색상은 자기의 얼굴색과 비슷한 것으로 한다.

<손톱>

- 손톱길이가 지나치게 길지 않도록 한다.
- 매니큐어 색상은 너무 진하거나 튀지 않아야 한다.

<복장>

- 자신의 업무성격에 맞는 복장을 해야 한다.
- 같은 복장을 며칠씩 계속 입지 않도록 한다.
- 지나치게 짧거나 긴 치마는 입지 않는다.
- 노출이 심한 상의는 입지 않는다.

- 몸에 너무 끼는 등 근무에 지장을 주는 옷은 입지 않는다.

<액세서리>

- 너무 화려하거나 눈에 띄는 귀걸이, 목걸이, 반지 등은 하지 않는다.
- 근무 중에는 팔찌, 발찌를 끼지 않는다.
- 팔찌형의 시계는 착용하지 않는다.

<스타킹과 구두>

- 색깔이 짙은 스타킹과 그물 스타킹은 신지 않는다.
- 스타킹에 줄이 나가지 않았는지 수시로 점검한다.
- 색깔이 튀는 색의 구두는 신지 않는다.
- 굽이 너무 높거나 부담스런 모양의 구두는 신지 않는다.
- 쇠징이 박힌 굽의 구두는 걸어 다닐 때 요란하므로 신지 않는다.
- 다른 부서로 볼일 보러 가거나 외근하러 나갈 때 슬리퍼형 구두나 샌들은 신지 말아야 한다. 앞뒤가 막힌 모양의 구두를 신는다.

<향수>

- 향수는 적당량을 뿌려야 한다.
- 식사자리에서 진한 향수냄새는 음식의 맛을 떨어뜨린다.
- 향수는 한쪽 손목에 뿌린 다음 다른 손목을 엇갈려 위, 아래로 두세 번 톡톡 친다.
- 귀 뒤쪽이나 무릎 위에 살짝 뿌린다.
- 은은한 향을 원한다면 향수를 공중에 뿌린 다음 그 밑으로 지나가거나 발목에 약간만 뿌린다.

- 옷 입기 전에 허리부분에 뿌린다.
- 남성은 넥타이 안쪽 아랫단에 뿌린다.

3) 출 · 퇴근할 때의 예절

(1) 출근 때

① 상사보다 일찍 출근하여 근무부서의 환경을 쾌적하게 만들고 정리정돈이 잘되어 있는지를 살핀다.

② 하루일과를 점검하고 일의 순서를 계획한다.

③ 상사가 출근하면 자리에서 일어나서 인사한다.

④ 사정상 결근이 불가피하거나 지각을 했을 경우에는 상사에게 사유를 먼저 보고한다.

⑤ 다른 사무실이나 작업장에 들어서면 상사나 동료를 향해 “안녕하십니까?”라고 먼저 인사한다.

(2) 퇴근할 때

① 그날 해야 할 일들을 다 마쳤는지 점검한다.

② 하던 일은 다음 날에 할 수 있도록 잘 정리해 둔다.

③ 그 날까지 처리해야 하는 일은 야근을 해서라도 끝마친다.

④ 퇴근 준비는 근무시간이 끝난 다음에 한다.

⑤ 책상을 항상 깨끗하게 정리정돈하고 사무용품, 서류 등은 지정된 장소에 갖다 둔다.

⑥ 가장 늦게 퇴근하는 사람은 전등, 컴퓨터 등의 전원이 꺼져 있는지 확인하고 사무실의 보안점검을 잘 해야 한다.

⑦ 다른 사람보다 먼저 퇴근할 경우에는 “먼저 가겠습니다.”, “먼저 가보겠습니다”, “먼저 실례하겠습니다.”라고 인사를 분명하게 하고 퇴근하도록 한다.

⑧ 상사보다 먼저 퇴근할 때에는 “이제 더 이상 용무는 없습니까. 없다면 먼저 퇴근해도 괜찮겠습니까?”라고 정중하게 물어본 후에 퇴근하도록 한다.

4) 근무할 때의 예절

(1) 근무할 때 자세가 좋아야 이미지가 좋고, 자신의 건강에도 좋다

① 서 있을 때의 바른 자세

- 남성은 발뒤꿈치를 붙이고 ‘발이 V’자 모양으로 서고, 여성은 발이 ‘II’자 혹은 어긋난 ‘V’ 모양으로 선다.
- 허리는 S라인이 되도록(약 35도) 하면서 아랫배에 힘을 주고 가슴과 어깨를 펴서 똑바로 선다.
- 턱을 당기고 입 끝에 약간 힘을 주되 부드러운 표정을 한다.
- 두 손을 공수拱手할 경우 남성은 왼손을 오른손 위로, 여성은 오른손을 왼손 위로 하여 엄지끼리 깍지 끼고 아랫배에 댄다.

② 앉아 있을 때의 바른 자세

- 남성은 두 다리를 자신의 어깨너비만큼 벌리고 허벅지는 허리너비만큼 좁힌다. 여성은 두 무릎을 붙인다. 양손을 무릎 위에 놓을 경우에는 남성은 왼손을 위로 하여 엄지끼리 깍지 끼고 공수拱手하여 허벅지 사이에 얹는 것

이 좋다. 여성은 오른손을 위로 하여 엄지끼리 깍지 끼고 공수拱手하여 무릎 중앙 혹은 오른쪽 허벅지 위에 놓는다.

- 허리가 S라인이 되도록 상체를 똑바로 하고 의자바닥에 미골(꼬리뼈)이 닿지 않게 앉는다. 휴식 때를 제외하고 이같이 기본자세를 유지하도록 노력한다.
- 근무할 때 컴퓨터의 모니터는 고개를 숙이지 않을 정도의 높이가 적당하다. 책도 '독서대' 위에 놓고 읽는 것이 좋다.

③ 자리에서 일어날 때의 바른 자세

- 양손을 공수拱手하여 무릎 위에 힘을 주며 한 박자에 일어난다.
- 앞에 탁자가 있을 경우에는 의자를 소리 나지 않게 뒤로 밀고 의자 팔걸이에 손을 짚고 일어나거나 공수拱手하여 무릎 위에 손을 짚고 일어난다.

④ 걸을 때의 바른 자세

- 가슴을 펴고 아랫배에 힘을 주며 등은 똑바로 세운다.
- 앉아 있을 때처럼 미골이 위를 향하도록 한다.
- 양손과 양팔은 자연스럽게 내려 걸음속도에 맞춰 흔든다. 팔을 흔들 때 앞쪽보다는 뒤쪽으로 더 많이 흔든다.
- 걸을 때 발걸음 소리가 가장 작게 나도록 조용하게 'II'자 형태로 걷는다.

(2) 직장의 규정을 준수하며 단정하고 예의바른 근무 자세를 갖는다

① 책상 위에 엎드리거나 턱을 괴지 않는다.

② 다리를 떨거나 꼬고 앉지 않는다.

③ 하품을 자주 하거나 기지개를 마음껏 켜지 않는다.

④ 책상에 걸터앉지 않는다.

⑤ 의자는 당겨서 앉고 자리에서 일어나서는 탁자 밑으로 의자를 밀어 넣는다.

⑥ 거리가 떨어진 동료에게 말할 때는 옆으로 다가가서 낮은 소리로 말한다.

⑦ 사무실에서 화장하거나 손톱을 깎지 않는다.

⑧ 상사가 부르면 상사 쪽을 향해 "네" 하고 대답한다.

⑨ 개인적인 전화는 최대한 짧게 하고 잡담은 삼간다.

⑩ 사무용품은 사용 후 제자리에 갖다 놓는다.

⑪ 점심시간은 지정된 시간을 엄수한다.

⑫ 근무시간에 업무와 관련 없는 책을 읽거나 개인적인 일은 하지 않는다.

⑬ 업무는 미루지 말고 미리미리 하도록 한다.

⑭ 전화 통화나 옆 사람과의 대화는 낮은 소리로 한다.

⑮ 자리를 비울 때는 옆 사람에게 행선지를 알린다.

⑯ 출장과 외출은 사전에 상사의 허락을 받는다.

⑰ 바로 옆에 있는 타 부서의 전화는 그 쪽에 사정이 있으면 대신 받아준다.

⑱ 외출 시에는 "다녀오겠습니다.", 외출 후에는 "다녀왔습니다."라고 인사한다.

5) 근무 시 유의사항

(1) 상사의 지시를 받는 요령

① 상사가 부르면 상사 쪽을 향해 "네" 하고 대답한다.

② 상사가 오라고 하면 메모 준비를 해서 가지고 간다.

③ 메모할 경우에는 지시명령의 6하 원칙5W1H을 머리에 두고 한다. 6하 원칙은

왜Why 무엇을What 누가Who 언제When 어디서Where 어떻게How이다.

④ 상사에게 즉시 못갈 경우에는 사정얘기를 한 후에 "죄송합니다. 곧 가겠습니다."라고 양해를 구한다.

(2) 보고요령

① 일이 끝나면 즉시 보고한다.

② 우선순위를 가려서 보고한다.

③ 중간보고가 필요할 경우에는 적절한 시기에 한다.

④ 업무가 끝나는 대로 신속하게 보고한다.

⑤ 지시한 사람에게 보고한다.

⑥ 상대방이 이해하기 쉽도록 보고한다.

⑦ 보고할 때 되도록 표준어를 쓰고 전문용어는 가능하면 쓰지 않는다.

⑧ 보고는 체계적으로 조리 있게 한다.

(3) 결재 받을 때의 요령

① 결재를 받을 때는 상사의 방 입구에서 '목례'를 한 다음, 상사의 책상 전면으로 가서 '보통례'(30도 인사)를 한 후에 책상으로 다가가서 상사가 읽기 쉬운 방향으로 결재서류를 펼쳐 보인다.

② 상사가 자기의 옆으로 와서 설명하라는 지시가 있기 전까지는 상사의 옆에 서지 않고 정면에 서있는 것이 바른 자세이다.

③ 결재를 받을 때는 해당 내용에 대해 완전히 숙지하고 있어야 한다.

(4) 업무요령

① 업무에 관련된 정보를 끊임없이 습득한다.

② 주어진 업무에 대한 실수가 두 번 이상 반복되어서는 안 된다.

③ 대인관계에서 신뢰를 쌓아 필요할 때 동료들의 도움을 받을 수 있도록 한다.

④ 직장 기밀 유지에 신경 쓰고 주의한다.

⑤ 직장 내에서는 공·사를 엄격하게 구분하여 일을 해야 한다.

(5) 거래처 방문요령

① 상대방에게 미리 방문연락을 한다.

② 방문하는 당일에 다시 확인전화를 한다.

③ 방문목적과 용건을 확실하게 정리하고 방문한다.

④ 약속시간보다 일찍 도착했을 경우에는 상대방의 사정을 알아본다.

⑤ 상대 쪽에서 권하는 자리에 앉는다.

⑥ 만나는 사람이 초면일 때는 인사하고 명함을 교환한 다음 용건을 얘기한다.

⑦ 방문시간은 최대한 단축시킨다.

6) 계단과 복도 예절

① 계단을 올라갈 때는 남성이 여성보다 앞서 올라가고 내려갈 때는 여성이 먼저 내려가는 것이 기본 예의이다. 계단의 경사가 심하거나 미끄러울 경우에는 예외적으로 행동해도 좋다.

② 계단에서 상급자를 만난 경우에는 먼저 목례를 한 후, 상급자가 위치한 계단으

로 최대한 빨리 올라가거나 내려가서 인사한다.

③ 복도에서 상급자가 멀리서 보이면 최대한 빨리 뛰어가서 상급자에게 인사한다.

④ 여성이 계단을 이용할 때에는 몸을 약간 비껴 오른쪽으로 틀고 안쪽 무릎을 스치며 올라가고 내려가면 품위도 있고 더 안전하다.

7) 안내예절

① 내방객을 안내할 때는 내방객의 오른쪽 대각선 방향에서 1~2걸음 앞서 걸으면서, 잠깐씩 뒤를 돌아보며 내방객과 보조를 맞춘다. 내방객을 수행할 때는 내방객의 오른쪽 1~2걸음 뒤에서 수행한다(아래 그림 참조).

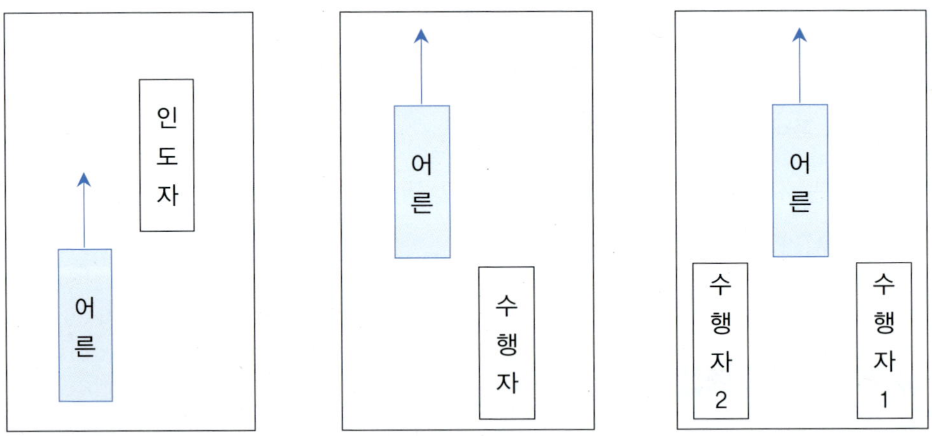

(어른을 인도할 때) (1인이 어른을 수행할 때) (여럿이 어른을 수행할 때)

▣ 어른을 인도할 때는 어른의 우측 2~3보 앞에서 인도한다.
▣ 어른을 1인이 수행할 때는 수행자가 어른의 우측 2~3보 뒤에 선다.
▣ 여러 사람이 어른을 수행할 때는 어른을 중앙에 모신다.
▣ 도로나 위험한 곳에서는 어른을 안전한 쪽으로 모신다.

② 복도를 걷다가 방향이 바뀌거나 계단에 이르렀을 때는 걸음을 멈추고 내방객과 시선을 맞추면서 갈 방향을 손으로 가리키면서 다시 걷는다.

③ 엘리베이터를 이용할 때 안내원이 없으면 안내자가 먼저 타서 엘리베이터를 안전하게 조작하면서 내방객을 나중에 타게 하고 먼저 내리게 한다.

④ 엘리베이터를 이용할 때 안내원이 있으면 내방객을 먼저 태우고 먼저 내리게 한다.

⑤ 엘리베이터 안에서 상석은 일반적으로 조작버튼과 거리가 먼 안쪽이다.

⑥ 회전문에서는 내방객을 먼저 통과하게 한다.

⑦ 문을 열고 안내할 때 당겨서 여는 문에서는 "잠시만 기다려 주십시오."라고 말하여 내방객을 잠시 멈추게 한 다음, 문을 두 손으로 공손하게 열고 문 옆에 서서 내방객에게 "안으로 들어가십시오."라며 두 손으로 문 안쪽 방향을 가리킨다.

⑧ 문을 열고 안내할 때 밀어서 여는 문에서는 "잠시만 실례하겠습니다."라고 말하여 내방객을 잠시 멈추게 한 다음, 안내자가 문을 밀고 먼저 들어가서 문을 활짝 열어 놓은 뒤에 문 옆에 선 다음, 내방객에게 "안으로 들어오십시오."라며 두 손으로 문 안쪽 방향을 가리킨다.

⑨ 방향을 가리킬 때는 한 손과 양 손을 사용할 수 있다. 한 손을 사용할 경우에는 한 손의 손가락은 붙이고 방향지시는 45도로 비스듬히 하며 다른 한 손의 손바닥을 가리킨 손의 팔꿈치에 갖다 댄다. 양손을 사용할 경우에는 손바닥이 위를 향하게 하여 팔 길이가 다르게 엇비슷하게 붙인다.

⑩ 방향을 가리킬 때 안내자는 먼저 상대방 눈을 본 뒤, 손으로 안내방향을 가리키면서 안내방향을 바라본 후, 다시 상대방의 눈을 본다.

⑪ 안내할 때 "이쪽으로 오세요.", "저 따라 오세요."라고 하는 것보다는 "제가 안내해 드리겠습니다."라고 하는 편이 더 품위가 있다.

⑫ 방문객이 질문할 경우에 안내자는 먼저 방문자의 질문내용을 반복하여 확인한 다음 안내한다("원무과를 찾으십니까?"/ "원무과를 찾으시는군요.").

⑬ 말로 안내를 해주어도 방문객이 찾기가 힘든 곳이라면 손님을 직접 안내하는 것이 좋다.

8) 좌석배치 예절

① 좌석을 정할 때는 손님 중 가장 중요한 분(주빈)을 생각한 후에 좌석배치를 해야 한다.

② 실내에서는 전망이 좋거나, 그림이 보이거나, 무대가 잘 보이는 자리, 또는 출입구에서 먼 안쪽 자리가 상석이다.

③ 사무실에서는 책상에서 먼 쪽, 입구에서 먼 쪽, 창이 보이는 곳이 상석이다.

④ 착석할 때는 여성이 먼저 앉고 난 후에 남성이 앉도록 한다.

⑤ 남성과 여성은 섞어서 앉는다.

⑥ 부부가 초대 받아 좌석에 앉을 때는 보통 테이블을 사이에 두고 마주 앉는다.

⑦ 주빈의 친척, 친구, 가족은 말석에 앉아야 한다.

⑧ 의자의 종류가 다양할 때는 앉았을 때 편안한 순으로 앉는다(긴 의자 < 팔걸이 의자 < 등받이 의자).

동양이나 서양이나 주빈의 오른쪽이 상석이다.

〈응접실에서의 좌석 배치도〉

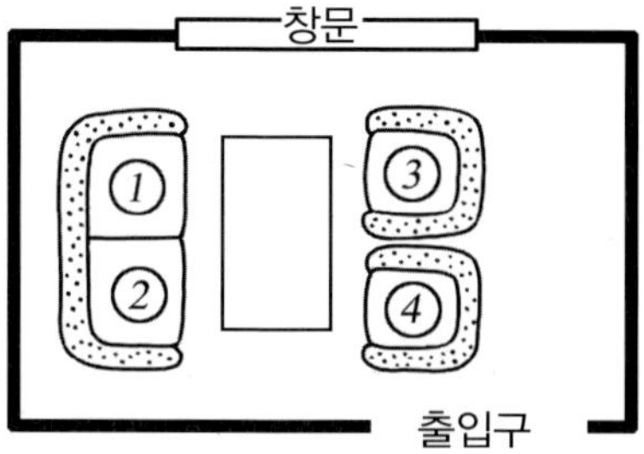

긴의자와 팔걸이 의자 2가지가 있을 때는 출입구에서 먼 위치가 상석이다(번호순).

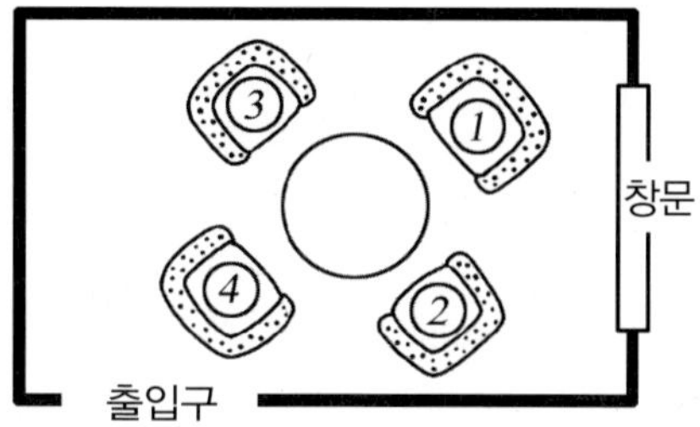

응접실의 문에서 먼 위치가 상석이다(번호순).

9) 다과茶菓 접대예절

① 사무실에서 내방객에게 차를 대접하는 것은 일반적인 관례이다.

② 차를 대접할 때 자리에 앉아 있는 사람들에게 준비된 차의 종류를 먼저 알려준 뒤 각자가 선택한 차를 대접한다.

③ 회의나 면담이 본론으로 진행되기 전에 차를 빨리 준비하여 방문을 가볍게 노크한 뒤 2~3초 후에 안으로 들어간다.

④ "실례합니다"라고 말하면서 탁자에 쟁반을 안전하게 올려놓은 후, 양손으로 찻잔을 공손하게 놓는다. 보조탁자가 있으면 쟁반은 보조탁자 위에 놓는다. 쟁반을 탁자 위에 놓는 것이 적절치 않은 상황이라면 왼손으로 쟁반을 들고 오른손으로 찻잔을 놓는다.

⑤ 내방객이 두 명 이상일 경우에 가장 상석의 내방객부터 순서대로 차를 대접하고 나서 본사의 윗분부터 직급순서대로 차를 대접한다. 다과를 대접할 때는

과자류를 먼저 중앙에 놓은 다음 찻잔을 각자 앞에 놓는다. 과일, 과자, 차를 각 개인에게 접대할 경우에는 과일·과자는 개인의 왼쪽에, 차는 오른쪽에 놓는다.

⑥ 차를 대접할 때 앉아 있는 사람의 오른쪽에서 두 손으로 공손히 찻잔을 놓는다.

⑦ 차를 준비할 때 찻잔을 뜨거운 물로 따뜻하게 데워 놓으면 차의 맛이 더 좋아진다.

⑧ 커피잔을 놓을 때 커피잔의 손잡이는 오른쪽으로 한다(유럽식은 커피 잔의 손잡이를 왼쪽으로 해서 커피잔을 내놓으면 마시는 사람이 커피잔을 오른쪽으로 돌려서 마신다). 커피스푼은 커피잔 오른쪽 앞쪽에 놓는다. 커피스푼을 사용한 후에는 커피잔 뒤쪽에 놓는다(블랙커피일 경우에는 커피스푼을 커피잔 오른쪽 뒤쪽에 놓아도 괜찮다).

⑨ 테이블 위에 서류가 있을 때는 미리 허락을 받고 치운 후에 찻잔을 놓는다.

⑩ 장시간 미팅이 이루어지면 상황을 살핀 후에 차를 다시 대접해도 좋다.

⑪ 찻잔을 모두 놓은 다음, 오른손으로 쟁반의 밑바닥이 몸 쪽으로 오게 잡고, 왼쪽 겨드랑이에 끼는 것처럼 세운 뒤 조용히 두세 걸음 뒷걸음 한다거나, 또는 옆으로 2~3걸음 하다가 돌아서 나오다가, 입구에서 목례를 하고 나오면 가장 정중한 예절이 될 것이다.

10) 물건 건네는 예절

① 우리나라는 양손 문화이기 때문에 물건을 건네는 사람은 받는 사람이 편하도록 두 손으로 준다.

② 시선은 '상대방의 눈 → 건네는 물건 → 다시 상대방 눈'의 3전법으로 건넨다.

③ 물건의 종류에 따라 상대방이 보기 쉽게, 받기 쉽게, 사용하기 쉽게, 위험하지

않게 받을 수 있도록 건넨다. 위험한 물건은 가로나 세로의 방향이 아니라 '사선방향'으로 전달한다.

④ 손잡이가 있는 물건은 손잡이를 잡고 건넨다.

⑤ 음식을 담은 그릇의 안쪽이나 컵, 잔 등의 입이 닿는 부분에 손이 닿지 않도록 전한다.

⑥ 물건을 바닥에 놓거나 들 때는 앉아서 놓고 앉아서 든다.

⑦ 앉아 있는 사람에게는 앉아서, 서있는 사람에게는 선 상태에서 건넨다.

⑧ 공공장소에서 통장이나 잔돈 등을 담는 플라스틱 용기를 건넬 때는 카운터 위에서 밀어서 넘겨주지 말고 물건을 들어서 전한다.

11) 배웅예절

① 내방객이 볼일을 다 마치고 일어설 때 내방객이 혹시 자기 물건을 놓고 일어서지는 않는지 살핀다.

② 내방객을 만난 자리에서 배웅할 것인지, 방문 앞까지 배웅할 것인지, 엘리베이터 앞까지 배웅할 것인지를 잘 판단해서 정성껏 배웅한다. 어디까지 배웅하든지 내방객이 안 보일 때까지 그 자리에 잠시 머무른다.

③ 대접을 해야 할 대상이라면 엘리베이터 앞까지 가서 배웅하는 것이 예의이다.

④ 연세가 많은 내방객은 아래 직원에게 주차장, 택시정류장 등까지 안내하도록 한다.

⑤ 필요한 경우 주차장에 연락하여 내방객의 승용차를 대기하도록 조치를 한다.

12) 직장에서의 호칭

① 상급자에 대한 호칭

① 상사에게는 성과 직위 다음에 '님'을 붙인다("강 부장님", "김 과장님").

② 상사를 직접 부를 때는 성을 빼고 부른다("이사님", "부장님", "과장님").

③ 다른 부서의 상급자는 부서명, 직급, '님'을 함께 붙인다("인사부장님", "총무부장님").

(2) 하급자와 동급자에 대한 호칭

① 하급자나 동급자에게는 성과 직위, 또는 직급명으로 호칭한다("김 과장", "영업부장").

② 초면이나 선임자에게는 '님'을 붙인다.

③ 직책과 직급명이 없는 사람에게는 이름 혹은 성에다 '님', '씨', '선생', '여사' 등을 붙인다.

④ 하급자라도 자기보다 연상일 때는 높여서 호칭한다('이 선생님', '김 과장님', '김 여사님').

(3) 혼돈하기 쉬운 호칭

① 사무실 명칭에서는 존칭을 쓰지 않는다("사장님실" → "사장실").

② 문서상에서는 상사라도 존칭을 생략한다("부장님 지시" → "부장 지시").

③ 당사자가 있는 자리에서 지시사항을 전달할 때에는 '님'을 붙인다("사장님 지시사항을 말씀 드리겠습니다").

(4) 틀리기 쉬운 호칭과 표현법

① 직장에서 '미스터', '미스' 등의 호칭은 한국인의 긍지를 생각해서라도 쓰지

않는 것이 바람직하다. 대신 이름 뒤에 '님', '씨'를 붙인다('씨'보다 높인 호칭이 '님'이다).

② 업무상 찾아온 사람에게는 '손님'이 순수한 우리말로 가장 좋다. 요사이 흔히 '고객님'이란 호칭을 많이 쓰는데 '고객'(영업장에 찾아 온 손님)이라는 단어 속에는 이미 손님이란 의미가 있기 때문에 이중적이고, 국립국어원에서는 '고객'은 순화대상어, 즉 다듬어 써야 할 단어로 분류한다. 따라서 '고객님'이라고 해도 되지만 '손님'이라는 호칭을 권장한다.

③ 직장에서 자기보다 직급이 높거나 연상자에게는 직급에다 '님'을 붙여 부른다. 연하자에게는 이름 뒤에 '님', '씨'를 붙이는 게 좋다. 나이차이가 많은 연하자는 이름 뒤에 '군', '양'을 붙여도 무방하다.

④ 직장에서 자신의 배우자에 대해 얘기할 때 상사나 동기 앞에서는 높임말을 써서는 안 된다("우리 남편이 출장가셨어요."<X>).

⑤ 상급자의 자녀를 지칭할 때는 '아드님', '따님', '자녀분'이라고 한다. 하급자의 자녀에 대해서는 "김 대리 딸은 몇 살이야?", "자네 아들은 몇 살이야?"라고 표현한다.

⑥ 1992년 국립국어원에서 제정한 '표준화법'에 의하면 직장에서 하급자가 상급자에 관해 더 직위가 높은 상급자에게 얘기할 때는 호칭도 높이고 행위도 높여야 한다. 예를 들어, 말단 사원이 "사장님, 김 부장님이 외출하셨습니다."라고 말하는 것이 맞는 표현이라는 것이다. 하지만 직장에서 이렇게 표현하면 사장님의 마음이 불편하지 않을까 생각된다. 따라서 이런 상황에서는 호칭은 높이고 행위는 낮춰서 표현하는 것이 무난하지 않을까 싶다. 즉, 어법을 떠나서 "사장님, 김 부장님이 외출했습니다."라고 하면 적절할 것 같다.

13) 직장 전화예절

직장전화는 대면응대보다 더 중요하다. 얼굴을 보지 않고 대화를 나누기 때문에 의사소통에 많은 문제가 생길 수 있다. 불친절한 전화응대로 직장의 이미지를 떨어뜨리는 잘못을 범할 우려가 있다. 직장인은 직장 전화 예절의 중요성을 십분 인식할 필요가 있다.

직장 전화응대 4요소는 신속, 친절, 정확, 간결이라 할 수 있다.

(1) 전화 받는 법

① 직장전화는 벨이 울리면 즉시 받는 게 좋지만 늦어도 세 번 이상 울리기 전에는 받도록 한다.

② 첫 응대는 '인사말, 회사명(부서명), 본인 이름' 순으로 말한다("감사합니다. 국민은행 김숙영입니다.", "정성을 다해 모시겠습니다. 인사과 김숙영입니다.").

③ 불가피해서 전화벨이 네 번 이상 울린 후에 전화를 받았을 경우에는 "전화 늦게 받아서 죄송합니다. 무엇을 도와 드릴까요?"라고 응대하는 것이 좋다.

④ 수화기를 왼손으로 들고 오른손은 메모할 준비를 해야 한다.

⑤ 중요한 내용은 반복해서 확인한다.

⑥ 고객 쪽에서 전화를 끊은 후에 수화기를 놓도록 한다.

⑦ 사적인 전화는 최대한 작은 목소리로 짧게 통화한다.

⑧ 상대방의 신분을 확인하고 싶을 때는 조심스럽게 "실례지만 누구신지 여쭤봐도 되겠습니까?"/ "누구시라고 전할까요?"가 무난하다.

⑨ 다른 부서를 찾는 잘못된 전화에 대해서는 "전화가 잘못 걸렸습니다. 찾으신 부서로 연결해 드리겠습니다. 혹시 끊어지면 '0000-0000'으로 전화를 다시 하

시기 바랍니다."라고 하는 것이 표준 응대법이다.

⑩ 상대방이 찾는 직원이 부재중일 때 : "김 과장님은 지금 외출중이십니다. 약 1시간 후쯤 통화가 가능합니다. 용건을 말씀해 주시면 전해 드리겠습니다."

⑪ 전화가 잘못 걸려 왔을 경우 : "아, 전화가 잘못 걸렸습니다. 여기는 경기대학교 평생교육원 교학팀입니다."

⑫ 통화자를 바꿀 경우 : "네, 잠깐만 기다려 주시겠습니까?"/ "네, 잠시 기다리시면 연결해 드리겠습니다."

⑬ 상황이 복잡해 통화가 힘들 경우 : "죄송합니다. 급한 일 때문에 통화가 어렵습니다. 전화번호를 말씀해 주시면 곧 다시 전화 드리겠습니다."/ "죄송합니다. 급한 일 때문에 통화가 어렵습니다. 잠시 끊고 계시면 '0000-0000'으로 곧 다시 전화 드리겠습니다."

⑭ 통화자가 다른 전화를 받느라 시간이 지체될 경우 : "김 과장님이 지금 통화가 길어지고 있습니다. 조금만 더 기다리셔야 될 것 같은데 괜찮으시겠습니까?"/ "김 과장님이 지금 통화가 길어지고 있습니다. 과장님 쪽에서 다시 전화 드리면 어떻겠습니까?"

⑮ 전언傳言을 받을 때는 자기의 이름을 알려 두도록 한다.

⑯ 전언傳言의 양식은 다음과 같다.

- 전화 왔었습니다.
- ○○월 ○○일 ○○시에
- ○○○ 님으로부터
- 전하는 말씀은
- ○○○-○○○○-○○○○로 전화 요청

⑰ 끝인사 : "감사합니다. 안녕히 계십시오.", "감사합니다. 좋은 하루 보내십시

오."("좋은 하루 되세요."라는 말은 어법상 틀린 표현이다)

(2) 전화 거는 법

① 전화 걸 준비를 한다

- 용건의 제목, 내용을 육하원칙5W1H에 따라 정리하여 메모하고 말할 순서를 미리 생각해 둔다.
- 필요한 서류나 자료를 챙겨 가까이 놓는다.
- 전화번호를 확인하고 버튼을 누른다.

② 상대가 전화를 받으면

- 먼저 자기의 소속과 이름을 대고 상대방을 확인한다.
- 인사는 간단히 하고 바로 용건으로 들어가야 한다.
- 용건은 간결하고 요령 있게 얘기한다.

③ 용건이 끝나면

- 통화내용 중 중요한 부분은 반복해서 확인한다.
- 원칙적으로 건 쪽이 먼저 끊는다. 상대방이 윗분이거나 고객이라면 상대방이 끊은 다음에 끊는다.

④ 전화를 잘못 걸었거나 도중에 끊어졌을 때

- 전화를 잘못 걸었을 때는 "전화를 잘못 걸었습니다. 죄송합니다"라고 정중하게 말하고 끊는다.
- 전화가 도중에 끊어졌을 때는 원칙적으로 건 쪽에서 다시 건다.
- 전화가 끊어져 다시 걸었을 때에는 "죄송합니다. 전화가 끊어졌습니다"라고

사과를 한 후에 통화를 계속한다.

⑤ 상대방이 부재중일 때

- 나중에 다시 걸 것에 대비하여 상대방이 통화가 가능한 시간을 알아둔다.
- 통화자에게 메시지를 남길 때는 용건을 분명하게 말하고 상대방의 이름도 알아둔다.

(3) 전화통화 시 주의사항

① 상대방에게 보이지 않는다고 해서 품위 없는 자세로 전화를 받거나 걸어서는 안 된다.

② 직장의 이미지를 생각해서 항상 듣기 편한 음성으로 정성을 다해 정중한 억양과 또렷한 발음으로 예의 바르게 통화한다.

③ 통화중에는 20~30%는 '－요', '－죠', 70~80%는 '－다', '－까'체의 격식체로 말한다.

④ 일반인이 알기 어려운 전문용어는 최대한 피해서 말한다.

⑤ 첫 응대는 '파'톤의 생기 있는 목소리로 응대하고, '미'톤으로 대화한다.

⑥ 통화자를 연결할 때는 최대한 빨리 해야 한다.

⑦ 통화자를 즉시 연결하지 못할 때는 사정얘기를 해야 한다.

⑧ 전화가 잘못 걸려왔을 때에 투박한 목소리로 "아니에요."하고 수화기를 덜컥 내려놓지 않도록 한다("아, 전화가 잘못 걸렸습니다. 여기는 가나중학교입니다.").

⑨ 전언傳言의 대상자에게는 신속하게 메시지를 전달한다.

⑩ 상대방을 기다리게 할 때는 홀드버튼을 사용하는 것이 좋다.

2| 면접 시 예절

기업의 신입사원 선발과정에서 필수적으로 이루어지는 게 면접이다. 우수 인재채용이 기업 경쟁력을 좌우하는 요인으로 인식되면서 최근 기업들은 입사 지원자들을 제대로 평가하기 위해 다양한 면접방식을 도입하고 있다.

관례적인 면접시험의 양상도 예전과는 많이 달라졌다. 웬만한 기업에서는 한 가지 면접방식이 아니라 두세 가지 방식을 채택해 두세 차례에 걸쳐 면접을 실시하고 있는 실정이다.

본 장에서는 다양한 면접의 방대한 내용 중 면접방식, 면접 시 주의사항, 면접태도와 면접요령, 면접화법과 면접의상, 면접 성공법에 중점을 두고 정리해 본다.

1) 면접방식

(1) 단독(개별)면접

지원자 한 사람과 면접관 한 사람이 개별적으로 질의 · 응답하는 방식이다. 개인의 특성을 파악하는 데 좋다. 경력자 채용 시 적합한 유형이다.

(2) 개인 면접

면접관 여러 명이 지원자 한 사람과 대면하여 질의 · 응답하는 방식이다. 면접관이 여러 명이므로 질문도 다양하기 때문에 지원자는 많은 장기를 보여줄 수 있다. 지원자는 질문을 한 면접관에게만 응답하는 태도를 취할 것이 아니라 면접관 전원을 향해 대답하는 기분으로 임해야 한다. 따라서 시선은 질문한 면접관에게 60% 정도, 나머지 면접관에게도 40% 정도 시선을 주면 된다.

(3) 집단면접

면접관 여러 명이 지원자 여러 명을 한꺼번에 평가하는 방식이다. 시간 절약에는 좋지만 지원자끼리 서로 비슷한 대답을 했을 경우 불이익이 올 수 있다. 독창적인 대답을 해야 좋은 평가를 받을 수 있다. 따라서 타인의 의견을 경청하며 면접에 임한다.

(4) 집단토론 면접

지원자들을 여러 그룹(보통 한 그룹이 5, 6명)으로 나누어 특정한 주제를 주고 집단원끼리 토론하도록 하고 면접관들은 토론 진행과정을 살피면서 지원자들의 리더십, 이해력, 판단력, 표현력, 설득력, 협동심, 조직 적응력 등을 파악한다.

(5) 프레젠테이션 면접

지원자에게 어떤 주제에 대해 한정된 시간에 발표하도록 한다. 프레젠테이션 면접은 정확한 발음, 적당한 속도, 자신 있는 어조로 기승전결을 분명히 해서 발표하는 것이 관건이다.

(6) 블라인드(무자료) 면접

면접관이 지원자에 대해 아무런 정보도 갖지 않은 상태에서 면접이 이루어진다.

따라서 자신을 적극적으로 알리는 데 주력해야 한다.

(7) 다차원 면접

면접관과 지원자가 회사 밖의 자유로운 공간에서 장시간 다양한 활동을 하는 가운데 평가가 이루어진다.

(8) 현장면접(술자리 면접, 등산면접)

특별한 진행방식이 있는 것은 아니지만 용모, 태도, 표현능력, 사회성, 리더십, 잠재능력, 인성, 진취성, 협동심, 적극성 등에 대한 평가가 이루어진다.

(9) 선배직원 면접

젊은 직원들이 자신들의 관점에서 서로 비슷한 사고를 가진 지원자들을 평가하는 것으로, 응시자 10명이 한 조를 이루어 자유토론을 한 다음 함께 근무하고 싶은 지원자를 추천하는 방식이다.

2) 면접 시 주의사항

① 태도는 분명하고 예의를 갖추어야 한다.

② 음성은 또렷하게, 발음은 정확하게 해야 한다.

③ 바른말(비속어의 사용은 금한다)과 존댓말을 해야 한다.

④ 면접관과 주종관계가 아니라 대등한 관계라고 생각하고 당당하게 임한다.

⑤ 과장된 표현과 허세는 피하고 진실해야 한다.

⑥ 다변과 괴변은 피한다. 독선적인 행동, 튀는 행동은 삼가해야 한다.

⑦ 습관적인 버릇을 자제해야 한다(지나친 손 제스처, 머리카락 만지기 등).

⑧ 밝은 표정을 짓고(말할 때 입술 양끝에 약간 힘준다), 면접관에게서 시선을 떼지 않는다.

⑨ 면접실에 들어가기 전에 탄산음료, 우유, 커피는 마시지 않는다.

⑩ 의상은 너무 튀지 않게 입는다.

3) 면접태도

지원자가 면접장에 들어올 때의 태도, 보행법, 인사법, 앉은 자세, 화법 등 사소한 것에서부터 면접관은 점수를 매긴다. 따라서 이러한 사항들을 미리 몸에 익혀야 한다.

① 지원자는 면접실에 들어가면 곧장 멀리 앉아 있는 면접관에게 시선을 보낸 다음, 5도 정도의 '목례'를 한 후, 다시 한 번 면접관을 쳐다 본 뒤, 자신이 앉을 의자를 향해 당당하게 걸어간다(남성은 구두 뒤꿈치부터 디디면서 3박자 보행을 하고, 여성은 하이힐을 신었을 경우 발걸음 소리가 크게 나지 않게 앞꿈치부터 디디면서 걷는다).

② 면접관 앞에 놓여 있는 의자에 앉기 전 면접관을 쳐다본 후, 면접관에게 "안녕하십니까?" 하고 인사를 하면서 30° 정도의 '보통례'를 한 다음(남자는 바지 재봉선에 엄지를 대고 가볍게 주먹 쥔 상태로 인사를 하고, 여자는 오른손이 위로 오도록 공수하고 인사한다), 다시 한 번 면접관을 쳐다본다(인사 전・후에는 항상 'Eye Contact'이 이루어져야 한다).

③ 면접관이 앉으라고 하면 조심스럽게 약간 여유를 두고 앉는다(이때 남자는 바지 허벅지 앞부분 위쪽 주름을 엄지, 검지로 잡고 약간 들어 올린 후 앉고, 여자는 치마를 입었을 경우 오른손은 앞으로, 왼손은 엉덩이 뒤로 해서 치마를 쓸어내리면서 앉는다).

- 의자에 앉을 때는 허리와 가슴을 펴고 의자 깊숙이 앉고 등받이에 등을 대지 않는다(등과 의자 등받이 사이에 주먹 하나 정도 사이를 둔다).
- 남자는 자신의 어깨너비만큼 다리를 벌리고 두 다리를 약간 앞으로 뻗는다(다리가 길어 보임). 여자는 양다리를 붙이고 약간 앞으로 뻗거나, 오른쪽 사선방향으로 뻗는다(다리가 길어 보임). 남녀 공히 양팔은 겨드랑이에 붙인다. 남자는 약간 주먹을 쥔 상태에서 양쪽 허벅지 위에 얹어도 되지만, 왼손을 위로 공수하여 다리 사이에 얹으면(다리 사이를 허리너비만큼 좁힌다) 보기 좋다. 여자는 오른손을 위로 공수한 후 오른쪽 허벅지 위에 얹는다.

④ 면접이 다 끝난 후에는 다리를 모아 몸 쪽으로 당기고, 주먹 혹은 공수한 손을 허벅지 위에 힘주면서 한 박자에 일어서서, 면접관을 쳐다보면서 "감사합니다."라고 말을 한 뒤, 30도 보통례(남자는 양손을 옆으로 내려뜨리고, 여자는 공수 상태에서)로 인사한 후에 다시 한 번 면접관을 쳐다본 다음, 두 걸음 정도 뒷걸음이나 옆걸음을 한 후, 뒤돌아서서 출입문을 향해 걸어간다.

⑤ 출입문 앞에서 다시 면접관을 향해 돌아서서 시선을 보낸 다음, 남자는 양손을 옆으로 내려뜨리고, 여자는 공수 상태에서 5도 정도의 목례를 하고, 다시 한 번 면접관을 쳐다본 후, 뒷모습을 보이지 않은 상태에서 문을 열고 나온다.

①~⑤ 항목의 내용을 여러 번 실습하여 숙지하고 면접 당일에 입고 갈 의상을 입고 실습하면서 몸에 배게 한다.

4) 면접요령

① 면접관이 질문을 할 때는 핵심을 파악한 후 답변한다.

② 시선처리는 면접관의 눈, 코, 입, 목 사이를 오르내리는 것이 무난하다. 단, 면접관이 질문할 때는 면접관의 입술을 보고, 답변할 때는 면접관에게 눈을 맞추며 말하는 것이 좋다.

③ 자기를 소개해 보라고 하면 첫째, 지금까지 해온 일 가운데 특기사항을 말하고 둘째, 가장 최근의 성과를 얘기하며 셋째, 자신의 장점을 최대한 부각시킬 수 있는 내용만 언급하도록 한다.

④ 면접관이 보는 것은 답변의 내용보다 당당한 태도임에 유의한다.

⑤ 지원동기를 말할 때는 구체적인 사례를 들어 설명한다.

⑥ 면접관을 지칭할 때는 '면접관님', '면접위원님'으로 한다.

⑦ 전혀 모르는 질문을 받았을 경우에는 우물쭈물하지 말고 "대단히 죄송합니다. 확실한 말씀을 드릴 수가 없습니다."라고 답변한다.

⑧ 상황에 맞게 말하되 가벼운 느낌을 주지 않아야 한다.

⑨ 제스처는 되도록 허리와 어깨선 사이에서 벗어나지 않도록 한다.

⑩ 면접실에 들어가기 전에 입체조('아에이오우'를 소리내지 않고 여러 번 반복)를 하고 '복식호흡'을 여러 번 하면서 긴장을 푼다.

5) 면접화법

① 면접관의 질문에 답변할 때는 두괄식 나열법으로 말하는 것이 무난하다. 즉, 결론을 먼저 말한 뒤 그 이유를 설명하는 것이다.

설명요령

- 서론, 본론, 결론형식
- 첫째, 둘째, 셋째형식
- 원인, 결과형식
- 육하원칙형식
- 순차적 얘기 전개(시간의 흐름) 형식

② 자기의 장점과 단점을 얘기할 경우에는 단점을 먼저 얘기하고 장점을 나중에 말한다. 즉, 부정적 표현으로 시작해서 긍정적 표현으로 끝내는 것이다.

③ 쿠션Cushion 언어를 사용한다(죄송하지만, 실례지만, ○○해도 괜찮을까요? 등).

④ 답변은 단문으로 간결하게 표현한다.

⑤ 답변할 때 말머리는 부드럽게 시작하고 말끝은 분명하게 끝낸다.

⑥ 사석에서나 표현할 수 있는 가벼운 표현과 비어, 속어는 사용하지 않는다.

⑦ 면접관의 질문에 "에~", "어~", "있잖아요.", "인저" 등 상투적인 군더더기 말을 사용하지 말고 2초쯤 쉬었다가 답변하면 좋다.

⑧ 목소리 톤을 너무 높이거나 낮추면 안 된다(계명 '미'음 정도를 기본으로 한다).

⑨ 말은 적당한 속도로 고저와 강약의 변화를 주되 중요한 내용, 강조할 내용의 앞뒤에서는 잠시 말을 끊었다가 얘기를 계속해 나간다.

⑩ "요, 죠"체가 아닌 "다, 까"체로 말한다.

⑪ 앵무새처럼 달달 외워 말하지 말고 '자신의 언어'로 이야기해야 한다.

6) 면접복장

① 면접 시 지원자 이미지의 55~80%가 시각적인 요인에 의해 결정된다고 한다. 시각적으로 이미지를 좋게 하기 위해서는 면접 때 입을 의상에도 신경을 써야 한다.

② 의상은 TPOTime, Place, Occasion에 맞게 입어야 한다. 자신이 면접을 목적으로 면접 장소에서 면접관을 만나는 것을 고려해서 옷을 입는다.

③ 면접 시의 남성 옷차림은 정장차림으로 한 벌의 슈트(위/아래 같은 색, 같은 무늬)가 좋다. 슈트 색깔은 감색(짙은 Navy)이 무난하고, 여기에다 흰색이나 연하늘색 드레스셔츠, 그리고 너무 튀지 않으면서 양복 색깔과 조화를 이룬 넥타이면 훌륭한 차림이 될 것이다. 얼굴색이 하얗고 인상이 날카로운 사람은 감색이 아닌 밝은 색의 회색 슈트를 입어도 좋다.

④ 정장차림일 경우에는 벨트와 구두색깔이 같아야 하고 양말색깔은 양복 바지색깔과 유사한 게 무난하다.

⑤ 여성은 자신의 얼굴색과 맞는 색깔의 정장차림에 스커트 길이는 무릎 위에서 약 5cm를 넘지 않거나 너무 길지 않아야 하고, 행동에 불편이 따르지 않는 디자인의 옷을 입어야 한다. 치마 입기가 부담스러운 여성은 위・아래 같은 색깔로 약간 드레시한 바지정장 차림도 괜찮다.

⑥ 구두 굽은 너무 높지 않아야 한다(여성인 경우는 5~6cm 정도가 무난함). 액세서리는 한두 가지 포인트를 줄 수 있는 것으로 한다. 귀걸이는 달랑거리지 않는 부착형이 좋다.

⑦ 키가 큰 사람은 구두 앞모양이 둥근 모양, 키가 작은 사람은 뾰족한 모양이 좋다.

7) 성공적인 면접을 위한 인사담당자들의 권고사항

① 외모의 세심한 곳까지 신경 쓴다(머리 스타일, 구두상태, 액세서리, 손톱 길이 등).

② 면접 때 입은 정장에 불편함을 느끼지 말아야 한다(면접 때 입을 옷을 미리 여러 번 입어봐서 몸에 익숙하게 한다).

③ 토익 만점자라고 무조건 합격되는 것이 아니라 회사에 기여할 수 있는 업무 능력, 사고방식, 행동양식을 갖추고 있어야 한다.

④ 요즈음은 대답하기 어려운 질문을 쉴 사이 없이 계속해 심하게 스트레스를 주는 '압박면접'을 많이 한다. 끝까지 침착함을 유지하면서 답변이 부족하더라도 그 과정을 잘 이겨내는 사람이 합격된다. 실수하더라도 중대한 게 아니면 만회가 된다.

⑤ 파트너 마인드를 가진 사람이 결과가 좋다. '내가 가진 것이 이런 게 있고 당신도 이런 것이 있지만 필요한 것은 이런 것'이라고 말할 수 있어야 한다.

⑥ 회사마다 원하는 사람에 대한 명확한 기준이 있게 마련이다. 요즘 추세를 보면, '문제해결능력', '창의력', '말과 글을 통한 커뮤니케이션 능력', '비즈니스 센스', '인간관계', '외국어 능력' 등이다.

⑦ 마케팅 분야에서 중요한 것은 일관성과 논리적 사고, 지식의 깊이, 자신감 등이다. 그 중에서 언어 구사력이 특히 중요하다. 브랜드에 숨어 있는 메시지를 전달하고 고객을 끌어들여 구매하게 할 수 있는 능력이기 때문이다.

⑧ 인간적인 매력이 있어야 한다.

⑨ 눈빛이 살아 있는 사람을 선호한다.

⑩ 남의 말을 잘 경청하고 남의 입장을 배려할 줄 아는 포용력 있는 사람이 좋은 평가를 받는다.

⑪ 학점이 100% 중요하지는 않지만 그 사람의 성실성을 파악하는 기준이 된다.

⑫ 모르는 부분에 대해서는 겸손하게 '그건 앞으로 공부해야 할 부분'이라고 말하면 오히려 신뢰감을 준다.

⑬ 대체로 "내가 이렇게 살아왔고, 관심사는 이런 것이며, 이런 자격증을 가지고 있는데, 회사에서 앞으로 3~5년 안에 이런 일을 하고 싶다"는 의사를 요령 있게 개진한 사람이 대체로 후한 평가를 받는다.

⑭ 면접을 너무 많이 준비하면 틀에 박힌 답이 나온다. 평상시에 책을 많이 읽고 생각을 깊게 하는 훈련을 쌓는다.

⑮ 공부를 잘 했다고 합격되지는 않는다. 공부 이외에 스포츠 팀 활동, 자원봉사 활동, 다양한 동아리 활동, 조직생활 경험 등이 있는 사람에게 점수를 많이 준다.

8) 인성면접에서 흔한 질문내용

① 자기소개를 간단하게 해보십시오.

② 지원회사의 홈페이지를 보셨다면 보완해야 할 점은 어떤 것인가요?

③ 지원회사의 합격을 위해 어떠한 능력을 키우셨습니까?

④ 자신의 강점을 말씀해 보십시오.

⑤ 본인의 어떠한 능력이 지원 회사에 도움이 되리라고 생각하십니까?

⑥ 남을 도와 결과가 좋았던 사례가 있었다면 말씀해 보십시오.

⑦ 지원한 부서에 본인이 기여할 수 있는 것은 무엇인가요?

⑧ 살아오면서 매우 힘들었던 일이 있었다면, 어떻게 극복했는지 말씀해 보십시오.

⑨ 친구가 본인을 어떠한 사람이라고 말할까요?

⑩ 마지막으로 하고 싶은 말이 있다면 말씀해 보십시오.

⑪ 이직사유는 무엇인가요?(경력사원인 경우)

9) 자기소개서 작성 노하우

① 문장은 간결하게 작성한다.

② 핵심을 정해 놓고 작성한다.

③ 자신을 과장되게 표현하지 말고 솔직해야 한다.

④ 자기 소개서의 양은 지시된 양의 80% 정도 채운다. 글자 크기는 10~11포인트가 좋다. 서체는 굴림체, 신명조, 명조체가 무난하다.

⑤ 서술방법은 구체적으로 하고 문체는 문어체가 좋다.

⑥ 문장의 반복, 같은 어휘의 중복 사용은 피해야 한다.

⑦ 맞춤법과 띄어쓰기에 신경을 쓰고 느낌표, 물음표, 인터넷 용어는 가급적이면 피해야 한다.

⑧ 자기소개서에 '저', '제가', '저의', '귀사' 이런 표현은 최소화해야 한다. 인사담당자는 작성자를 알고 있기 때문이다. '귀사' 대신 구체적인 회사명을 쓴다.

10) 면접을 위해 사전에 준비할 사항

① '우리 회사가 왜 당신을 사원으로 채용해야 한다고 생각하십니까? 우리 회사가 무엇을 당신에게 제공할 수 있다고 생각하십니까?' 등의 물음에 대한 답변을 준비해야 한다.

② '당신은 어떤 사람인가'에 대한 답변을 준비해야 한다.

③ 자신의 소신과 야망을 확실하게 정리해 표현할 수 있어야 한다.

④ 나는 이 회사를 위해 무엇을 기여할 수 있다고 얘기할 수 있어야 한다.

⑤ 자신만의 능력, 기술에 대해 분명하게 얘기할 수 있어야 한다.

⑥ 일에 대한 열정과 투철한 신념을 보여주어야 한다.

⑦ 월급을 많이 주니까 취직하고 싶다는 인상을 주면 안 된다.

⑧ 지원한 회사에 대해 사전 정보조사는 높은 점수를 얻는 데 유리하다.

⑨ 평상시에 문장을 접할 때 소리 내어 읽는 습관을 길러 발음연습과 표현력을 키우고 창의력·순발력·논리력을 키우는 노력을 해야 한다.

⑩ 평상시 신문과 잡지 등을 많이 읽어 시사문제에 대한 소양을 축적해 둔다. 면접 당일에도 당일 신문을 읽고 면접에 임한다.

취업을 앞두고 미리부터 너무 걱정하거나 긴장할 필요는 없다. 평소 생활을 통해 자신이 좋아하는 분야를 분명히 설정하고 그 분야에서 진정한 프로가 되려고 열심히 노력한 사람이라면 기회는 많다.

3 | 직장 내에서의 바람직한 의사소통

직장에서 동료 사이의 신뢰와 연대감은 평소에 의사소통을 통하여 조금씩 쌓아가는 것이다. 상대방의 말실수로 오랫동안 축적해 온 신뢰와 연대감이 무너지고 갈등이 커지면 부서를 옮기고 싶어 하거나 심한 경우 다른 직장으로 옮겨가는 일도 생긴다. 동료 간의 의사소통이 잘 되면 서로 간의 갈등이 최소화되기 때문에 직장생활도 즐거워진다.

직장에서 상대방을 이해하려고 노력하더라도 상대방의 말투가 귀에 거슬려 서로 간에 갈등이 생길 수도 있다. 능력이 뛰어나지만 평소 말이 거칠거나 남을 비판하거나 폄하하는 말을 자주 하는 직원은 다른 동료들이 멀리하기 마련이다.

말을 잘 하는 사람을 보면 의사전달 방법, 말하는 태도와 목소리, 말투가 호감을 갖게 만든다. 말을 할 때도 매너가 필요하다. 예의 없는 말 한마디는 사람들로 하여금 오해를 불러일으킨다. '내가 대우받고 싶은 대로 상대를 대우하고, 상대가 대우받고 싶은 대로 내가 상대를 대우한다.'는 마음가짐을 갖고 대화를 나눈다면 직장동료끼리의 갈등은 거의 일어나지 않을 것이다.

직장동료들과의 원활한 커뮤니케이션을 위해서 가장 중요한 점은 상대방을 존중하고 소중하게 여기는 마음이다.

1) 상사와 의사소통하는 방법

(1) 아부 대신 존중의 표현을 한다

내가 하면 처세술이고 남이 하면 아부라는 느낌을 줄 정도의 표현은 삼간다. 대상의 특징을 파악하여 기분 좋은 표현을 하도록 한다. 지적인 사람은 지적인 면을 칭찬하고, 능력은 좀 부족하지만 인간적인 사람은 인간적인 면을 칭찬하면 존중받은 느낌을 갖게 된다.

"그 일은 아무나 할 수 없는 일이었습니다. 과장님은 정말 능력이 대단하십니다."

(2) 직언할 때는 부드럽게 표현한다

뇌 과학자들은 '사람은 솔직하기를 원하지만 듣기 싫은 진실은 거부하고 진실이 아니지만 듣기 좋은 말만 받아들이는 이중성을 갖고 있다'고 증언한다. 상사에게 정의로운 마음으로 강한 어투로 직언을 하면 대부분의 상사는 직언한 사람에 대해 부정적인 이미지를 갖게 된다. 직언을 최대한 부드럽게 표현하면 상사는 직언의 내용에 대해 다시 생각해본 뒤 이를 받아들일 가능성이 더 커진다.

"부장님을 위한 마음으로 말씀드립니다."/ "부장님께 사랑 받는 직원이 되고 싶어 말씀 드립니다."

(3) 억울한 일을 당하면 일단 침묵한다

직장에서 근무하다 보면 예상치 못했던 일로 억울한 경우를 당할 수 있다. 억울한 일을 당하면 누구나 그 자리에서 당장 해명하고 싶어 한다. 그러나 그 자리에서 해명을 하고 나섰다가 상사로부터 미움을 받을 수도 있다. 지혜로운 사람은 그 순간은 참았다가 시간이 흐른 뒤에 억울한 사정을 소상하게 밝힌다. 진중한 사람으로 인정되어 결국에는 좋은 평가를 받을 것이다.

(4) 실수하거나 잘못을 지적당하면 일단 사과부터 먼저 한다

근무 중에 실수를 하거나 상사로부터 어떤 지적을 받고서 변명을 먼저 늘어놓기보다는 정중하게 사과부터 해야 한다. 이때 "죄송합니다."를 반복해서 여러 번 하면 상대방이 거부감을 느낀다. 사과를 할 때는 마음속에서 우러나오는 미안함을 상대방이 느낄 수 있을 만큼 정성을 다해야 한다.

(5) 비열한 상사에게는 인간적으로 접근한다

상사의 어떤 말과 행동이 비열하게 느껴졌을 때는 목소리를 높여 따지지 말고 인간적으로 호소하고 진심으로 대하면서 속마음을 털어 놓으면 상사도 생각을 달리하게 된다.

(6) 편 가르기에 줄서는 발언은 삼간다

직장에서 잘잘못이 분명하지 않은 사안에 대해서는 어느 한쪽 편을 드는 행동을 매우 조심해야 한다. 누군가가 어떤 사람에 대해 좋지 않은 말을 하면 어느 쪽도 편들지 말고 중립적인 입장을 취해야 한다. 어느 한쪽의 편을 들면 결과적으로 불이익을 당할 수 있다.

중립적인 표현 ➡ “그 선배가 그 상황에 왜 그랬을까요? 이해가 안 됩니다.”

(7) 틀린 내용이라도 긍정적 반응을 보인 후 자기 의견을 말한다

틀린 내용에 대해 맞장구를 치면서 긍정적인 반응을 보이면 상대방은 오히려 불쾌해하거나 무시당했다고 생각한다. 일단 의례적으로 긍정적인 말을 앞세운 다음 자기 의견을 분명하게 설명한다.

“예, 그렇게도 생각할 수 있겠습니다. 그렇지만 ……”

(8) 나약한 말투는 피해야 한다

조직에서 무시당하지 않고 싶다면 평상시에 자신 있는 말투로 소신껏 얘기할 수 있어야 한다. 머리가 우수하고 아이디어가 많아도 자신의 생각을 나약한 어투로 얘기하면 경시하고 싶은 마음을 불러일으켜 능력이나 안목을 인정받기가 힘들어진다.

"저의 아이디어가 마음에 드실지 모르겠지만……" ➡ "정말 오랫동안 머리를 짜낸 저의 아이디어입니다"
"제가 잘 해낼 수 있을지 모르겠어요." ➡ "열심히 해보겠습니다."
"오늘 회식에 참석해야 하는데 집안행사가 있어서 어떡하지요?" ➡ "오늘 제가 꼭 참석해야 할 저의 집안행사가 있어서 오늘 회식에 참석이 좀 어렵겠습니다. 양해해 주시면 감사하겠습니다."

2) 아랫사람과 의사소통하는 방법

(1) 업무보고 및 지시는 정확하고 구체적이되 간결하게 한다

상사가 업무를 지시할 때는 불명확한 점이 없도록 정확하고 구체적이되 간결하게 말해야 한다.

"보고서가 너무 길어요." ➡ "보고서는 A4 용지 3페이지 이내로 해주세요."
"회의 자료를 미리 제출하세요." ➡ "회의 자료를 1월 5일까지 제출하세요."

(2) 꾸짖을 때는 감정을 배제해야 한다

부하직원을 혼낼 때는 목소리를 높이거나 감정을 폭발시키지 말고 일 자체의 핵심내용을 가지고 준엄하게 지적하고 상대방이 납득하도록 신경을 써야 한다. 감정을 배제하기 위해서는 존재와 행동을 분리해서 표현해야 한다.

> "왜 항상 이 모양이야? 똑같은 실수를 했잖아." ➡ "이 대리가 실수한 것은 ○○○문제인데 어떻게 생각하나요?"
> "나 참 기가 막혀서 …… 나한테 이럴 수 있어?" ➡ "우리 얘기 좀 나누어 보세나. 사소한 갈등은 누구나 겪지. 무슨 문제 때문에 이 대리가 나를 이렇게 섭섭하게 하는 거야?"

(3) 일관성 있게 말해야 한다

상사가 자신의 건망증은 인정하지 않고 당초의 지시와 다른 내용을 마치 같은 내용인 것처럼 우기는 경우가 종종 있다. 상사는 체면을 앞세워 무턱대고 우기지 말고 자신의 실수를 빨리 인정하고 사태를 바로잡는 것이 바람직한 모습이다.

> "내가 언제 그렇게 하라고 했어?" ➡ "아, 내가 말해 놓고 잊었군. 미안하지만 이렇게 고쳐야 되겠어."

(4) 공 · 사 언어를 구별한다

직장에서는 사적인 감정표현을 하지 않아야 한다. 특히 사적인 표현을 할 때 비속어를 쓰지 않는다.

"도대체 당신은 뭐 하는 인간이야" ➡ "○○씨, 기한이 넘었는데 어떻게 됐나요?"
"이 굼벵이 인간아, 뭐 하고 있어?" ➡ "○씨, 너무 늦는군요. 속도 높입시다. 마감시각이 지났어요."

(5) 빈말로 약속하지 않는다

직장에서 신뢰를 받고 싶다면 평소에 빈말을 하지 말아야 한다. 즉흥적으로 지키지 못할 약속이나 제안을 했다가 나중에 흐지부지되면 신뢰가 떨어진다. 어떤 약속이나 제안은 구체적으로 해야 한다.

"내가 밥 한번 살게" ➡ "다음 주 금요일 점심 식사 같이하자. 괜찮겠어?"
"내가 나중에 FAX로 보낼게" ➡ "내가 3시경에 FAX로 보낼게"

(6) 아랫사람에게 농담을 함부로 하지 않는다

사람에 따라 상대의 말을 액면 그대로 받아들이는 사람이 있고 그 말의 속뜻을 새겨듣는 사람이 있다. 상대방이 농담을 했을 때 그 사람의 특성을 잘 모른다면 쉽게 그 농담의 속뜻을 알아차리기도 어렵다. 따라서 농담은 서로 충분히 친해진 다음에 해야 오해의 소지가 없다.

상사가 부하직원이라고 해서 농담을 진하게 그리고 자주 한다면 그런 상사에게는 부하직원이 존경심을 가질 수가 없다.

(7) 부하 직원에 대한 불만을 제3자에게 말하지 않는다

부하 직원에 대한 불만은 본인에게 직접 얘기해서 고치도록 한다. 제3자에게 말을 해서 본인의 귀에 들어가게 하는 것은 어리석은 행동이다. 부하 직원은 상사에 대해 거부감을 갖게 마련이다. 상사가 직원을 불러 인간적으로 대하면서 솔직한 심정을 말하면 대부분의 직원은 거부감 없이 받아들일 것이다.

(8) 상대의 유형을 파악하여 대화한다

어떤 직장이든 구성원들의 유형은 다양할 수밖에 없다. 상사는 구성원 각자의 특성을 잘 파악해서 부서원을 충원하고, 일을 시키고, 대화를 해야 조직이 원활하게 운영될 것이다.

① 지시형Control Style

- 결단 잘 내림
- 거침없이 얘기함
- 보스 기질 다분함
- 스스로 결정하기 좋아함
- 질문 잘함
- 핵심을 먼저 얘기하기를 좋아함

② 도움형Supporter Style

- 사람, 조직을 도와주는 것을 좋아함
- 언행이 상냥함
- 결단력이 없어서 우유부단함

- 상냥한 말과 행동을 좋아함

③ 촉진형Promoter Style

- 일, 직장 분위기를 잘 띄움
- 분위기 메이커
- 직장 분위기를 적극적으로 조성함
- 사무적인 정확성을 요하는 일에는 별로 맞지 않음

④ 분석형Analyst Style

- 분석을 좋아함(총무, 경리과에 맞음)
- 기한 내에 정확하게 일을 끝맺음
- 어두운 인상을 주기 쉬움
- 자세한 업무지시가 없으면 힘들어 함
- 구체적인 지시가 필요함

⑤ 유형파악

- 형식을 중시하는 편인가/ 아닌가
- 지배력이 강한 편인가/ 아닌가

⑥ 유형파악 결과

- 형식 중시, 지배력 강함 → 지시형
- 형식 중시, 지배력 약함 → 분석형
- 형식 중시하지 않음, 지배력 강함 → 촉진형
- 형식 중시하지 않음, 지배력 약함 → 도움형

지시형 ↔ 도움형 : 지시형과 도움형 간에는 서로 충돌이 많다.
촉진형 ↔ 분석형 : 촉진형과 분석형 간에는 서로 충돌이 많다.

3) 공적인 대화법

(1) 추상적인 표현을 피하고 구체적으로 얘기한다

특히 직장에서의 대화는 추상적인 표현은 피하고 보다 구체적인 표현을 해야 한다. 표현을 명확하게 해야만 신뢰가 생긴다.

"열심히 해보겠습니다." ➡ "3월 말까지 끝내겠습니다."
"좋은 결과를 만들겠습니다." ➡ "실적을 15% 올리도록 하겠습니다."

(2) 상대방의 연령과 욕구에 맞춰 표현한다

상대방이 들을 때 기분 좋은 표현을 한다.

"나이 들어 보이십니다." ➡ "중후해 보이십니다."
"옷이 멋있네요." ➡ 옷 입으시는 감각이 대단하십니다."
"예쁘시네요." ➡ "신부처럼 고우십니다."

(3) 상황에 맞게 말해야 한다

특히 직장에서는 상황과 분위기에 맞는 표현을 해야 한다. 주변 분위기가 가라

앉아 있는데 농담을 하거나 튀는 얘기를 하면 경솔한 사람으로 낙인이 찍힌다. 즐거운 분위기인데 심각한 얘기를 하면 센스 없는 사람으로 이미지가 고착된다. 심각한 회의 도중에 농담조로 가벼운 표현을 하면 참석자들로 하여금 매우 나쁜 이미지를 갖게 한다.

(4) 말하는 방법을 생각해서 표현한다

말하는 방법은 의미전달에 있어서 대단히 중요하다. 우회적으로 얘기할 것을 단도직입적으로 얘기하면 경솔하다는 부정적인 느낌을 주게 된다. 직설적으로 말해야 할 것을 우회적으로 말하면 숨기는 게 있다고 오해될 수도 있다. 분위기를 파악한 후 '큰소리'로 말해야 할지, '작은 소리'로 말해야 할지, 다소곳이 눈을 아래로 보면서 얘기해야 할지, 또박또박 천천히 얘기해야 할지, 공격적으로 얘기해야 할지 등을 판단해서 말해야 한다.

(5) 듣는 사람의 특성을 파악하고 얘기한다

듣는 사람의 연령, 성별, 직업, 본인과의 친밀도를 생각해서 말한다. 듣는 사람이 말하는 사람보다 나이가 많으면 점잖고 예의 바르게 말하고, 듣는 사람이 나이는 많지만 직급이 낮으면 말을 높이고 내용도 무게 있게 말한다.

(6) 말하는 목적을 알고 얘기한다

말할 때 분위기 파악을 잘 해야 한다. 분위기를 재미있게 하기 위해서인지, 상대방 기분을 맞추기 위해서인지, 고객을 확보하기 위해서인지, 결과를 보고하기 위해서인지, 마음을 전하기 위해서인지, 이해를 시키기 위해서인지를 명확하게 파악해서 말을 해야만 상대방에게 좋은 이미지를 줄 수 있다. 말하기 전에 반드시 말하는 목적을 분명히 인식해야 한다.

4) 잘못 길들여진 언어습관은 고쳐야 한다

① 자기 기준으로 말하기

② 캐묻기

③ 충고하기

④ 지적하기

⑤ 뽐내기

⑥ 혼자 떠들기

⑦ 말을 가로막고 끼어들기

⑧ 무시하기

⑨ 비꼬거나 빈정대기

⑩ 딴전 피우기

⑪ 불안정한 태도 보이기

⑫ 자기 얘기만 열심히 하기

⑬ 비어·속어 즐겨 쓰기

4| 인생이 바뀌는 대화법

내 말 한마디에 누군가의 인생이 바뀌기도 한다.
정성껏 들어주면 돌부처도 돌아보신다.

상대편은 내가 아니므로 나처럼 되라고 말하지 말라.
내가 이 말을 듣는다고 미리 생각해 보고 말하라.
정성껏 들으면 마음의 소리가 들린다.
지루함을 참고 들어주면 감동을 얻는다.
한쪽 말만 듣고 말을 옮기면 바보가 되기 쉽다.

남의 명예를 깎아 내리면 내 명예는 땅으로 곤두박질친다.
잘못을 진심으로 뉘우치면 진실성을 인정받는다.
말의 내용과 행동을 통일시켜라.
모르는 것은 모른다고 말해야 인정받는다.
무시당하는 말은 바보도 알아듣는다.
말은 입을 떠나면 책임이라는 추가 기다린다.

대화의 질서는 새치기하면 깨진다.
침묵이 대화보다 강한 메시지를 전한다.
첫 한마디에 정성이 실려야 한다.
다양한 문화를 인정하면 대화는 저절로 잘 된다.

내 마음이 고약하면 남의 말이 고약하게 들린다.
지적은 간단하게, 칭찬은 길게 하라.

말투는 내용을 담는 그릇이다.
따져서 이길 수는 없다.
사랑이라는 이름으로도 잔소리는 용서가 안 된다.
좋은 말만 한다고 해서 좋은 사람이라고 평가받는 것은 아니다.
유머에 목숨 걸지 말라.
반드시 답변을 들어야 한다고 생각하면 화를 자초한다.

설명이 부족한 것 같을 때쯤 해서 말을 멈춰라.
앞에서 할 수 없는 말은 뒤에서도 하지 말라.
농담이라고 해서 다 용서되는 것은 아니다.
표정의 파워를 놓치지 말라.
적당할 때 말을 끊으면 다 잃지는 않는다.
사소한 변화에 찬사를 보내면 큰 것을 얻는다.
말은 하기 쉽게 하지 말고 알아듣기 쉽게 하라.
입(말) 서비스의 가치는 대단히 크다.
당당하게 말해야 믿는다.
흥분한 목소리보다 낮은 목소리가 위력이 있다.
눈으로 말하면 사랑을 얻는다.
덕담은 많이 할수록 좋다.

매사에 공치사하면 누구나 역겨워한다.

잘난 척 하면 적만 많이 생긴다.

두고두고 괘씸한 느낌이 드는 말은 위험하다.

상대에 따라 다른 언어를 구사하라.

과거를 묻지 말라.

일과 사람을 분리하라.

애교는 여자의 전유물이 아니다.

대화의 시작은 호칭부터다.

말을 독점하면 적이 많아진다.

작은 실수는 덮어주고 큰 실수는 단호하게 꾸짖어라.

무덤까지 가져가기로 한 비밀을 털어놓는 것은 무덤을 파는 일이다.

악수는 또 하나의 언어다.

쓴 소리는 단 맛으로 포장해라.

낯선 사람도 내가 먼저 말을 걸면 십년지기가 된다.

목적부터 드러내면 대화가 막힌다.

보이는 것만으로 판단해서 말하면 큰 낭패를 당하기 쉽다.

말을 잘 한다고 대화가 유쾌한 것은 아니다.

타협이란 완승, 완패가 아니라 둘 다 승이다.

험담에는 발이 달렸다.

단어 하나 차이가 남극과 북극 차이가 된다.

진짜 비밀은 차라리 개에게 털어놓아라.

가르치려고 하면 피하려고 한다.
비난하기 전에 원인부터 알아내라.

눈치가 빨라야 대화가 쉽다.
불평하는 것보다 부탁하는 것이 실용적이다.
말도 연습을 해야 나온다.
허세에는 한 번 속지 두 번은 속지 않는다.
내가 먼저 털어놓아야 남도 털어놓는다.
약점은 농담으로라도 들추어서는 안 된다.

지나친 겸손과 사양은 부담만 준다.
말은 가슴에 대고 해라.
넘겨짚으면 듣는 사람 마음의 빗장이 잠긴다.
때로는 알면서도 속아 주어라.
남에게 책임을 전가하지 말라.

– 좋은 글 중에서 –

제10장

이미지 메이킹

1 | 이미지 메이킹Image Making의 개념

1) 이미지의 어원

이미지Image는 라틴어 '이마고'(Imago=Omitari : 흉내내다)가 그 어원이며 사전적인 의미로는 형태, 모양, 느낌, 영상, 관념 등을 의미한다. 따라서 이미지는 어느 대상의 외적인 느낌, 모습, 상징, 표상이라고 할 수 있다.

2) 이미지 메이킹의 첫인상과 표정

사람의 이미지 형성에서 가장 중요한 것이 첫인상이다. 첫인상은 보통 지속적으로 대인관계에 영향을 준다. 첫인상이 형성되면 그 사람에 대해 반영구적인 편견이 생길 수도 있다. 첫인상 형성 시에 부정성 효과, 초두성 효과, 인지적 구두쇠 효과 등이 적용된다.

좋은 표정이란 상대방의 마음을 편하게 해주는 표정이다. 일부러라도 입 끝을 살짝 올리며 미소를 지으면 자연스럽게 눈 꼬리가 내려오므로 부드럽고 보기 좋은 표정을 지을 수 있다.

(1) 부정성 효과

사람들은 어떤 사람의 인상을 평가할 때 대체적으로 긍정적인 평가를 한다. 이를 '인물 긍정성 편향'이라고 한다. 그러나 부정적인 정보가 나타나면 긍정적인 정보보다 부정적인 것에 더 비중을 두고 인상을 평가한다. 즉, 모든 것이 동일하다면 부정적인 특성들이 긍정적인 특성들보다 인상형성에 더 많은 영향을 끼친다.

(2) 초두성 효과

초두성 효과란 대부분의 경우 먼저 제시된 정보가 나중에 들어온 정보보다 전반적인 인상형성에 더 강력한 영향을 미치는 것을 말한다. 그래서 '첫인상'이 중요한 것이다.

(3) 인지적 구두쇠 효과

일반적으로 자기 주변의 사물을 인식할 때 가능하면 많은 노력을 들이지 않으려는 속성이 있다는 것이다. 첫 만남에 승부를 걸어야 하는 것은 상대방이 우리에게 여러 번의 기회를 주지 않으려 하기 때문이다.

3) 이미지 메이킹의 정의

이미지란 상象, 표상表象, 심상心象 등의 뜻을 지니고 있다. 이미지는 사람의 지각에 의해 형성되는 것이다. 이미지는 마음속에 그려지는 사물의 감각적 영상, 심상이며 타인의 거울에 비친 모습이다. 사람이 자극을 받아들여서 뇌 속의 이미지들과 결합 과정을 거쳐 새로운 의미를 가지게 되는 과정을 지각화 과정이라고 한다. 이때 형성된 의미를 이미지라고 할 수 있다.

한 사람이나 한 기업의 모습을 떠올리면 그 사람이나 그 이름과 함께 마음속에 떠올려지는 얼굴, 표정, 음성, 말투, 걸음걸이, 옷차림 등과 접했을 때나 함께 있을 때의 느낌, 성격, 분위기, 신뢰감 등 수많은 생각들이 얽히면서 하나의 형체가 만들어진다. 자신의 사고와 취향에 따라 만들어지는 어떤 사람이나 어떤 기업에 대한 생각의 덩어리, 하나로 통합되는 독특한 감정, 고유한 느낌들이 있다. 이것이 바로 한 사람이나 한 기업에 대한 이미지라고 할 수 있다.

현대는 이미지의 시대라고 할 만큼 우리는 이미지 홍수 속에서 살아가고 있다. 개인이 가진 이미지는 사회생활을 해나가는 과정에서 매우 중요한 것으로 자신의 좋은 이미지를 전달하여 남에게 인정을 받아야 성공하는 시대이다.

우리의 이미지는 첫인상에서 결정되고 순간에 이루어진 이미지는 콘크리트처럼 딱딱하게 굳는다. 굳어진 이미지를 바꾸기가 매우 어렵고 설사 그것이 가능하다고 해도 많은 시간을 필요로 한다. 첫인상을 좋게 하기 위해서는 자신의 이미지 메이킹을 잘 해야 한다.

이미지 메이킹은 자신을 살피고 관리하는 것에서 시작하여 타인을 배려하는 것으로 이어지는 사회적 행위이다. 또한 개인이 추구하는 목표를 이루기 위해 자신의 내적 · 외적 이미지를 통합적으로 관리하는 행위이다.

이미지 메이킹은 자신을 좀 더 멋있게 표현하고자 하는 것에서 시작하여 구체적으로 자신을 디자인해 나가는 과정으로 자신의 최상 모습을 끌어내는 일이다.

이미지 메이킹은 자신의 단점, 취약점을 보완해서 더 좋은 쪽의 이미지를 만드는 것이다. 또한 자신이 추구하는 상象을 정해 놓고 그 상象을 만들기 위해 내적 · 외적으로 조화로운 이미지를 만드는 것이다. 따라서 타인과의 차별화, 자신의 특성화 전략은 경쟁시대에서 성패를 좌우하는 요소이기도 하다.

이미지에는 '자신이 보는 나의 이미지'와 '타인이 보는 나의 이미지'가 있다. 즉, 주관적인 이미지와 객관적인 이미지가 있는 것이다. 이 차이가 없을수록 성공적인 이미지 메이킹이다. 이미지 메이킹은 사람뿐만이 아니라 기업, 상품 등에 대해서도 모두 가능하다.

4) 이미지 메이킹의 요소

이미지 메이킹은 내적 이미지와 외적 이미지의 두 요소로 나누어진다.

(1) 내적 이미지Internal Image

내적 이미지는 개인의 내면에 형성되어 있는 의식과 정서를 포함한 본질적 이미지를 뜻한다.

아름다운 내적 이미지를 형성하고 싶다면 자기 삶의 최대 목표를 고매한 인격을 갖추는 데 두는 것이 가장 효과적인 방법일 것이다. 대인관계에 있어서도 '저 사람은 나와 많이 다르구나.', '그래, 그럴 수도 있겠지.', '아 그렇구나,'라고 이해하면서 너그러운 마음으로 대하다 보면 타인에 대한 이해의 폭이 커질 것이다.

어떤 상황을 접하든 일단 몇 초의 여유를 가지고 상대방의 입장과 감정을 헤아리는 상대적인 사고를 하면서 상대방을 존중하고 인정하는 마음을 견지하려고 노력한다면 자연스레 아름다운 내적 이미지가 형성될 것이다.

(2) 외적 이미지External Image

외적 이미지는 내면의 본질이 종합적으로 외부로 표출되어 나타나는 현상적인 이미지를 뜻한다. 외적 이미지는 자신의 연령, 직업, 직급, 취향 등에 따라 달리 표현되어야 한다.

매력적인 외적 이미지를 갖기 위해서는 먼저 자신의 체형, 신장, 피부색, 얼굴형 등을 정확하게 파악한 후에 외적 이미지 메이킹에 관해 많은 정보와 지식을 수집해서 끊임없이 자신을 계발하고 가꾸어 나간다면 근사한 외적 이미지를 갖게 될 것이다.

5) 이미지 형성요소

사람을 접하게 되면 3초, 7초, 또는 아무리 늦어도 15초 이내에 상대방에 대한 이미지 형성이 된다. 그 과정에서 첫째는 시각적인 요소(55% → 80%), 둘째는 청각적인 요소(38% → 13%), 셋째는 내면적인 요소(7% → 7%)가 크게 영향을 미친다.

상대방의 외모, 즉 시각적으로 보이는 요소가 과거에는 55% 정도로 평가되었으나 요즘에는 80%라고 할 만큼 머리끝에서 발끝까지의 외모가 이미지 형성에서 차지하는 비중이 커졌다. 청각적인 요소는 38%에서 13%로 줄었고, 내면적인 요소는 7% 수준을 유지하고 있다. 사람의 내면적인 요소, 즉 인품은 시간을 가지고 겪어 보아야 알 수 있다. 따라서 첫인상을 좋게 하기 위해서는 싫든 좋든 간에 외모에 신경을 쓸 수밖에 없다.

대인지각 시에 이미지 형성에 중요한 역할을 하는 시각적인 요소는 구체적으로 복장, 헤어스타일, 피부, 눈썹모양, 입술모양, 치아상태, 표정, 시선처리, 매너, 체형, 메이크업, 자세, 제스처, 행동, 걸음걸이 등이다.

사람과 접하는 순간에 상대방을 전체적으로 보았을 때에는 자세, 헤어스타일, 복장 순順으로 이미지 형성에 영향을 미치지만 얼굴만을 보았을 경우에는 피부, 눈썹, 입술모양, 눈빛, 턱의 각도, 시선처리의 순順으로 이미지 형성에 영향을 미친다.

첫인상 형성 시 전체적으로 보았을 때 가장 중요한 3대 요소의 순위順位는 자세, 헤어스타일, 복장 순順이라고 할 수 있다. 여기서 자세가 차지하는 중요성에 주목할 필요가 있다. 좋은 자세란 허리의 각도, 목의 각도가 각각 최적상태를 유지하면서 서 있거나 걸어가거나 앉아있는 모양이다.

(1) 자세

① 서 있을 때의 바른 자세

- 남성은 뒤꿈치 안쪽을 붙여 발을 'V'자 모양으로 해서 서며, 여성은 양발을 완전히 십일자로 붙여 발을 'II'자 모양으로 하여 선다.
- 아랫배에 힘을 주고 가슴을 펴고 어깨는 뒤로 젖혀 똑바로 선다.
- 턱을 당기고 입 끝에 약간 힘주어 부드러운 표정을 한다.
- 두 손을 공수拱手할 경우에는 남성은 왼손(여성은 오른손)을 위로 하여 엄지끼리 깍지를 낀 상태에서 아랫배에 댄다.

② 앉아 있을 때의 바른 자세

- 남성은 두 다리를 자신의 어깨너비만큼 벌리고, 허벅지는 허리너비만큼 좁

힌다. 여성은 두 무릎을 붙인다. 양손을 무릎 위에 놓을 경우에는 남성은 왼손을 위로 하여 엄지끼리 깍지를 끼고 공수拱手하여 허벅지 사이에 얹고, 여성은 오른손을 위로 하여 엄지끼리 깍지 끼고 공수拱手하여 오른쪽 무릎 허벅지 위에 놓는다.

- 허리를 중심으로 S라인이 되도록(35도 정도) 허리를 들이밀고 의자 바닥에 미골꼬리뼈이 닿지 않게 앉는다. 휴식 때만 빼놓고는 기본자세를 유지하도록 노력한다.
- 목의 각도는 수평에서 15도 위로 먼 산을 보는 듯이 하면 좋다. 따라서 근무용 책상 위의 컴퓨터 모니터는 고개를 숙이지 않고 볼 수 있도록 높이를 조정해 놓는 것이 좋다. 책도 '독서대' 위에 놓고 보도록 한다.

③ 자리에서 일어날 때의 바른 자세

- 양손을 공수拱手하여 무릎을 짚으면서 한 박자에 일어난다.
- 앞에 탁자가 있을 경우에는 의자를 소리 나지 않게 뒤로 밀고 의자 팔걸이에 손을 짚고 일어나거나 공수拱手하여 무릎 위에 손을 짚고 일어난다.

④ 걸을 때의 바른 자세

- 가슴은 펴고, 아랫배에는 힘을 주고, 등은 똑바로 세운다.
- 허리 각도는 앉아 있을 때처럼 35도를 유지한다(미골이 위를 향하도록 하면 어깨가 구부러지지 않고 자연스럽게 펴지면서 허리 각도는 35도가 되면서 아랫배에 힘이 들어가게 된다. 이 모습은 보기에도 당당한 모습이면서 건강에도 좋다).
- 양손과 양팔은 자연스럽게 내려 걸음에 맞춰 흔든다(팔을 흔들 때 앞쪽보다는 뒤쪽으로 더 많이 흔든다).

- 걸을 때 발걸음 소리가 가장 작게 나도록 조용하게 두 발이 'II'자 형태가 되도록 걷는다.

(2) 헤어 스타일Hair Style

헤어스타일은 개인의 취향보다는 성별, 연령, 직업, 직급 등을 고려하여 상대방이 거부감을 느끼지 않도록 해야 한다. 헤어스타일은 첫인상에 60~80%의 영향을 미친다고 한다. 따라서 자기에게 어울리는 스타일로 다듬어줄 수 있는 단골 이발사나 미용사를 두는 것이 좋다(얼굴형에 따라 어울리는 헤어스타일에 대해서는 뒤에 나오는 「얼굴형에 맞는 안경테와 헤어스타일」을 참고하기 바람).

(3) 복장

'옷이 날개다'라는 말을 흔히 듣는다. 복장은 첫인상을 좌우할 만큼 매우 중요한 요소다. 옷을 입을 때는 T. P. O. 즉, 시간Time과 장소Place와 경우Occasion에 맞게 옷을 입어야 한다.

옷은 개인의 얼굴 모양, 체형, 키, 어울리는 색깔(차가운 색깔, 따뜻한 색깔) 등을 두루 고려하여 입어야 한다. 또한 옷을 입는 기본을 알아 두고 옷 입는 감각을 평소에 꾸준히 익혀야 한다.

<옷 입는 감각을 익히는 방법>

① 평상시에 길거리나 주변에서 사람들의 복장을 잘 살펴보면서 느낌을 자꾸 가져봐야 한다.

② 패션잡지를 틈틈이 보면서 색깔의 조화와 스타일에 관한 감각을 익히도록 한다.

③ 길거리를 지나갈 때도 의류매장에 진열된 의상을 보면서 안목을 기른다.

④ TV의 패션 전문채널을 통해서 감각을 기른다.

⑤ 백화점이나 상점에 가서 옷을 직접 입어보고, 전문가의 도움말을 들으면서 감각을 키운다.

<컬러진단>

옷을 잘 입기 위해서는 개인의 컬러 진단을 해야 한다. 과거에는 일반적으로 차가운 색Cool Tone이 잘 맞느냐, 따뜻한 색Warm Tone이 잘 맞느냐를 기준으로 해서 개인의 컬러진단을 했으나 최근에는 정말 다양한 컬러 진단 방법이 연구되어 발표됐다. 개인 컬러 진단은 너무나 다양한 방법이 있기 때문에 본 장에서는 생략하고, 기본적인 차가운 색Cool Tone이 잘 맞느냐, 따뜻한 색Warm Tone이 잘 맞느냐를 기준으로 하는 방법을 소개한다.

① 개인의 눈동자 색깔이 갈색 쪽에 가까우면 따뜻한 색이 잘 맞고, 까만 눈동자이면 차가운 색이 잘 맞는다.

② 팔목 안쪽에 푸른색 기가 돌면 차가운 색이 잘 맞고, 노란색 기가 돌면 따뜻한 색이 잘 맞는다고 한다. 그러나 햇빛에 노출되면 사정이 달라지기 때문에 팔목 안쪽 대신 가슴이나 허벅지 안쪽 부분을 같은 방법으로 살펴보는 것도 좋겠다.

③ 화장기가 없는 얼굴에 머리카락이 흘러내리지 않는 상태에서 상체가 다 덮일 정도의 여러 가지 색깔의 큰 천을 차례대로 진단 받는 사람의 목 아래에 갖다 대면서 진단한다. 여러 가지 색깔의 천에는 봄, 여름, 가을, 겨울의 색이 모두 포함되어 있어야 한다. 천을 댔을 때 잘 어울리는 색깔을 진단해 주는 사람이 판단하여 차가운 색이 잘 맞는지, 따뜻한 색이 잘 맞는지를 진단해 준다.

④ 머리 뒤쪽 목에서 5cm 정도 위치의 두피가 파르스름하거나 하얗다면 차가운

색이 잘 맞고, 붉은 기의 색이 있으면 따뜻한 색이 잘 맞는다고 한다.

⑤ 은박지 위와 금박지 위에 손을 동시에 각각 놓고 보면 더 예쁘게 보이는 손이 있다. 은박지 위에 놓인 손이 더 예뻐 보이면 차가운 색깔이 잘 맞고, 금박지 위에 놓인 손이 더 예뻐 보이면 따뜻한 색이 더 잘 맞는다.

⑥ 노랑이 들어 있는 색이 잘 어울린다면 따뜻한 색이 잘 맞는 것이고, 파랑이 들어 있는 색이 잘 어울리면 차가운 색이 잘 맞는다.

⑦ 색깔 진단의 전문가가 만든 진단표를 통해 알 수 있다. 다음 표에서 조사한 결과가 여름 사람, 겨울 사람으로 나오면 차가운 색이 더 잘 어울리고 봄 사람, 가을 사람으로 나오면 따뜻한 색이 더 잘 어울린다는 것이다.

어떤 색을 보면 따뜻한 색인지, 차가운 색인지 쉽게 구별이 된다. 검정, 감색Navy, 회색은 차가운 색깔이다.
어느 한 방법이 절대적으로 맞는 것은 아니다. 6가지 방법 중 많이 나온 쪽으로 진단하면 비교적 정확한 진단이 될 것이다.

〈여성 개인 색상 진단표〉

여성에게 물음	A	B	C	D
1. 당신이 주로 바르고 다니는 볼터치 색상은?	파란색에 가까운 핑크	로즈 계열	노란색의 핑크	브라운 계통의 오렌지
2. 당신이 주로 바르는 입술색은?	로즈 핑크	와인 레드	오렌지 계열의 핑크	브라운 계열의 레드
3. 흰색을 택한다면 어떤 색을?	부드러운 흰색	창백한 느낌의 흰색(백색)	노란빛이 나는 아이보리 흰색	베이지 빛깔의 흰색(미색)
4. 당신이 끌리는 여성의 타입은?	품위 있는 우아한 여성	개성이 있어 눈에 띄는 여성	귀여워서 한번쯤 동행하고 싶어 하는 여성	지적이며 어딘가 우수에 찬 느낌의 여성
5. 당신의 인상은 한 마디로 어떻습니까?	소프트, 엘레강트	샤프, 모던	캐주얼, 로맨틱	스포티, 내추럴
6. 당신에게 어울린다고 생각하는 옷 코디네이션은?	부드러운 색을 매치시킨 의상	색의 대비가 확실한 의상	高명도에 밝은색(파스텔 톤)의 의상	高채도에 짙은 색의 의상
7. 당신의 정장은 주로 어떤 색이 많습니까?	회색, 파스텔 컬러	선명하고 밝고 강렬한 컬러	밝은 파스텔컬러	차분하고 가라앉은 컬러
8. 당신이 좋아하는 소재는?	얇고 투명한 실크, 레이온	실크	얇은 견, 인조견	가죽
9. 당신이 좋아하는 무늬는?	물방울 무늬	사선줄 무늬	꽃무늬	페이즐리
10. 당신이 좋아하는 티셔츠 색상은?	파란색	강렬한 핑크	노란색	커피브라운
11. 당신이 들고 다니는 핸드백은 어떤 소재입니까?	캐리백으로 중형 사이즈에 부드러운 소재	독특한 디자인의 핸드백	중형이나 소형으로 둥글며 체인이나 장식이 있는 것	터틀백으로 천으로 만든 것
12. 당신이 좋아하는 액세서리는?	진짜 보석류	진주, 실버	컬러풀하며 귀여운 디자인의 이미테이션	골드, 목각 등 크고 독특한 형
13. 당신이 동경하는 여성상의 이미지는?	우아하며 품위 있는 여성	활기 있고 활동적이며 도시적인 여성	귀엽고 사랑스러우며 발랄한 여성	고상하면서 분위기가 있는 여성
합 계				
자신의 타입	여름 사람	겨울 사람	봄 사람	가을 사람

남성에게 물음	A	B	C	D
1. 당신의 눈 전체의 느낌은?	눈 전체의 인상이 부드러움	눈자위와 눈동자의 대조가 확실하다	유리보다 투명한 느낌이 있고 빛난다	깊고 차분한 느낌
2. 당신의 두발 전체의 느낌은?	검고 부드러움	짙고 윤기가 나며 푸른 기가 있다	밝은 갈색으로 부드러운 머릿결	짙은 갈색이고 윤기가 없다
3. 당신의 볼색은?	파란색이 섞인 분홍	깊이 있는 분홍	노르스름하며 밝은 분홍	연어빛 분홍
4. 당신의 입술색은?	로즈, 분홍	와인 레드	옅은 연어빛 핑크	연어빛 분홍
5. 흰색을 입는다면 당신은 어떤 색?	부드러운 흰색	순백의 흰색	상아빛 흰색	베이지를 띠는 흰색
6. 당신이 끌리는 여성의 스타일은?	고상한 분위기에 우아한 스타일	개성 있고 눈에 띄는 스타일	귀엽고 사랑스러운 스타일	지적이고 분위기 있는 스타일
7. 당신의 인상을 한마디로 표현하면?	부드러운, 스마트	샤프, 모던	캐주얼, 액티브	스포티, 내추럴
8. 당신에게 어울리는 양복의 콤비네이션은?	파란 줄무늬 셔츠와 남색 바지	흰 셔츠에 검은색 바지	아이보리 셔츠에 밝은 갈색의 데님 바지	밝은 갈색 셔츠에 연한 갈색의 바지
9. 당신의 양복은 어떤 색이 많은가?	파랑 계열의 파스텔 색상	검정, 회색 등 무채색이나 선명한 색상	갈색 계열의 옅고 밝은 색상	깊은 느낌의 갈색 계열 색상
10. 당신이 좋아하는 소재는?	면, 얇은 모직물	모직물, 가죽	리넨, 샴브레이	스웨이드, 벨벳
11. 당신이 좋아하는 넥타이의 무늬는?	가는 무늬	무지 줄무늬	물방울 무늬 체크 무늬	체크 무늬 페이즐리 무늬
12. 당신이 좋아하는 티셔츠의 색상은?	연파랑, 연분홍	회색, 남색	상아색	갈색, 황갈색
13. 당신이 좋아하는 시계는?	단순한 문자판의 실버 타입	대담한 디자인의 검은색 밴드 타입	금장의 화려한 스타일	전통적인 갈색 가죽 밴드 타입
14. 당신이 좋아하는 신발 콤비네이션은?	청바지에 스니커즈	정장차림에 검은 슈즈	컬러풀한 캔버스화	갈색빛이 나는 옥스포드화
15. 당신이 생각하는 자신의 성격은?	자상하고 착실한 성실파	대담한 성격의 개성파	인간관계를 소중히 하는 온건파	활동적, 지구력 있는 실천파
합 계				
자신의 타입	여름 사람	겨울 사람	봄 사람	가을 사람

A B C D 중 가장 많이 나온 것이 자신의 타입입니다. A, B 타입은 차가운 색상, C, D 타입은 따뜻한 색상이 잘 어울립니다.

출처 : 정해정(2003). 컬러코디네이션. 서울 : 도서출판 국제, pp. 18–20.

색상 진단 후에 봄 사람, 여름 사람, 가을 사람, 겨울 사람으로 진단이 되면 아래 내용을 참고하여 옷을 입는다.

A. 봄 사람 – 화사하고 귀여운 느낌

① 안색이 밝고 환해 생기가 있어 보인다.

② 실제 나이보다 젊어 보인다.

③ 어울리는 색상은 모든 색에 노랑이 섞인 따뜻한 색, 선명하고 부드러우면서 명도와 채도가 높은 색상이다(주홍, 연두, 산호색).

④ 피해야 하는 색상은 순백색, 검정색, 은색, 회청색, 보라색, 와인색이다.

B. 여름 사람 – 부드럽고 인상 좋음

① 다소 차가우면서 부드러운 느낌을 겸비한 이지적 분위기로 친근감을 준다(우아, 기품, 고전적인 느낌).

② 어울리는 색상은 푸른 기 도는 아이보리, 로즈 핑크, 코스모스 색, 스카이블루이다.

③ 피해야 할 색상은 번쩍임이 있는 색, 따뜻한 색 계열인 황금색, 오렌지색이다.

C. 가을 사람 – 분위기 있음

① 세련되고 차분한 이미지이다(도회적).

② 피부는 윤기가 없고 혈색도 좋지 않다.

③ 어울리는 색상은 모든 색에 노랑과 검정을 섞은 색, 황금빛 색, 짙은 브라운, 겨자색 등이다.

④ 피해야 할 색상은 순백색・검정색이고, 강하고 광택이 나는 옷감도 피해야 한다.

D. 겨울 사람 – 섹시하고 도시적임

① 맑고 강렬한 이미지를 주고, 시원스럽고 딱딱하고 섹시한 느낌을 준다.

② 화려함과 날카로움을 겸비한 멋진 사람이 많다.

③ 어울리는 색상은 순백색, 검정색, 청록색, 청보라, 군청색, 와인색이다.

④ 피해야 할 색상은 오렌지색, 갈색이다.

(4) 피부

얼굴피부는 인상형성 시에 중요한 요소이다. 좋은 이미지를 위해서는 피부 관리에 신경을 써야 한다. 피부 관리에 대한 상식을 알아둘 필요가 있다. 나이가 들면 피부에도 어쩔 수 없이 자연노화가 온다. 자연노화는 피할 수 없지만 피부 관리에 관심을 가지고 신경 쓴다면 피부노화는 더디게 진행될 것이다.

① 햇빛에 의한 광노화는 노력하면 어느 정도 막을 수 있다. 오전 11시부터 오후 3시까지 자외선이 강한 햇빛을 피하고 사계절 내내 외출할 때는 외출 30분 전에 햇빛 차단 크림을 발라야 한다. 햇빛 차단크림을 바른 뒤, 최대한 빨리 씻어내는 것이 피부에 좋다. 햇빛 속에는 ABC파장이 있는데 C파장은 오존층에서 파괴되기 때문에 우리 피부에 와 닿지 않는다. 그러나 B파장은 우리 피부에 기미, 검버섯 등을 생기게 한다. A파장은 강하고 길기 때문에 집안의 창문을 통과해 우리 피부를 주름지게 한다. 창문을 통과한 햇빛은 우리 몸에 유익하지 않고 피부에도 해롭다. 햇빛은 집 밖에 나가서 직접 받아야 우리 몸에 비타민 D를 형성시켜 주며 이 비타민 D는 우리의 뼈를 튼튼하게 해준다. 밖에서 햇볕을 쬘 때 얼굴만큼은 햇빛을 직접 받지 않아야 주름을 예방할 수 있고 피부의 탄력이 떨어지는 것도 막을 수 있다.

② 피부를 위해서는 평상시, 식후 2시간 후부터 미지근한 물을 조금씩 자주 마셔야 한다. 잠들기 전에 마시는 한 잔의 물은 피부를 촉촉하게 하는 데 도움이 된다.

③ 피부를 위해서는 적절한 시각에 잠을 자야 한다. 되도록이면 밤 10시부터 새벽 2시까지는 잠을 자는 것이 좋다. 이 시간대에 다른 모든 신경은 활동을 쉬지만 부교감 신경만큼은 활동을 멈추지 않고 피부에 영양을 공급해 준다. 피부세포의 재생을 위해서는 밤 10시가 어렵다면 밤 11시부터라도 잠을 자는 습관을 길러야 한다.

④ 항산화제인 비타민 C 영양제를 식사 도중이나 식후에 곧장 먹는다.

⑤ 식품 중 해바라기 씨는 피부에 최고의 식품이다. 볶은 해바라기 씨를 하루에 한 숟가락 먹는 것도 피부에 도움이 된다.

⑥ 몸이 따뜻해야 피부의 건조를 막는다.

⑦ 규칙적으로 배변을 하고 간이 건강해야 기미가 생기지 않는다.

⑧ 영양을 균형 있게 섭취하고, 제철에 난 음식과 과일을 골고루 먹는다.

⑨ 평소에 스트레스를 받지 않도록 한다.

⑩ 세안할 때 노폐물을 제거하는 데 신경 써야 한다(Deep Cleansing).

⑪ 공해를 피해 맑은 공기 속에서 생활하자(집안에 있는 큰 나무도 피부에는 지원군이다).

(5) 눈썹

눈썹은 '집 안의 지붕'이라고 비유할 만큼 이미지 형성에 중요한 부분이다. 눈썹이 지나치게 숱이 적으면 인물이 떨어져 보인다. 세련된 이미지를 원한다면 눈썹 정리는 필수이다. 얼굴형에 맞는 눈썹 모양을 유지하도록 신경을 써야 한다.

눈썹 그리는 법(기본형을 기준으로)

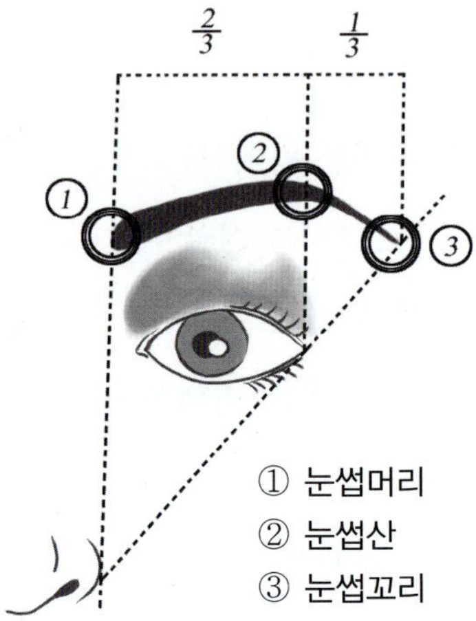

① 알맞은 미간의 폭은 자신의 눈길이라고 생각하면 된다. ➡ 눈썹머리 위치 설정

② 눈썹 꼬리는 그림과 같이 콧망울과 눈꼬리의 연장선이다.

③ 눈썹산의 위치는 눈썹길이의 2/3 지점이다. 정확한 2/3 지점을 매번 찾아서 그리기는 좀 까다로워 쉽게 눈썹산의 위치를 알 수 있는 방법을 소개한다. 대부분의 전문가들은 눈썹산의 위치가 검은 눈동자의 바깥부분이라고 설명하는데 사실은 그렇지가 않다. 이론은 눈썹길이의 2/3 위치라고 말하면서 눈동자 바깥 부분이라고 설명하면 앞뒤가 맞지 않는 얘기가 된다. 실제는 그 2/3 위치라는 것이 눈흰자위 끝나는 부분에 위치한다.

④ 눈썹산에서 눈썹머리쪽으로 직선 느낌으로 그려주면 되고(절대로 라인이 위로 불룩한 느낌이 들도록 그려주면 안 된다) 눈썹산에서 꼬리까지는 자연스러운 곡선으로 연결해 마무리 짓는다.

⑤ 눈썹에도 그라데이션이 있다. 즉, 눈썹에도 진하고 연한 부분이 있다는 말이다. 눈썹머리와 산, 꼬리가 일률적으로 똑같게 되면 도장을 찍은 듯하여 입체감도 나지 않는다. 눈썹산이 가장 진한 부분이고 이 부분에서 꼬리까지 선명하게 그려야 한다. 눈썹머리는 가장 연한 부분이다.

⑥ 눈썹색상은 어떻게 하는 것이 가장 아름다울까? 금발의 서양 여성은 눈썹도 금발색일 때 가장 자연스럽고 아름답듯이 우리나라 여성들도 당연히 머리카락색과 맞아야 가장 보기 좋다.

얼굴형에 따른 눈썹 그리기

자신의 얼굴형	어울리는 눈썹형	
달갈형		기본형 눈썹
	어느 얼굴형이나 잘 어울리는 가장 무난한 눈썹형으로 우아하면서도 귀여운 느낌이 든다.	
둥근형		각진형 눈썹
	둥근 얼굴을 샤프하고 세련된 이미지로 보여준다.	
사각형 (각진 얼굴형)		아치형 눈썹
	각진 얼굴을 부드럽고 우아한 여성의 이미지로 만든다. 삼각형의 얼굴이나 이마가 넓은 얼굴에 잘 어울린다. 얼굴의 길이가 짧은 얼굴도 시원하게 길어 보이게 한다.	
긴 형		일자형 눈썹
	남성의 눈썹과 비슷한 형태지만 얼굴이 넓어 보이는 효과가 있어 긴 얼굴이나 얼굴의 폭이 좁은 사람에게 잘 어울린다. 일자형 눈썹의 두께를 다소 두껍게 하면 더 좋은 효과가 있다. 거기다 입술이 얇은 여성은 1~2mm 정도 더 두껍게 립스틱을 발라주면 적어도 3cm 정도는 긴 얼굴이 짧아 보이는 착시효과를 노릴 수 있다.	

(6) 입술 모양

요즘에는 눈, 코 등의 성형수술뿐만 아니라 입술 끝을 올리는 성형수술도 있다. 예전에는 입술 끝을 올리는 시술은 하지 않았고 연구도 되지 않았다. 현대 사회는 이미지의 시대이다. 인상을 좋게 하기 위해서는 입술 끝이 올라가고 입술 끝의 근육이 살아 있어야 한다.

① 말할 때 입 끝에 힘을 주고 말하면 세련된 이미지, 똑똑한 이미지, 생기 있는 이미지와 적극적이고 진지한 느낌을 주게 된다.

② 대화할 때에도 입술 끝에 힘주고 얘기를 들으면 상대방의 얘기를 적극적으로 경청하는 느낌을 주기 때문에 상대방에게 신뢰감을 줄 수 있다.

③ 말을 하거나 전화통화를 할 때 입술 끝에 힘을 주고 말하면 '성대'가 열리기 때문에 미소 지을 때의 상냥한 느낌을 상대방에게 주기 때문에 이미지가 좋게 느껴진다.

④ 입술 끝에 힘주고 있으면 웃음의 효과가 있기 때문에 피곤이 누적되지 않고 상쾌한 기분을 가질 수 있을 뿐만 아니라 기분 좋은 상태를 유지할 수 있다.

⑤ 입술 끝에 힘주고 있으면 인중人中이 넓어지기 때문에 '좋은 운運이 많이 따른다.'는 인상학자의 견해도 있다.

⑥ 입술 끝을 올리는 습관을 가지면 얼굴 근육이 처지는 속도가 늦춰진다.

⑦ 입술 끝을 올리는 습관은 NK 세포를 활성화시켜 건강에도 좋다.

⑧ 입술 끝을 올리기 위해 입술 끝의 근육을 강화시키려면 입을 다물고 윗니와 아랫니를 보인 상태에서 입술 양 끝을 최대한 옆으로 밀어내는 운동을 한 달 동안 매일 5분 정도씩 하면 효과가 있다. 입술 끝 근육이 강화되면 입술 끝이 올라가 보인다. 한 달 이후, 이틀이나 사흘에 한 번씩만 입술 끝 근육 강화운동을 해도 입술 근육은 유지된다(입천장에 혀의 바닥을 대고 입 끝 올리기).

(7) 치아

상대방과 얼굴을 마주보고 있을 경우 치아상태도 이미지 형성에 영향을 준다. 치열을 좋은 상태로 유지하기 위해서는 평소에 잇몸을 강화시켜야 한다.

① 양치질을 식후에 반드시 하고 양치질도 정성들여 하도록 한다.

② 40대가 넘었다면 하루 한 번씩 보통의 양치질을 한 다음 소금으로 잇몸 중심의 양치질을 다시 해주면 잇몸이 강화되고 입안의 유익균은 살고 유해균은 죽는다.

③ 검지를 깨끗하게 씻은 다음 잇몸 마사지를 수시로 한다. 잇몸이 강화될 뿐만 아니라 치아가 시리고 문제가 있을 때에도 효과를 볼 수 있다.

④ 고치법叩齒法 운동을 자주 한다. 즉 위, 아래 어금니를 여러 번 맞부딪쳐 준다.

⑤ 입을 다물고 4개의 손가락을 붙여서 입술 위를 여러 번 두드려 주거나, 꼭꼭 눌러 마사지를 하면 잇몸이 강화되어 치아 건강에 도움이 된다.

(8) 눈빛

사람과 마주보게 되면 상대방의 눈빛과 치아상태가 이미지 형성에 중요하게 작용한다. 남성의 아름다운 눈빛은 맑고 강하고 빛나는 눈빛이다. 여성의 아름다운 눈빛은 맑고 그윽한 눈빛이다. 아름다운 눈빛을 위한 눈 운동도 관심을 가질 필요가 있다.

① 아름다운 눈빛을 갖기 위해서는 평상시에 틈틈이 입 끝에 힘을 주면서 눈을 감은 상태에서 희망적인 생각, 기분 좋았던 생각 등의 긍정적인 생각을 잠깐씩 한다.

② 한 시간마다 눈을 1초씩 '감았다 떴다'를 열 번 한다. 그리고 멀리 있는 푸른색을 자주 바라본다.

③ 눈을 감은 상태에서 고개를 뒤로 젖히고 발쪽을 보듯이 눈 근육을 긴장시키고(10초 동안), 반대로 고개를 숙인 상태서 머리 쪽을 보듯이 눈 근육을 긴장시킨다(10초 동안). 이어서 오른쪽 어깨 쪽으로 고개를 돌리고 왼쪽 어깨를 보듯이 눈 근육을 긴장시키고(10초 동안), 반대로 고개를 왼쪽 어깨 쪽으로 돌리고 오른쪽 어깨를 보듯이 눈 근육을 긴장시킨다(10초 동안). 다음에는 고개를 똑바로 하고

눈알을 상하, 좌우로 굴리고 시계 도는 방향으로 원을 한 번 그리고 또 반대방향으로 원을 한 번 그리는 눈 운동을 한 세트로 해서 열 번 한다.

④ 양손의 손바닥을 50회 정도 바깥쪽으로 원을 그리며 비빈 다음, 눈을 크게 뜨고 열이 난 손바닥을 손등을 약간 오목하게 해서 눈 위에 갖다 댄다.

위의 네 가지 눈 운동은 아름다운 눈빛을 위해 좋을 뿐만 아니라 시력도 좋게 만든다.

(9) 턱의 각도

사람과 마주 보며 대화를 나누거나 앞에 나와서 발표할 때는 턱의 각도를 적절하게 해야 한다.

① 턱을 수평에서 10도 이상 위로 들면 상대방에게 거만하고 공격적인 느낌을 준다.

② 턱을 수평에서 10도 이상 아래로 내리면 겸손한 느낌을 줄 수 있지만 자신감이 없어 보일 수도 있다.

③ 대화를 나누면서 상대방의 얘기를 들을 때는 턱의 각도를 수평으로 하다가 자기가 말할 때는 약 5도 정도 들고 얘기하면 자신감이 있어 보여서 이미지가 좋다.

(10) 시선처리

사람과 마주 앉아 대화를 나눌 경우의 시선처리는 이미지 형성에 중요하게 작용한다. 일반적으로 미간, 인중人中, 턱 끝 등 세 부분을 골고루 보거나 눈, 코, 입, 목을 골고루 보는 시선처리가 무난하다. 한 부분에 시선을 조금 여유 있게 준 다음 다른 곳으로 옮긴다. 상대방의 목 아래로 시선을 두는 것은 결례이다.

특정한 상황에서 상대방을 설득하기 위한 목적이 있다면 상대방의 왼쪽 눈에 집중적으로 시선을 주면서 말을 하는 것이 설득의 효과가 있다. 왼쪽 눈은 우뇌와 연결되어 있기 때문에 감성에 대해 작용력이 있다.

2| 복장의 의미

1) 복장과 의상의 차이

많은 사람들은 '복장'과 '의상'을 혼동한다. '복장'은 시간과 장소와 경우에 어울리게 입은 옷이고, '의상'은 몸에 옷을 걸치는 것이다. 가게에 가면 많은 옷들이 걸려 있다. 복장은 옷에다 자기 몸을 적용시킨 뒤의 모습, 어디에 입고 갈 것인지, 입었을 때 다른 사람들 눈에 자신이 어떻게 비칠지 등을 먼저 생각한 다음 고른 옷이다.

복장은 일반적으로 '고상함', '균형', '조화'가 중요한 판단기준이다. 이는 모두 타인이 결정하는 것이다. 우리가 옷을 입을 때는 타인의 시선을 생각하며 옷을 입어야 한다. 타인이 나에 대한 이미지를 좋게 가질 수 있도록 신경을 쓸 필요가 있다.

2) 복장의 멋 내기 핵심

복장에서 멋내기 구성의 핵심요소는 '목 주위'에 있다. 세련되고 우아함을 표현하기 위해서는 복장만으로는 부족하기 때문에 목 주위가 멋내기의 출발 원점이자 포인트가 된다. 목 주위의 멋내기에서 기본은 장식과 감춤이다. 목걸이, 스카프, 목도리, 넥타이 등으로 목을 꾸미거나 완전히 감춤으로써 역설적으로 목을 강조하는 것이다.

이집트의 소년왕 투탕카멘은 목 주위를 금으로 장식하였다. 바빌로니아의 고관들은 턱수염을 길러 목을 감추었다. 고대 그리스의 왕은 히마티온이라 불리는 망토로 목을 감쌌다. 17세기 영국의 귀족들은 곱슬머리 장발과 주름 깃으로 목을 완전히 감쌌다.

현대에 와서 이탈리아의 멋쟁이 남자들은 턱까지 닿을 만큼 높은 하이칼라 셔츠를 입는다. 또 일반 남자들이 슈트를 입을 때 드레스셔츠에 넥타이를 맨 V-zone은 여성의 화장 효과와 같다.

옷의 형태가 달라지는 것과 상관없이 기원전부터 다양한 문화권에서 목의 독립성을 인정해 왔다. 이는 동서고금을 막론하고 멋내기의 핵심이 목에 있다는 사실을 말해주는 것이다.

3| 남성의 구두

1) 남성구두의 관리법

남자들은 흔히 슈트에 신경을 가장 많이 쓴다. 그러나 멋쟁이가 되려면 구두에 가장 먼저 투자를 해야 한다. 질 좋은 구두는 시간을 초월한다. 옷처럼 유행을 타지 않기 때문에 처음에 잘 고르고 관리를 잘 하면 매우 오랫동안 신을 수 있다. 질이 좋은 구두는 싼 구두 몇 켤레보다 오래간다. 여러 소재의 구두 가운데 역시 가죽구두가 건강에 좋다. 새 가죽구두라면 밑창에 기름이나 스포츠오일, 구두약 등을 간격을 두고 몇 번 발라주면 밑창의 유분이 마르지 않고 물기에 강해지기 때문에 구두를 오래 신을 수 있다. 가죽 구두 관리의 핵심은 구두코의 반짝이는 아름다움과 밑창의

튼튼함이다.

남자가 신는 구두코 끝이 올라가 있으면 자기 치수보다 큰 치수의 구두이거나 평상 시에 슈키퍼(Shoe Keeper : 구두의 변형을 막기 위한 도구)를 안에 넣어두지 않았던 구두일 것이다. 구두는 한 번 신을 때마다 형태가 조금씩 변한다. 슈키퍼를 사용하지 않으면 구두가 우선 옆으로 넓어지고 그에 비례해 구두코 끝이 들려 올라간다. 한번 변형되면 본래 모양으로 되돌리기가 어렵다. 구두코의 끝이 들려 올라가는 정도를 낮추려면 구두에 꼭 맞는 슈키퍼를 늘 넣어두어야 한다. 고급구두를 주문하면 주문한 구두에 꼭 맞는 슈키퍼를 넣어준다. 슈키퍼가 없다면 신문지를 뭉쳐 구두코 안에 잘 넣어놓고 보관해도 괜찮다.

구두코는 구두가 막 완성됐을 때는 약 12~13mm를 유지하나 구두를 신으면 변형이 된다. 변형이 와도 25mm 이상 올라가면 보기에도 좋지 않을 뿐만 아니라 구두의 중후한 리듬감까지 사라진다. 구두코가 약간 올라가는 이유는 안전한 보행을 위해서이다.

혹시 빗물에 구두가 젖었다면 일단 신문지를 뭉쳐 넣어 구두 안쪽까지 건조시킨 다음 슈키퍼를 넣어 두어야 구두가죽이 늘어나지 않는다. 또한 구두수납 시에는 습기로 인해 곰팡이가 생기지 않도록 주의한다.

구두뒤축이 닳으면 빨리 수선하는 것이 좋다. 방치해 두면 보기도 안 좋지만 발 근육에 이상이 올 수도 있다. 대부분의 남자구두를 보면 뒤축의 안쪽이나 바깥쪽이 닳아 있다. 이는 걸음걸이가 십일자로 걷지 못하기 때문에 그렇다. 품격과 건강을 위해서라도 십일자 보행을 하도록 해야 한다. 평소 거리를 걸을 때 두 발의 각도에 유의하면서 보간을 주먹 하나 간격으로 걸으면 발 건강에도 좋고 품격 있는 걸음걸이가 된다.

두세 켤레의 구두를 하루나 이틀 간격으로 바꿔 신으면 착용감이 쾌적한 상태의 구두를 계속해서 오래 신을 수 있다.

2) 남성구두 고를 때의 유의사항

① 구두는 사람의 전체적인 스타일을 결정하는 데 중요하다.
② 키가 크면 구두 앞모양이 둥근 쪽을 고르고, 키가 작으면 구두 앞모양이 약간 뾰족한 것을 신어야 키가 더 커 보인다.
③ 옷의 스타일에 구두를 맞추는 것이 좋다.
④ 슈트의 컬러와 비슷하거나 더 짙은 색의 구두가 더 세련되어 보인다.
⑤ 벨트와 구두 컬러는 통일하는 것이 바람직하다.
⑥ 정장에는 끈이 있는 구두를 신도록 한다.
⑦ 턱시도에는 구두코에 절개선이 있는 검은 구두가 좋다.
⑧ 재질이 반짝이는 구두는 저녁 모임에나 신는다. 일상화를 반짝이는 재질로 신으면 이상하다. 구두에 화려한 문양이 있는 것도 편하게 신기는 어렵다.

<윙 팁 슈즈>

장식의 모양이 날개를 펼친 새를 닮았다 하여 비롯된 이름이다. 독특한 장식이 멋스러운 구두로 정장은 물론 스포티한 재킷에도 잘 어울린다.

<스트레이트 팁 슈즈>

곰보 같은 구멍, 즉 브로그가 구두코에만 있는 스타일이다. 클래식한 분위기를 연출한다. 정장에는 최고의 구두이다.

윙 팁 슈즈

스트레이트 팁 슈즈

<캡 토 슈즈>

앞 코에 다른 가죽을 덧대어 만든 구두로 한 줄의 봉재선이 장식적인 효과를 낸다. 대표적인 비즈니스 구두로 세련된 스타일을 연출하는 데 좋다.

<몽크 스트랩 슈즈>

몽크 스트랩 슈즈의 구두코는 평평하며 옆 부분에 버클 장식이 달려 있는 것이 특징이다. 겉으로는 중후해 보이지만 신으면 스포티한 감각을 나타낼 수 있으며 일명 버클슈즈라고도 한다. 정장에는 피하는 게 좋다.

캡 토 슈즈

몽크 스트랩 슈즈

<로퍼 슈즈>

인디언의 모카신이 변형된 스타일로 발등을 금속 버클이나 가죽으로 덧댄 새들 등으로 장식한 구두다. 스포티하고 캐주얼하므로 정장에는 피하는 것이 좋다.

<플레인 토 슈즈>

구두코에 아무 장식이 없는 디자인을 말한다. 가장 기본적인 형태의 구두로 단정한 이미지를 주며 울 소재의 슈트나 스포티한 재킷, 셔츠 차림 등 어디에나 잘 어울린다.

로퍼 슈즈

플레인 토 슈즈

4| 남성의 넥타이

남자들의 코디네이션에서 구두 다음으로 투자할 것은 역시 넥타이일 것이다. 목 주위를 개성 있는 스타일로 창조할 수 있기 때문이다. 넥타이로 목 주위에 입체를 만들어 멋스러움을 더하는 것이다. 넥타이는 무늬보다 볼륨감이 더 중요하다. 넥타이는 목 주위에 입체감을 더하기 때문에 슈트 스타일이 중후하고 멋스러워 보인다. 따라서 넥타이를 선택할 때 볼륨감을 생각해서 넥타이의 소재도 신경을 써야 한다.

넥타이는 복장의 핵심요소 중 하나이다.

넥타이는 복장에 묻혀야 하는 것이며 묻혀야 비로소 넥타이가 살아난다. 넥타이가 묻히기 위해서는 슈트나 셔츠, 구두와 계산된 조합이 필요하며 조합에 따라 그 사람의 이미지가 형성된다. 따라서 넥타이를 매는 것이 생각보다는 어렵기 때문에 평상 시에 관심을 갖고 감각을 익히지 않으면 좋은 느낌을 줄 수가 없다.

장례식 때 검정색 슈트에 검정색 넥타이는 기독교 사상에서 비롯된 것이다. 미국의 역대 대통령이 공식석상에서 감색(Navy색) 슈트와 흰 드레스셔츠, 붉은 넥타이를 매왔던 것은 미국 국기의 배색 그 자체다. 미국 대통령은 민주당이든 공화당이든 붉은색 넥타이를 망설임 없이 맨다. 색채학자인 모리스 데리브르가 정의했듯이 붉은색이 정신적으로는 신神과 동포에 대한 열렬한 사랑, 세속적으로는 용기와 열정을 뜻하므로 미국 사상 그 자체를 체현하고 있기 때문이다. 다만, 그들의 감색, 흰색, 붉은색 조합은 내국인에 대한 선전활동의 일환으로 여겨진다.

넥타이에 개인의 생각을 불어넣을 수 있는 것은 무늬와 색뿐이다. 검은색, 흰색, 은색의 관혼상제용 넥타이에 기쁨과 슬픔의 의미를 싣듯이 우리는 다른 넥타이에 대해서도 의미를 부여해야 한다.

넥타이의 무늬는 크게 세 가지가 있다. 매우 작은 좌우 대칭의 무늬, 줄무늬, 그 밖의 다른 무늬이다. 가장 클래식한 넥타이는 감색 바탕에 흰색 작은 물방울넥타이다. 물방울, 즉 도트Dot가 작으면 작을수록 질서에 밀도가 더해지고 한층 더 질서의 효과가 커진다. 작은 도트 무늬가 타인에게 좋은 인상을 주는 것은 그 때문이다.

1) 넥타이 코디법

① 넥타이 길이는 벨트의 아랫단까지 내려오게 한다.

② 고전적인 패턴 : 도트, 페이즐리, 스트라이프 모양이 좋다.

③ 지적이고 차분한 이미지 : 슈트와 동일 계열색이 좋다.

④ 개성적인 분위기 : 슈트와 대조적인 계열색이 좋다.

⑤ 세로 줄무늬 셔츠에 줄무늬 넥타이는 피하는 것이 좋다.

⑥ 드레스 셔츠 색상보다 넥타이 색상이 반드시 어두워야 한다.

일반적으로 빨간색 넥타이는 열정적이고 용기 있고 사랑이 많고 카리스마가 있어 보이고 상대방을 제압하려는 강한 느낌을 준다. 노란색 계열의 넥타이는 친근감이 느껴지고, 파란색 계열의 넥타이는 신뢰감을 준다.

2) 넥타이 매는 방법

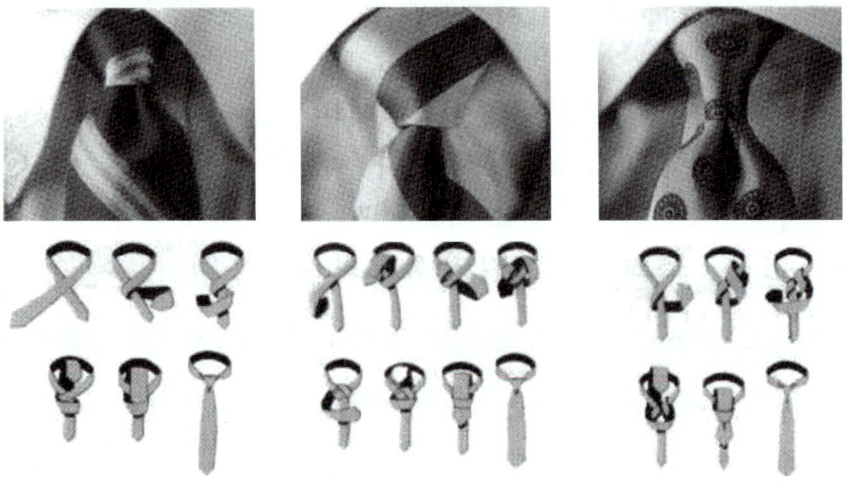

포 인 핸드 놋트 윈저 놋트 하프 윈저 놋트

출처 : 박순현(2002). 패션이미지메이킹. 서울 : 예학사, p. 107.

출처 : 김월순 외(2004). 토탈패션코디네이션. 서울 : 예림, p. 213.

5| 남성 복장의 올바른 차림과 유의사항

1) 슈트Suit

① 남자의 양복 정장 한 벌을 슈트Suit라고 한다.

② 감색 슈트Navy Suit는 권위적이고 회색 슈트는 호감을 준다. 어두운 회색은 감색만큼이나 강한 메시지를 주면서도 부드러운 인상을 줄 수 있다. 하절기에 옅은 회색 슈트는 비싼 옷이라도 고급스럽게 보이지 않는다.

③ 부드러운 이미지의 남성에게는 채도를 낮춘 부드러운 색의 스트라이프나 두

가지 색으로 직조된 천이 좋다. 이미지가 강한 남성에게는 단색이나 선명한 스트라이프가 좋다.

④ 자신의 체형에 맞는 약간 여유 있는 슈트가 편하고 보기에도 좋다. 너무 꼭 맞는 슈트는 품위가 없어 보이고 자신도 불편하다.

⑤ 슈트 상의의 등이나 칼라 밑에 주름이 지지 않아야 한다.

⑥ 슈트 상의 길이는 자신의 엉덩이를 덮는 게 좋다(칼라 밑에서 바닥까지 잰 길이의 1/2지점). 혹은 팔을 곧게 펼 때 엄지 첫 관절의 위치가 적당하다.

⑦ 슈트 상의 소매 길이는 손목뼈 있는 데까지 내려와야 한다.

⑧ 슈트 상의를 입었을 때 드레스 셔츠의 뒤 칼라와 소매는 1~1.5cm 정도 보이게 입는다.

⑨ 슈트 상의의 버튼이 2개, 3개일 경우는 맨 아래 버튼은 채우지 않는다.

⑩ 버튼이 3개일 경우는 앞을 오픈해서 입지 않는다.

⑪ 자리에 앉을 때는 버튼을 채우지 않는다.

⑫ 남자의 슈트 차림에서 가장 중요한 것은 '흐름'이다. 따라서 슈트 주머니에 소지품을 넣으면 안 된다.

⑬ 슈트 요소에는 일반적으로 세 종류의 깃Lapels 모양이 있다.

- 노치드Notched 라펠 : 싱글 버튼형
- 피크트Peaked 라펠 : 더블 버튼형
- 숄더Shoulder 라펠 : 예복

싱글 버튼형

더블 버튼형

예복

넓은 라펠은 실루엣을 넓게 퍼져 보이게 하므로 뚱뚱하거나 키가 작은 체격에는 어울리지 않는다. 라펠의 갈라진 부분을 고지Gorge라고 하는데, 목이 짧은 사람은 고지가 높은 게 좋다.

⑭ 슈트의 요소로 세 종류의 뒤트임Vent이 있다.

- 더블 벤티드 스타일Double-vented Style : 영국의 전통적인 신사복 스타일로 엉덩이가 크거나 배가 나온 사람에게는 어울리지 않는다.
- 싱글 벤티드 스타일Single-vented Style : 편안함과 기능적인 면을 강조한다. 3버튼 수트에 가장 잘 어울린다.
- 노 벤티드 스타일No-vented Style : 패션성을 강조하는 디자인에서 사용하고 가장 깔끔해 보인다.

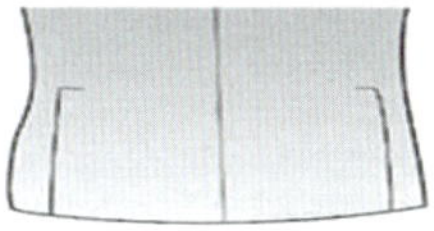
더블 벤티드

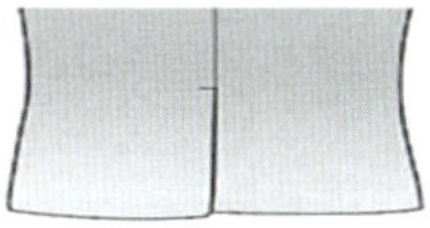
싱글 벤티드

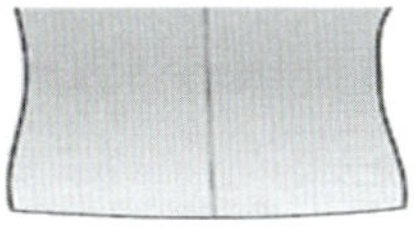
노 벤티드

⑮ 슈트 스타일은 일반적으로 네 종류로 나눌 수 있다.

- 슈트 스타일 : American
  - 가장 실용적인 슈트로 넉넉하고 움직이기 편하다.
  - 어깨는 패드가 얇아 자연스럽고 뒤트임은 1개이며 유행을 타지 않는다.
  - 전체적인 실루엣이 깔끔한 느낌을 준다.
  - 체형을 감추어 주어 나이 든 사람에게 적합하다.
- 슈트 스타일 : British
  - 어깨에는 패드를 한 장만 넣어 자연스럽게 했으며 허리선을 부드럽게 처리하여 움직이기에 편한 것이 특징이다.
  - 두 개의 뒤트임과 주름이 들어간 바지가 특징이며 가장 고전적인 스타일이다.
- 슈트 스타일 : European
  - 어깨가 각이 지고 가슴에서 엉덩이까지 꼭 붙는다.
  - 뒤트임이 없는 것이 특징이다.
  - 어깨는 딱딱한 느낌이다.
  - 우아한 옷차림을 선호하는 사람에게 맞는 스타일이다.
  - 마른 사람에게 어울린다.
- 슈트 스타일 : Italian
  - 가장 최근에 만들어졌으며 어깨 폭이 넓고 허리선을 부드럽게 처리하여 움직이기 편한 것이 특징이다.
  - 착용감이 좋고 외형적인 세련미 때문에 현재 가장 많이 응용되는 스타일이다.

American

British

European

Italian

2) 드레스셔츠Dress Shirts

① 드레스셔츠를 우리나라에서는 많은 사람들이 '와이셔츠'라고 한다. 이 와이셔츠는 일본 사람들이 'White Shirts'의 발음을 그들식으로 했던 것을 우리나라에서 그대로 쓰고 있는 것이다. 아직 우리식 표현이 따로 없기 때문에 영어식 표현 그대로 '드레스셔츠'라고 하는 것이 와이셔츠라고 하는 것보다는 더 나을 것 같다.

② 버튼다운 폴로셔츠(칼라 양쪽 끝에 단추 달린 셔츠)는 정장용 셔츠가 아니다.

③ 칼라가 보석이나 스티치로 장식된 셔츠는 정통 정장차림으로는 어울리지 않는다.

④ 칼라는 입었을 때 손가락 '검지'가 한 개 들어갈 정도로 여유가 있어야 한다.

⑤ 바지춤에서 빠져나오지 않을 정도로 길이가 충분히 길어야 한다.

⑥ 여름에도 정장 차림에는 긴 팔의 드레스셔츠를 입어야 한다.

⑦ 조끼를 입지 않은 상태에서 슈트를 벗고 드레스셔츠 차림으로 식사를 하거나 손님을 맞이하는 것은 삼가야 한다.

⑧ 얼굴형, 목 길이에 따라 칼라 선택을 달리해야 한다.

- 둥근 얼굴형은 라운드 칼라를 피하고 롱 칼라를 선택한다.
- 긴 얼굴형은 롱 칼라는 피하고 라운드 칼라를 선택한다.
- 목이 긴 형은 하이칼라를 선택하고 로우칼라는 피한다.
- 목이 짧은 형은 로우칼라를 선택하고 하이칼라는 피한다.

3) 양말Socks

① 정장의 양말 색깔은 바지색에 맞추고, 바지색보다 약간 진해야 한다.
② 양말 목에 상표가 없어야 한다.
③ 양말 목이 길어서 다리를 포갰을 때 다리 살이 보이지 않아야 한다.
④ 중요한 모임에는 발가락이 한 개씩 들어가는 양말은 신지 않는다.

4) 바지Slacks

① 바지를 고를 때는 평소의 소지품을 넣어보고 고른다.
② 바지 길이는 일반적으로 구두 굽의 1/2~2/3 정도까지 내려오는 게 보기 좋다.
③ 바지 앞단이 일반적으로 구두 등의 3/4 정도를 가릴 정도로 내려오면 보기 좋다.
④ 외반슬(무릎 아래가 바깥쪽으로 휜다리)은 바지 길이를 길게 입지 않는 게 좋다.

바지 통과 길이는 유행에 따라 달라진다.

5) 조끼Vest

① 조끼 밑으로 셔츠나 바지의 허리 단이 보이지 않도록 하고 몸에 꼭 맞게 입는다.

② 조끼는 보통 체격은 몸에 꼭 맞게, 뚱뚱한 체격은 약간 여유 있게 입는다.

③ 조끼의 색상과 질감은 바지와 같은 것으로 선택하는 것이 무난하다.

④ 일반적으로 조끼의 맨 아래 단추는 채우지 않은 게 기본이지만, 조끼 모양에 따라 단추를 모두 채울 수도 있다.

6) 정장 액세서리

① 정장의 액세서리인 '포켓치프Pocketchief'는 넥타이를 매거나 매지 않았을 때나 웃옷 가슴주머니에 꽂으면 멋스럽다. 포켓치프는 '포켓행커치프Pocket—hankerchief', '포켓스퀘어Pocketsquare'라고도 한다.

② 정장 차림에는 드레스셔츠 커프(소매 끝동아리)에 커프링크스(커프버튼)을 하면 이미지가 깔끔하다. 초보자는 금속소재가 무난하다.

7) 벨트Belt

① 벨트 색상은 구두색과 동일한 것이 좋다.

② 멜빵Suspenders : 멜빵과 벨트는 함께 하지 않는다.

> 정장 주머니에 물건을 많이 넣지 않도록 한다. 정장 주머니에는 지갑, 명함 지갑, 손수건, 수첩 정도만 넣고 나머지 소지품은 가방에 넣고 다니는 것이 품격 있는 모습이다.

6| 개인별 색깔 진단에 따른 남성 V-zone

'V-zone'이란 남성이 정장상의를 입었을 때 넥타이와 드레스셔츠가 앙상블을 이루는 부분이다. 이 'V-zone'은 여성의 화장과 같은 효과가 있으므로 인물을 훨씬 돋보이게 하는 효과가 있다. 남성이 멋내기에 가장 좋은 부분이다.

1) 봄 사람

① 슈트 : 연회색, 밝은 네이비가 어울린다.

② 드레스셔츠 : 아이보리, 연한 담황색 등 노랑이 베이스로 되어 있는 밝은 색상이 잘 어울리며 칙칙한 색상은 삼간다.

③ 넥타이 : 드레스셔츠의 색상에 맞추어 선택할 수 있으나 가을 타입보다는 밝고 선명한 색상이 잘 어울린다.

2) 여름 사람

① 슈트 : 네이비 블루, 회색빛 네이비가 어울린다.

② 드레스셔츠 : 부드러운 화이트, 연하늘색, 연분홍 등 푸른색 베이스로 되어 있는 색상을 사용할 수 있으나 오렌지 계열의 색상은 삼간다.

③ 넥타이 : 부드러운 색상이 잘 어울리나 때로는 겨울 색상으로 포인트를 줄 수도 있다.

3) 가을 사람

① 슈트 : 커피 브라운, 짙은 갈색, 마린 네이비, 검정빛 갈색이 어울린다.

② 드레스셔츠 : 굴빛 하얀색, 따뜻한 베이지 등 황금색이 베이스로 되어 있는 색상을 사용할 수 있으나 블루 계열의 색상은 삼간다.

③ 넥타이 : 가을 타입의 이미지에는 명도와 채도가 낮은 황색 계열과 그린 계열의 색상이 잘 어울린다.

4) 겨울 사람

① 슈트 : 검정색, 회색, 네이비가 어울린다.

② 드레스셔츠 : 순백색, 블루 계열, 회색 계열 외에도 푸른색이 베이스로 되어 있는 분홍, 그린 등 차가운 색상을 사용할 수 있다.

③ 넥타이 : 드레스셔츠의 색상에 맞추어 선택할 수 있으나 울 타입 이미지에는 선명한 색상이 잘 어울린다.

7 | 체형별 코디네이션

1) 마른 체형 작은 키

① 상하의의 색상은 통일시켜 입는다.

② 짧은 재킷, 동일색의 하의를 입고 롱스커트, 롱팬츠, 원피스를 입는다.

③ 흰 피부는 셔츠나 이너웨어Innerwear를 파스텔 계열의 밝은 색상으로 선택한다.

④ 어두운 피부는 체형보완을 위해 줄무늬, 체크 등의 무늬를 이용하고 어느 정도 간격이 있으면서 확실한 줄무늬가 적합하다.

2) 마른 체형 보통 키

① 컬러는 하의보다 상의를 더 밝게 입는다.

② 롱팬츠와 롱재킷, 긴 점퍼스커트나 긴 조끼 등 같은 계열색으로 조화를 이룬다.

③ 상하의는 검정과 갈색 등 어두운 색 계열, 빨강과 초록의 보색 대비 등은 피한다.

④ 줄무늬, 체크무늬로 개성을 살린다.

⑤ 옷 색상과 비슷한 계열의 넥타이, 스카프가 좋고 머플러는 마른 체형을 볼륨감 있게 살려 준다.

3) 마른 체형 큰 키

① 컬러는 밝고 환한 색상이 큰 키를 보완하고 흰색과 밝은 회색이 마른 체형을 보완한다. 잔잔한 무늬는 더 커 보인다.

② 검정, 진한 회색, 짙은 녹색, 짙은 모노톤도 큰 키를 보완해 주는 색이다.

③ 정장 스타일이 잘 어울린다. 재킷 길이가 길면 키가 덜 커 보인다.

④ 긴 머리가 좋고 큰 액세서리와 대담한 디자인, 큰 무늬가 좋다.

⑤ 딱딱한 느낌의 서류가방, 핸드백이 좋다.

4) 살찐 체형 작은 키

① 컬러가 짙고 어두운 옷을 입는다.

② 포인트 컬러는 넥타이, 이너웨어, 모자, 스카프 등에 이용하는 것이 효과적이다.

③ 작은 키를 보완하기 위해서 상하의는 같은 색으로 입거나 대조적이지 않은 색끼리 입는다.

④ 하체가 길어 보이는 롱팬츠, 롱스커트, 원피스를 입는 것도 효과적이다.

5) 살찐 체형 보통 키

① 컬러는 위보다는 아래를, 겉보다는 속을 밝게 입는다.

② 원색 계열의 빨강이나 자주, 짙은 네이비, 포도주색, 짙은 회색, 검정도 잘 어울리고 짙은 색이 체형을 세련되게 표현한다.

③ 상하의를 같은 색으로 입어도 좋고, 상하의 색상을 달리해서 입어도 괜찮다.

6) 살찐 체형 큰 키

① 컬러는 상하의를 대조적인 색상으로 코디한다(상의 짙은색, 하의 밝은색).

② 중간톤의 회색, 검정색의 모노톤, 포도주색, 짙은 빨강, 자주색 등은 살찐 체형을 보완하며 잘 어울리는 색 중 짙은 색을 선택한다.

③ 장식이 돋보이는 디자인이 좋다.

④ 광택이 없는 천과 세로 절개선 무늬가 좋다.

⑤ 단화보다 4~5cm의 굽이 좋다.

7) 보통 체형 작은 키

① 상하의의 컬러로는 같은 계열 색을 입는다. 잔잔한 무늬, 세로 절개선 무늬가 좋다.

② 아이보리, 베이지, 선명한 인상을 주는 오렌지색, 녹색도 잘 맞는다.

③ 재킷색상이 다르더라도 이너웨어와 스커트, 팬츠의 색상은 동일색으로 연결시키는 것이 체형보완에 좋다.

④ 신발의 굽이 지나치게 높으면 키가 더 작아 보인다.

⑤ 액세서리는 시선을 위로 유도하는 것이 좋고 가는 끈의 숄더백이 좋다.

8) 보통 체형 보통 키

① 컬러는 밝은 색상, 어두운 색상 모두 소화가 가능하다.

② 브라운 골드, 진한 파랑 등은 이 체형의 세련된 이미지를 전달해 준다.

③ 롱원피스, 롱스커트가 잘 어울리고 부드러운 소재일수록 체형을 돋보이게 한다.

④ 적당한 굽높이가 좋고, 모자도 좋다.

9) 보통 체형 큰 키

① 컬러는 상하의의 색을 달리해서 콤비 스타일로 입으면 큰 키를 보완한다.

② 내추럴 톤이나 딥톤의 색상이 잘 맞는다. 녹색, 자주색, 포도주색도 잘 어울린다.

③ 같은 색의 슈트를 입을 때는 선명한 색상의 이너웨어, 스카프, 화려한 액세서리를 이용한다.

④ 아래쪽에 커다란 무늬의 옷은 체형을 보완해 주며 크고 대담한 액세서리가 좋다.

출처 : 조영아 외(2006). 샵 마스터. 서울 : 시대고시기획, pp. 312-317.

10) 옷을 잘 입는 요령

① 남의 옷차림을 관심 있게 살펴본다.

② 자신의 체형을 알아야 한다.

③ 자기에게 어울리는 색깔을 알아야 한다.

④ 잡지, 전문 매체를 관심 있게 보고, 윈도우 쇼핑Window shopping을 즐긴다.

⑤ 매장의 샵 마스터Shop Master에게 자문한다.

⑥ 옷을 살 때 집에 있는 옷 색깔과 모양의 조화를 생각하면서 구매한다.

⑦ 자기에게 어울리는 스타일을 찾는다.

⑧ 옷을 입을 때는 시간, 장소 상황과 남의 시선을 생각하며 입는다.

8 | 색의 종류와 톤

1) 색의 종류

색은 크게 무채색, 유채색으로 나뉜다. 무채색은 검정, 흰색, 회색 등 색상이나 채도가 없고 명도만 있는 색을 말한다. 유채색은 무채색을 제외한 색감을 갖는 모든 색으로 색상, 명도, 채도의 속성을 갖는다.

색상이란 일반적으로 빨강, 주황, 파랑, 노랑 등과 같이 서로 다른 느낌을 주는 색을 말한다. 명도란 색의 명암 정도, 즉 색의 밝고 어두운 정도를 말한다. 채도란 색상의 순수한 정도, 즉 색이 얼마나 선명한가 탁한가를 말한다. 채도가 높을수록 색이 선명하다.

> 어떤 색에 주황을 섞으면 따뜻한 색이 되고 파랑을 섞으면 차가운 색이 된다.

2) 다섯 가지 색상 톤

(1) 모노톤(Mono Tone : 검정, 흰색, 회색)

흰색과 검정색은 영원히 사랑받는 색이며 세련된 분위기를 연출해 주는 패션컬러의 고전이다. 흰색과 배색하면 경쾌한 느낌이 들고, 검정과 배색하면 세련되고 화려한 이미지를 만든다. 겨울 사람에게 가장 잘 어울리는 색이다.

(2) 딥톤(Deep Tone : 감색, 자두색, 겨자색, 흑갈색, 포도주색)

전체적인 색감은 주로 어둡고 깊은 맛이 나는 채도가 낮은 그룹색이다. 화사하고 중후하고 품격 있는 매력적인 색이다. 정장 차림에 잘 어울리는 색이다. 딥톤은 가을 사람과 겨울 사람에게 잘 어울린다.

(3) 비비드톤(Vivid Tone : 빨강색, 노란색, 연두색, 주황색, 초록색, 자주색, 군청색, 자홍색 등)

선명하고 밝은 색으로 채도가 높은 원색 톤의 색 계열이다. 생동감이 있으며 캐주얼에서 정장까지 이미지 표현이 다양하다. 비비드톤 중 따뜻한 색의 계열은 봄 사람에게 잘 어울리고, 차가운 색의 계열은 겨울 사람에게 잘 어울린다.

(4) 파스텔톤(Pastel Tone : 하늘색, 파스텔블루, 민트블루, 크림색, 핑크색)

부드러운 색의 계열이다. 우아하고 고상한 이미지, 모던한 이미지, 캐주얼에 이르기까지 다양하게 연출할 수 있다. 여름 사람에게 잘 어울리는 색상 계열이다.

(5) 내추럴톤(Natural Tone : 갈색, 금갈색, 카키색, 베이지색, 올리브그린)

차분하면서 가라앉은 느낌을 주는 색상 톤이다. 세련된 정장에도 잘 어울리고 캐주얼웨어에도 많이 쓰인다. 내추럴톤은 가을 사람에게 매우 잘 어울리는 색상 계열이다.

출처 : 정연아(1997). 성공하는 사람에겐 표정이 있다. 서울 : 명진, pp. 211-213.

9| 기본 컬러 열두 가지 코디

단순히 옷이라는 물품을 고르지 않고 복장을 고르기 위해서는 색상 조화에 대한 기본은 알고 골라야 한다. 열두 가지 기본 색상의 코디에 대해서 살펴보기로 한다.

1) Beige

① 베이지는 내추럴 계열의 기본 컬러이다.

② 모노톤과 기본적으로 가장 무난한 코디가 될 수 있고 특히 겨울에 활용하면 고급스럽고 세련되어 보이는 컬러 코디네이션이다.

③ 수수한 색의 배합으로 미묘한 변화를 준다.

④ 내추럴톤과 매치하여 캐주얼하게 연출한다.

2) Blue

① 파란색에는 흰색이 최상의 배색이다.

② 비교적 다른 색과 잘 어울리나 노란색, 빨간색이 특히 잘 어울린다.

③ 딥 컬러나 내추럴 컬러와 매치하면 깊이 있고 우아한 인상을 준다.

④ 파스텔 컬러와도 명도 차이가 있어 비교적 잘 조화된다.

⑤ 어떤 스타일에도 잘 어울리며 삼색 배색으로 연출한다.

3) Brown

① 갈색에는 붉은 기나 노란 기가 강하지 않은 색을 배합하는 게 좋다.

② 검정색은 갈색을 모던해 보이게 하지만 무거워 보이게도 한다.

③ 갈색은 흰색과 잘 매치되지만 회색과는 탁해 보인다.

④ 딥 컬러와 매치해서 심플한 분위기를 연출한다.

⑤ 회색빛 파스텔로 클래식하게 연출한다.

4) Magenta

① 짙은 적자주색은 배색에 따라서 화려해 보이기도 하고 캐주얼한 인상을 준다.

② 검정색이나 흰색을 매치하면 모던하고 샤프한 인상을, 녹색계열과는 이국적인 분위기를 만든다.

③ 주황색과 매치하면 캐주얼한 인상을 주고, 내추럴 컬러와의 배합에는 검은색으로 포인트를 준다.

④ 섹시하고 우아한 분위기를 연출한다.

⑤ 컬러풀하게 연출한다.

5) Navy

① 네이비는 어둡지만 블루계열이기 때문에 흰색과의 매치가 가장 이상적이며, 회색과의 매치는 전통적인 배색으로 품위가 있어 보인다.

② 비비드톤, 파스텔톤, 딥톤 컬러와는 반대색을 중심으로 배색하는 것이 코디요령이다.

③ 내추럴톤 컬러 중에서는 베이지색과 잘 어울린다.

6) Olive-Green

① 검정, 흰색과 무난하게 매치되고, 회색과의 매치는 지나치게 차가운 인상을 준다.

② 비비드톤이나 딥 컬러와는 잘 어울린다.

③ 난색暖色 계열과 매치하면 경쾌한 느낌, 한색寒色 계열과 매치하면 샤프함을 강조한다.

④ 올리브 그린은 야외에서 즐기는 스타일이다.

⑤ 적색계열과 매치하여 경쾌하게 연출한다.

7) Orange

① 주황색은 코디하기가 까다로운 색상이다.

② 모던한 느낌을 원한다면 검정색을 매치하는 것이 최상이며 이때 전체적인 느낌이 무거워 보인다면 흰색과 함께 코디하면 좋다.

③ 주황색은 그레이와 매치하면 탁해 보인다.

④ 비비드톤 컬러 중 반대색인 보라색과 매치하면 개성 있어 보이고, 녹색계열과도 잘 매치된다.

⑤ 모노톤으로 경쾌하게 연출한다.

8) Pink

① 검정색, 흰색, 회색은 핑크색의 이미지를 강조한다.

② 검정색과는 성숙한 이미지, 흰색과는 신선함, 회색과는 고급스럽고 품위 있는 분위기를 연출한다.

③ 블루계열 이외의 비비드톤 컬러와의 코디는 주의를 요한다.

④ 파스텔톤 컬러와는 톤이 비슷해서 매치하기가 쉽다.

9) Red

① 가장 잘 어울리는 색상은 검정색이다.

② 흰색을 매치하면 깨끗하고 스포티한 이미지를 준다.

③ 비비드톤 컬러로는 파랑, 옥색 등의 반대색이 명쾌한 느낌을 준다.

④ 모노톤으로 깔끔하고 드라마틱하게 연출한다.

10) Yellow

① 검정, 흰색, 그레이와 매치하면 모던하고 경쾌한 인상을 준다.

② 블루계열과 매치하면 시원한 여름 배색이 되고, 적색계열과 매치하면 튀는 인상을 준다.

③ 파스텔톤 컬러와도 잘 어울린다.

④ 모노톤과의 매치로 캐주얼한 분위기를 연출한다.

11) Yellow-Green

① 검정, 흰색, 그레이와 매치하는 것이 기본 코디법이다.

② 강한 색이므로 두 가지 색으로 배색하는 것이 기본 코디법이다.

③ 퍼플계열과 매치하면 개성 있는 연출이 될 수 있다.

④ 모노톤과 캐주얼 스타일로 연출한다.

12) Black, White, Gray

① 흰색은 너무 흐린 파스텔톤 컬러와는 어울리지 않는다.
② 검은색은 어두운 색과 잘 어울리지 않는다.
③ 회색의 경우 파스텔톤 색과는 잘 어울리지만 비비드톤 컬러와는 매치하기가 힘들다.
④ 흰색과 검정색은 대부분의 색과 잘 어울리는 기본색이다.

출처 : 조영아 외(2006). 샵 마스터. 서울 : 시대고시기획, pp. 319-330.

10| 체형에 따른 여성 코디

1) 짧은 목

① 되도록 목을 많이 보이게 한다.
② 목선을 조금 깊게 판다.
③ V네크라인은 목을 길고 가늘어 보이게 한다.
④ 체인 목걸이는 목의 길이를 길어 보이게 하는 효과가 있다.
⑤ 하이칼라는 피하고, 목 뒤에서 세우고 앞은 열어 두는 스탠드칼라가 어울린다.

2) 길고 가는 목

① 목에 포인트를 두고 멋을 내면 좋다.
② 목이 너무 길면 스카프나 목걸이 등으로 목을 덜 길어 보이게 한다.

③ 세우는 칼라나 겹쳐지게 만든 칼라, 하이 네크라인, 롤칼라 등이 어울린다.

3) 좁은 어깨

① 꼭 맞는 상의는 피한다.

② 스카프를 어깨 위로 가로로 매면서 가로선을 만들어 주면 좋다.

③ 옷깃의 바깥쪽에 브로치를 달거나, 보크네크에 어깨패드가 있는 디자인이 좋다.

④ 어깨선이 처진 드롭 숄더는 팔이 길고 어깨가 좁은 사람에게 좋지만, 경사진 어깨에는 처짐이 더 강조되므로 피한다.

4) 넓은 어깨

① 과장된 어깨는 피하고 패드를 넣고 싶으면 적게 넣는다.

② V네크라인, 스쿠프 네크라인 등이 어울리고 래플런 소매나 부드러운 어깨 디자인이 각진 것보다 낫다.

③ 목이 긴 경우에는 높은 칼라를 사용하면 어깨가 좁아 보이게 하는 효과가 있다.

5) 큰 가슴

① 네크라인은 스쿠프라인, V라인, 드레이프 등이 어울리고 숄 칼라에 민소매나 긴소매 또는 돌먼 소매가 좋다.

② 싱글브레스트나 칼라가 없는 심플한 재킷이 좋다.

③ 프린세스 라인 같은 절개선과 처진 허리라인이 바람직하다.

④ 부드럽고 주름 있는 디자인이 큰 가슴을 덜 커보이게 한다.
⑤ 목걸이나 스카프는 가슴의 가장 큰 부분보다 더 위에서 끝나야 한다.
⑥ 볼래로 같은 짧거나 꼭 끼는 재킷, 짧은 소매, 꼭 졸라맨 허리라인 등은 가슴을 더 커보이게 하므로 피한다.
⑦ 가슴부분에 요란한 무늬나 장식 역시 피하는 게 좋다.

6) 작은 가슴

① 주머니나 주름 같은 디테일이 있는 조금 여유 있는 상의가 좋다.
② 더블브레스트 재킷은 작은 가슴을 커버한다.
③ 짧은 소매는 가슴을 커 보이게 하고, 레이스 등을 덧대면 부피가 생긴다.
④ 몸에 꼭 끼는 스타일은 피한다.

7) 긴 허리

① 짧은 재킷이 잘 어울리지만, 가슴이 큰 경우라면 긴 재킷과 짧은 블라우스를 입는다.
② 허리선을 넓게 만들거나 넓은 벨트를 맨다.
③ 하이 웨이스트 스커트나 바지가 잘 어울린다.

8) 짧은 허리

① 긴 재킷이나 블라우스가 어울리고, 재킷의 허리는 너무 강조하지 않는다.

② 스카프를 길게 매는 것도 한 방법이다.

③ 벨트는 안 매는 것이 좋으나, 가는 체인형을 허리 아래로 흐르게 매면 허리가 길어 보인다.

9) 작고 납작한 엉덩이

① 엉덩이가 드러나지 않게 한다.

② 무색의 재킷과 무늬가 있는 스커트나 주머니 같은 디테일을 이용하면 엉덩이에 볼륨이 있어 보인다.

③ 가로로 주름장식을 넣으면 좋다.

10) 큰 엉덩이

① 어깨패드를 넣고, 흘러내리는 듯한 디자인으로 조금 여유 있게 입는다.

② 재킷이나 블라우스의 길이는 엉덩이의 가장 큰 부분보다 긴 것이 좋고 그렇지 않을 바에는 차라리 짧은 게 좋다.

③ 무늬가 있는 재킷과 단색의 스커트를 입는다.

④ 허리에 주름이 많이 잡히는 스커트가 어울린다.

⑤ A라인 스커트는 바람직하지 않다.

⑥ 스커트를 짧게 입으면 엉덩이가 더 커 보인다.

⑦ 약간 굽이 높은 구두는 엉덩이를 작아 보이게 한다.

11 | 얼굴형에 맞는 안경테와 헤어스타일

1) 안경테 고르는 요령

이제 안경은 시력의 보완뿐만 아니라 이미지 변화의 도구와 액세서리의 기능까지 하고 있다. 안경테의 모양이나 안경의 크기・색깔을 잘 선택하면 얼굴의 결점을 커버하면서 가장 중요한 액세서리로서 일정한 역할을 할 수 있다. 안경을 잘 선택하면 날카롭고 강렬한 눈매를 부드럽게 만든다. 안경을 고를 때는 안경알 크기만 유행을 고려하여 고르고, 안경테 모양은 자신의 얼굴형과 추구하는 이미지에 맞게 골라야 한다.

일반적인 안경을 고를 때는 먼저 얼굴형에 맞는지를 살피고 안경의 눈꼬리 쪽이 약간 내려갔는지 확인하는 것이 요령이다.

① 얼굴이 둥근형은 각이 지고 안경테 눈꼬리 부분이 내려간 디자인으로 골라야 좋은 이미지를 연출할 수 있다.

② 얼굴형이 긴 사람은 안경의 브리지 부분이 넓은 것이 좋다.

③ 얼굴형이 둥글고 코가 낮은 사람은 투명 안경테를 고르면 코가 높아 보이는 효과를 볼 수 있다.

④ 얼굴 아래쪽이 넓은 사람은 부드러운 선의 안경테를 고르는 것이 좋다.

⑤ 안경의 한가운데에 눈동자가 위치하게 하는 안경테를 고른다.

⑥ 안경 위쪽의 프레임이 눈썹과 일치하거나 가까이 있어야 한다.

⑦ 안경 아래쪽의 프레임이 광대뼈에 닿으면 안 된다.

⑧ 미간이 좁은 사람은 안경 가운데의 브리지를 투명하고 옅은 색으로 하면 좁은 미간이 덜 좁아 보인다.

⑨ 미간이 넓은 사람은 안경 가운데의 브리지를 짙은 색으로 하면 미간이 좁아 보인다.

⑩ 코가 짧고 납작하면 안경의 브리지를 미간보다 조금 높게 하거나 투명하게 해서 코가 길고 오뚝한 느낌을 주게 한다.

2) 얼굴형과 안경테・헤어스타일

(1) 둥근형의 얼굴

① 둥근 얼굴은 두발을 길러서 얼굴이 길고 좁아 보이게 만든다. 옆머리에 불필요한 볼륨을 만들지 말고 가르마를 타지 않도록 한다. 귀 옆으로 머리카락을 조금 길게 내려도 얼굴을 좁아 보이게 한다.

② 안경테는 타원형, 사각형, 직사각형 프레임이 잘 어울린다.

(2) 타원형 얼굴

① 타원형 얼굴은 어떤 헤어스타일도 잘 어울린다. 단, 개인의 머리숱이 많고 적음에 따라 분위기가 많이 차이가 난다.

② 다양한 안경테도 잘 어울린다. 각진 프레임이나 부드러운 라인의 프레임이 모두 다 어울린다.

(3) 역삼각형 얼굴

① 역삼각형의 얼굴은 이마부분이 가장 넓은 형이다. 따라서 옆 가르마를 타고

앞머리를 내리되 양쪽 옆으로 빗어 내려서 넓은 이마를 좁아 보이게 한다. 턱 옆으로 머리에 컬을 만들거나, 어깨 정도의 머리 길이로 볼륨을 만들어 턱이 좀 넓어 보이게 만든다.

② 안경테는 아래쪽 테가 두껍거나 무거워 보이면 뾰족한 턱을 강조하게 된다.

(4) 삼각형 얼굴

① 삼각형의 얼굴은 이마가 좁고 턱이 넓은 형태의 얼굴을 말한다. 가장 좁은 부분인 이마의 옆으로 볼륨을 만들고 넓은 턱의 옆은 머리를 보이지 않게 해서 불필요한 볼륨을 없애면 얼굴의 균형 이미지를 만들 수 있다.

② 안경의 위쪽테를 무거워 보이는 것으로 하면 좁은 이마를 강조하게 된다.

(5) 사각형 얼굴

① 사각형 얼굴은 가로, 세로 길이가 비슷한 얼굴형이다. 이마 위의 모발을 높이고 옆머리를 귀 뒤로 보내서 불필요한 볼륨을 줄이면 얼굴을 좁아 보이게 할 수 있다. 턱 옆으로 머리카락을 보이게 해서 길이를 만들고 각진 턱을 부드럽게 만든다.

② 안경테는 직사각형으로 모서리를 부드럽게 만든 프레임이 좋다. 아래쪽 테가 광대뼈에 닿지 않도록 착용한다.

(6) 직사각형 얼굴

① 직사각형 얼굴은 이마와 뺨, 턱이 거의 같은 선상에 있고 길이가 긴 형이다.

앞머리를 내리면 얼굴이 짧아 보이고 앞머리를 세우면 더 길어 보인다. 긴 머리는 얼굴을 더 길어 보이게 하므로 짧은 단발 정도가 좋다.

② 큰 안경도 잘 어울린다. 단, 안경테를 부드러운 사각형으로 하면 얼굴이 더 길어보인다.

(7) 다이아몬드형 얼굴

① 마름모형이라고도 하는 다이아몬드형 얼굴은 얼굴 중에 광대뼈가 가장 넓고 이마와 턱이 좁은 타입이다. 이 얼굴은 이마의 양쪽 옆으로 머리에 볼륨을 주고 광대뼈 옆의 머리는 뒤로 보낸다. 턱 옆까지 내려오는 머리카락은 턱선을 덜 뾰족하게 한다.

② 안경의 옆선이 광대뼈에 와서 광대뼈를 더 강조하지 않도록 안경을 조금 위로 올려서 쓴다.

출처 : 김월순 외(2007). 토털・패션・코디네이션. 서울 : 예림, pp. 172-173.

12 | 모자예절

1) 여성의 경우

① 일반적으로 여성의 모자는 의상으로 간주한다. 따라서 특별한 장소가 아니면 대체로 실내에서 모자를 써도 괜찮다.

② 만찬자리에서는 모자를 벗는다.

③ 오찬에서는 챙이 크지 않는다면 모자를 써도 무방하다. 단, 호스티스Hostess는 쓰지 않는다.

④ 교회 안에서도 모자를 써도 괜찮다.

2) 남성의 경우

남성의 경우는 모자를 벗어야 할 때를 제대로 알고 있어야 한다.

다음은 남성이 모자를 벗어야 할 경우이다.

① 길거리에서 아는 사람을 만났을 경우에는 모자를 벗고 인사한다.

② 길거리에서 여성과 서서 이야기를 나눌 때

③ 작별인사를 할 때

④ 실외에서 소개를 받았을 때

⑤ 평소 알고 있는 연장자를 만났을 때

⑥ 아파트나 호텔의 엘리베이터에서 여성과 동승하게 됐을 때(단, 공공건물의 엘리베이터에서는 벗지 않아도 무방하다)

⑦ 길을 가다가 지인의 인사를 받았을 때는 모자를 잠깐 올린다.

⑧ 여성을 동반한 친구를 만났을 때는 모자를 가볍게 들어올려 그 여성에게 경의를 표한다.

⑨ 동행한 사람이 아는 여성과 인사할 때 모자를 잠깐 올린다.

제11장

스피치 메이킹 Speech Making

1 | 스피치 메이킹이란?

스피치란 '말과 언어'라는 뜻과 함께 '청중을 상대로 하는 이야기 혹은 연설'이라고 사전에 풀이되어 있다. 사람들은 말로 상대방과 의사소통을 하며 살아가고 있기 때문에 우리생활에 있어서 스피치는 대단히 중요하다. 스피치는 커뮤니케이션 communication의 대명사이다.

많은 사람들이 일상생활에서 남들과 좀 더 의사소통을 잘 하기를 원하고, 남들 앞에서 말을 조리 있게, 그리고 재치 있게 하기를 바란다. 스피치는 자신의 능력을 나타내는 척도이기도 하다. 따라서 많은 시간동안, 꾸준한 훈련을 쌓아야만 명스피커가 될 수 있다.

스피치 메이킹이란 '자신의 스피치의 취약점을 알고, 갈고 닦아서 지금보다는 더 좋은 쪽의 스피치를 만들어 내는 것'이다. 스피치 메이킹을 위한 방대한 내용

가운데, 기본적으로 알아야 할 내용과 혼자서 훈련할 수 있는 문장들을 담았다.

2| 명 스피커의 요건

① 사전 준비를 철저히 한다.

② 구체적인 내용에 대해 반복 연습한다.

③ 논점을 철저하게 고찰한다.

④ 교훈적이고 의미 있는 내용을 전한다.

⑤ 실증實證과 예증例證을 들어 청중에게 확신을 준다.

⑥ 회화형으로 자연스럽게 말하고, 목소리가 잘 전달되어야 한다.

⑦ 정성스러운 마음으로 생기 있게 말한다.

⑧ 짧고 간결한 문장으로 스피치를 이어 나간다(단문 사용, 군더더기 표현을 하지 않는다).

⑨ 발음은 정확하게 하고 제스처를 적절하게 취한다.

⑩ 스피치의 속도는 청중의 숫자가 많으면 약간 천천히, 적으면 약간 빠른 쪽이 좋다.

⑪ 시선처리는 눈과 가슴이 같이 가면서, 뒤쪽에서 앞쪽으로 한 줄씩 가운데 사람을 중심으로 좌우로 시선을 주면서, 청중 한 사람 한 사람에게 눈길을 준다(청중이 많을 경우에는 1층은 2/3쯤, 2층인 경우에는 맨 앞자리에 시선을 기준 삼고 좌우로 안배해도 좋다).

⑫ 적절한 유머를 활용한다.

⑬ 전문용어를 줄이고, 성차별이 없는 어휘를 사용한다.

⑭ 중요한 부분은 반복한다.

⑮ 청중에게 약간의 질문을 던지는 형식이 좋다.

⑯ 스피치 중에 한 박자씩 쉰다(강조, 의미, 조사, 종결어).

⑰ 스피치 할 때 최상의 호흡은 복식호흡이다.

⑱ 둥근 억양으로 말한다.

⑲ 표정은 스피치 내용에 어울려야 하며, 어조는 대상을 고려해야 한다.

⑳ 스피치의 마무리는 메시지가 담긴 내용을 강한 어조로 마무리 하면 좋다.

※ 스피치의 4대 원칙	※ 스피치의 4대 요소
1) 스피치의 강약 변화	1) 발음
2) 스피치의 속도 변화	2) 발성
3) 스피치의 고저 변화	3) 음성
4) 스피치의 쉼	4) 억양

- 스피치의 속도 : 대중 앞에서는 1분에 약 300음절 정도가 적당하나, 스피치의 전체 내용과 일부분의 내용, 청자의 연령과 유형에 따라 속도 조절을 적절히 해야 한다.
- 스피치의 쉼은 조사와 종결어 다음에 두고, 의미 있는 내용과 강조할 내용 앞, 뒤에 둔다.

3| 스피치의 다섯 가지 강조법

1) 높임 강조 : 중요한 부분에서 톤을 높이며 힘을 주어 강조

① **나는** 등불이 되고 싶습니다.

② 나는 **등불이** 되고 싶습니다.

③ 나는 등불이 **되고** 싶습니다.

2) 낮춤 강조 : 중요한 부분에 톤을 낮춰 약하게 말함으로써 의미 전달이 잘됨

① 그는 결국 세상을 **떠났습니다**.
② 연이은 실패에 그는 좌절감에 **빠졌습니다**.
③ 어머니에 대한 **그리움은** 갈수록 깊어져만 갑니다.

3) 속도를 늦춰서 강조 : 속도를 늦춰 천천히 또박또박 말함으로써 잘 전달됨

① 우리나라 인구는 약 **5,000만이** 넘었다고 하지요.
② 말을 잘 하는 사람은 **듣기를** 잘 하는 사람입니다.
③ 쉽게 설명하려면 일정한 **순서와 절차에 따라** 설명하는 것이 필요합니다.
④ 여러분, 혹시 3중장애를 겪었던 **헬런 켈러를** 아십니까?

속도 늦춤 강조법은 높임 강조법과 함께 사용하면 효과적이다.

4) 모음을 늘려서 강조 : 특정 모음의 길이는 그 내용의 정도를 실감나게 표현

① 그가 던진 야구공은 **멀리** 날아갔습니다(약간 멀리 날아간 느낌).
② 그가 던진 야구공은 **머얼리** 날아갔습니다(아주 멀리 날아간 느낌).
③ 당신이 **저엉말로** 원하는 것이 무엇인가요?

5) 쉼pause을 통한 강조 : 의미 전달을 위해 잠깐 멈추는 시간적 틈새

(1) 짧은 포즈 문장(1초) → 바로 뒤에 오는 단어가 강조 됨

① 의도적으로 자기 자신을✔사랑해야 합니다.

② 하루를 마칠 때마다✔성공을 다짐하십시오.

③ 세상에서 가장 소중한 사람은 나,✔또 나,✔역시, 나✔그래도,✔나

(2) 긴 포즈 문장(3초) → 뒤에 오는 구절 전체가 강조 됨

① 여러분, 변화하고 싶으십니까?/ 그렇다면 행동하십시오.

② 상대를 잘 웃게 하기 위해서는/ 나부터 잘 웃어야 한다.

③ 자신의 큰 꿈을 가지십시오./ 그 꿈은 이루어집니다.

스피치의 강조기법, 즉 높임 강조, 낮춤 강조, 속도 늦춤 강조, 모음 늦춤 강조, 쉼pause 강조는 흡입력을 높이는 데 매우 중요한 요소이다.

4| 빠른 속도로 말해야 하는 경우

① 쉬운 내용일 때

② 사건을 단순히 나열할 때

③ 인과관계로 구성된 내용일 때

④ 누구나 알고 있는 사실을 말할 때

⑤ 별로 중요하지 않은 내용일 때

⑥ 청중이 잘 이해할 수 있는 내용일 때

5| 느린 속도로 말해야 하는 경우

① 어려운 내용일 때

② 숫자, 인명, 지명, 연대 등을 말할 때

③ 결과를 먼저 말하고 원인을 나중에 말할 때

④ 분명한 사실을 말할 때

⑤ 추리과정이 필요한 이야기를 할 때

⑥ 감정을 억제할 때

⑦ 의혹을 가질만한 내용일 때

6| 복식호흡

호흡의 종류에는 여러 가지가 있지만 대중화술에서 가장 중요한 복식호흡은 인간의 자연적인 호흡으로 숨을 뱃속 깊이 들이 쉬었다 내쉬는 호흡이다. 복식호흡의 특징은 숨을 들이쉬면 아랫배가 나오고, 숨을 내쉬면 아랫배가 들어가는 호흡이다. 발성학적으로 복식호흡이 가장 적합하고 효과적이다.

복식호흡은 공기를 폐 아래쪽으로 보내며 깊게 쉬는 심호흡이다. 기본훈련을 설명해 보면, 먼저 복부와 가슴의 아랫부분이 불쑥 나올 정도로 숨을 깊이 들이쉰 다음, 멈추고 견딜 수 있을 때까지 견디어 본다. 다음으로 숨을 천천히 내쉬면 처음에 팽팽했던 복부가 점점 줄어들며, 횡격막을 위로 밀면서 공기를 밖으로 내보내고 있는지를 주목한다. 공기가 거의 빠져나갈 즈음에 '가'하고 발음해 본다. 이 때 내부조직을 횡격막 쪽으로 밀어 올리려는 마지막 노력에 의해서 복부가 등뼈를 향해 끌려가는 것을 확인할 수가 있을 것이다.

복식호흡은 많은 양의 공기를 폐 깊숙한 곳까지 한 번에 채울 수 있다. 들이쉬고 내쉬는 숨의 양은 성량聲量을 지지하고, 성량에 영향을 미치며, 음성의 부드러운 정도와 딱딱한 정도가 부분적으로 호흡조절에 의해서 이루어진다는 것을 확신할 때까지 이 훈련을 계속한다.

1) 복식호흡 훈련

① 2초간 들이마시고, 4초간 내쉰다(10회 반복).

② 2초간 들이마시고 4초간 호흡을 멈추고 10초간 내쉰다(5회 반복).

③ 4초간 코로 숨을 서서히 들이마시고, 10초간 내쉰다(5회 반복).

④ 2초간 들이마시고 10초간 천천히 내쉰다(10회 반복).

> 복식호흡 훈련은 코로 들이마시고 입으로 내쉰다.

2) 복식호흡이 건강에 좋은 이유

① 복식호흡은 혈액 내에 산소량을 증가시키고 탁기가 몸 밖으로 배출되어 활성산소가 제거됨

② 복식호흡은 우리 몸의 기를 한곳에 집중시키기 때문에 집중력 향상과 정신 건강에 좋음

③ 복식호흡은 신경을 완화시켜 흥분상태를 가라앉게 함

④ 복식호흡은 식욕부진, 불면증을 해소시켜 주고 변비 예방에도 좋음

⑤ 복식호흡은 장기 마사지가 되므로 소화, 배설에 좋음

⑥ 복식호흡을 자주하게 되면 심장, 뇌, 간장, 신장의 기능이 좋아짐

⑦ 복식호흡은 우리의 기관지, 폐를 강화시키기 때문에 감기예방에도 좋음

⑧ 복식호흡은 면역시스템을 활성화시켜 면역력을 높여줌

⑨ 복식호흡은 엔돌핀 호르몬 분비 증가로 스트레스 해소에 좋음

⑩ 복식호흡은 혈액순환을 원활하게 해줌

⑪ 복식호흡은 혈압을 낮추고, 체지방을 분해함

⑫ 복식호흡은 인지 기능을 높임

⑬ 복식호흡은 속근육을 키움

7| 발음發音

화술에 있어서 가장 중요한 것은 '명료한 발음'이다. 발음은 곧 내용을 이해시킬 뿐 아니라, 청중이 화자를 평가하는 기준이 되기 때문이다. 화자의 발음이 불분명하거나 더듬는다면 스피치의 효과는 크게 떨어진다.

발음은 연습이고 훈련이다. 명료하고 세련된 발음의 화술을 위해서는 평소에 자기의 발음에 관심을 갖고 꾸준한 연습으로 표준말 발음을 습관화시켜야 한다. 또한 발음의 강세와 장단은 화술의 핵심이다.

발음을 좋게 하는 몇 가지의 기본적인 사항을 살펴보고 실제 문장에 따른 발음 훈련을 갖도록 한다.

① 심호흡(복식호흡) 후에 말을 천천히 한다(핵심단어 또박또박).

② 입안의 공간을 위해 만들기 위해 목의 아치를 둥글고 크게 열고 발음한다.

③ 아래턱을 내리고 입의 움직임을 크게 분명히 한다(상하, 좌우, 동그랗게).

④ 말머리는 부드럽게, 말끝은 분명하게 발음한다.

⑤ 조음기관을 부지런히 움직이고 받침 발음을 분명하게 발음한다.

⑥ 파열음(ㄱ, ㄲ, ㅋ, ㄷ, ㄸ, ㅌ, ㅂ, ㅃ, ㅍ)의 발음은 부드럽게 한다.

⑦ 모음 발음을 정확하게 하고, 장모음의 발음은 좀 더 길게 한다.

⑧ 말하는 것을 직업으로 삼은 사람들의 말을 분석해서 듣고 따라한다.

⑨ 젓가락을 앞니 사이에 깊이 물고 문장을 소리 내어 읽는다.

⑩ 매일 15~20분 동안, 소리를 내뱉으면서 발음 연습을 한다.

(나니노 노나니 마미모 모나미 미마매 땅콩 간장 퐁당퐁당)

⑪ 비강과 구강을 동시에 울려서 발음하는 'MASK 공명법'으로 발음한다.

⑫ 발음의 강세와 장단을 익혀 발음하고, 받침 발음을 정확하게 발음한다.

⑬ 세 가지 '의' 발음을 구별하여 허용된 발음으로 발음하면 듣기가 좋다.

㉠ 단어의 첫 음절 '의'는 그대로 이중모음 [으이]로 발음한다.

(의복, 의 : 미, 의장, 의 : 사, 의심, 의견)

㉡ 둘째 음절 이하에 올 때는 '의'는 [이]로 발음한다.

(회의 [훼 : 이], 주의, 강의, 신의, 여의도, 탈의실, 이의, 대의명분)

㉢ 조사인 소유격 '의'는 [에]로 발음한다.

(나의 책, 우리의 소원, 조국의 장래, 사랑의 미로)

민주주의의 의견 ➡ [민주주이에 의견]

⑭ 숫자에도 장음이 있다. 2, 4, 5, 만, 둘, 셋, 넷, 열, 쉰을 장음으로 발음하면 훨씬 전달이 잘된다.

⑮ '두, 세, 네, 석, 넉'처럼 관형사로 사용될 때에도 길게 발음한다.

⑯ 꽃을 : 꼬슬(X)/ 꼬츨(O), 부엌에 : 부어게(X)/ 부어케(O)

밭을 : 바츨(X)/ 바틀(O), 숲이 : 수비(X)/ 수피(O)

넋이(넉씨), 닭을(달글), 까닭이(까달기), 환난(환난), 환란(활란)

값있는(가빈는), 맛있다(마딛따/ 마싣다), 멋있다(머딛따/ 머싣다)

선릉역(설릉역), 온라인(올라인/ 온라인), 값이(갑씨), 넋을(넉쓸)

밟지(밥지), 밟고(밥꼬), 읊고(읍고), 맑다(막따), 옷 한 벌(오탄벌)

꽃 한 송이(꼬탄송이), 낮 한때(나탄때), 맑게(말게), 색연필(생연필)

맏형(마텽), 담임(다밈), 막일(망닐), 늑막염(능망념), 읊는(음는)

8| 발성

좋은 목소리의 기본적인 3요소는 발성, 호흡, 발음이다. 호흡이 되지 않으면 힘있는 발성이 안 되고 발성이 제대로 안 되면 뚜렷한 발음도 어렵다.

기상 후 6시간 지나서 발성하는 것이 좋고, 저음부터 고음으로 발성 훈련하는 것이 좋고, 발성 직전에는 적절한 식사가 좋다. 과식하면 복부가 팽창되어서 횡경막이 아래로 늘어나지 않는다.

1) 발성훈련(음량 연습)

① 하나하면 하나요(10) – 둘하면 둘이요(20) – 셋하면 셋이요(30) – 넷하면 넷이요(40) – 다섯하면 다섯이요(50) – 여섯하면 여섯이요(60) – 일곱하면 일곱이요(70) – 여덟하면 여덟이요(80) – 아홉하면 아홉이요(90) – 열하면 열이다(100)

② 고요한 바다(20) – 일렁이는 파도(40) – 출렁이는 바다(60) – 파도치는 바다(80) – 갈라지는 바다(100) – 파도치는 바다(80) – 출렁이는 바다(60) – 일렁이는 파도(40) – 고요한 바다(20)

③ 정성껏 들으면 마음의 소리가 들린다(20).

④ 지루함을 참고 들어주면 감동을 얻는다(40).

⑤ 한쪽 말만 듣고 말을 옮기면 바보가 되기 쉽다(60).

⑥ 말투는 내용을 담은 그릇이다(80).

⑦ 앞에서 할 수 없는 말은 뒤에서도 하지 말라(100).

> '10'은 옆 사람과 소곤소곤하는 작은 목소리이고 '100'은 자신이 낼 수 있는 최대한의 목소리이다.

9 | 음성목소리

좋은 목소리란 저음, 중음, 고음을 자유자재로 내고 음폭이 넓은 목소리이다.

자기의 목소리를 녹음해서 들어보면 자기 목소리가 아닌 것 같은 느낌을 받는다. 이는 소리의 전달체계 차이 때문이다.

자기의 육성을 직접들을 때에는 목소리가 직접 고막을 통해 듣는 'bone conduct'의 작용을 받는다. 즉, 뼈와 근육을 통해 전달된 내이內耳와 외이外耳를 통해 듣는다.

다른 사람의 목소리를 들을 때에는 공기의 진동을 통해서 듣는 'air conduct'의 작용을 받는다. 즉, 나의 외이外耳 만으로 듣는다. 이 때문에 같은 자기 목소리라도 다르게 들리는 것이다.

다시 말하면, 당신이 듣는 당신의 목소리와 남이 듣는 당신의 목소리는 다르다. 남이 듣는 당신의 목소리는 당신 자신이 직접 듣는 목소리가 아니라 녹음기에서 흘러나오는 목소리와 같으므로 자기의 목소리를 확실하게 알기 위해서는 녹음기에 자기 목소리를 녹음하여 들어 보아야 한다.

녹음 대신에 양손으로 두 귀를 앞쪽으로 모으고 글을 소리 내어 읽거나, 말을 하면 녹음기에 녹음된 자기 목소리와 거의 비슷한 소리를 들을 수 있다. 또한 귀를 꼭 막고 들으면 내이內耳만으로 내 목소리를 들을 수 있다.

보통 목소리 교정을 위한 훈련 방법으로는 고성 발성, 즉 큰 소리를 내는 훈련법이 많이 사용된다. 웅변가나 가수들이 산속이나 바닷가에서 고성 발성을 연습하는 것이 그 좋은 예이다.

힘없는 목소리를 교정하여 풍부하고 아름다운 목소리를 내고 싶으면 근력을 키우고 복식호흡을 하면서 좋은 연설문이나 문장을 가지고 큰 소리로 말하는 훈련을 쌓는 게 좋다. 그래야 음폭이 넓어진다. 음폭이 넓어지면 실제로 말할 때 목소리를 마음대로 조절할 수가 있다.

특히 음폭이 좁은 사람child voice은 파열음(ㄱ, ㅆ, ㅋ, ㄷ, ㄸ, ㅂ, ㅃ, ㅍ)의 음절을 연습하는 것이 좋다. 배에 힘을 주고 "가, 까, 다, 따, 타, 바, 빠, 파!" 하며 큰 소리로 연습을 많이 하면 음성이 굵어진다. 또 앉아서 한 쪽 다리를 살짝 들고, 고개 들고, 문장을 읽는 훈련을 하게 되면, 목소리를 내는 장기가 강화되어 목소리에 힘이 생기고 좋은 소리가 나온다.

좋은 목소리를 위해서는 자세가 중요하다. 몸을 숙이거나 목이 구부려져 있으면 음도가 구부러져 좋은 소리가 나올 수 없다. 목소리가 가장 잘 나오는 자세는 어깨를 펴고 서 있는 자세다. 앉은 자세는 두 다리의 힘을 이용하지 못해 횡경막을 밀어주는 힘이 서 있는 자세에 비해 약하다. 서 있을 때는 골반 정도 너비로 발을 벌리고, 등과 허리는 일자로 하고, 귀와 어깨와 다리가 일직선이 되게 하고, 턱은 바닥과 평행되게 한다.

발 모양은 '11'자에서 한 발을 약간 앞으로 내어서 선 자세가 좋다. 한 쪽 발에 무게를 두면 안 되고 양쪽 발에 50%씩 무게를 두고 서야 한다. '11' 자로 서 있으면 경직되어 부드러운 호흡에 오히려 방해를 주게 된다. 앉아 있을 경우에는 발 모양을 '11'자로 하면 호흡과 발성을 안정적으로 할 수 있다.

공명이 일어나는 목소리, 상대방이 듣기 좋은 목소리를 내기 위해서는 '복식 호흡'의 훈련이 필요하다. 복식 호흡에 의한 목소리는 소리가 둥글고 깊으며 파열되지 않기 때문에 목소가 멀리까지 울릴 뿐만 아니라 상대방에게 안정되고 부드러운 느낌을 주게 된다.

스피치와 목소리 훈련을 하기 위해 들인 시간은 평생 그 효과를 누릴 수 있기 때문에 값어치 있는 투자가 아닐 수 없다.

10 | 발음, 호흡, 속도 훈련을 위한 예문

복식호흡을 깊게 한 후, 문장을 읽기 시작하여 '//'표시에서 복식호흡을 한 후 계속 읽는 훈련을 한다.

① //나 그대에게 줄 것 하나 있습니다.
그것은 믿음, 확신, 신념, 사랑, 용기, 자신감입니다.
//내가 그대에게 준 것은 준 것이 아니라
그대가 마땅히 받아야 할 것을 되돌려준 것입니다.

② //생각이 바뀌면 내 말이 바뀌고
말이 바뀌면 행동이 바뀌고
행동이 바뀌면 성격이 바뀌고
성격이 바뀌면 내 인생이 바뀌고
인생이 바뀌면 내 운명이 바뀐다.

③ //나는 인간적인 사람이다, 필요한 사람이다.
행동하는 사람이다, 내 인생의 주인공이다.
//참을 수 있다, 나 자신을 다스릴 수 있다.
정직하다, 건강하다, 부지런하다, 인내심이 있다.
약속을 잘 지킨다, 나는 할 수 있다.

④ //시내 대형 백화점에서 봄맞이 정기할인행사가 시작되었기 때문에 앞으로 백화점을 찾는 차량도 무척 많을 것으로 보이는데요, 특히 백화점이 많이 모여 있는 남대문로와 을지로 입구 부근이 혼잡할 것으로 보입니다.

⑤ //영동용봉탕, 안흥팥찐빵, 얼큰닭볶음탕, 청송콩찰떡, 영양왕밤빵, 통팥두텁떡,

호박범벅떡, 앙금통팥빵, 잣살알심떡

⑥ //박씨 집 강아지는 허리긴 강아지이고

안씨 집 강아지는 다리긴 강아지인데

허리긴 강아지와 다리긴 강아지가 싸우면

어느 강아지가 이길까요?

⑦ //내가 그린 기린(구름)그림은 잘 그린 기린(구름)그림이냐? 못 그린 기린(구름)그림이냐?

⑧ //경찰청 쇠 철창살은 새 쇠 철창살이냐 헌 쇠 철창살이냐

[(경찰청 철창살 쌍창살) × 5]

⑨ //대한관광공사 곽진관 관광과장은 성실한 관광과장이다.

⑩ //우리집 옆집 앞집 뒷 창살은 홑 겹창살이고 우리집 뒷 집 앞 집 옆창살은 겹 홑 창살이다.

⑪ //가고 가고 기여 가고 걸어가고 뛰어 가고 지고 가고 이고 가고 놓고 가고 들고 가고 쥐고 가고 잡고 가고 자꾸 가고

⑫ //밤섬 봄 벚꽃놀이는 낮 봄 벚꽃놀이보다 밤 봄 벚꽃놀이가 더 좋다.

⑬ //백양 양화점 옆에 백영 양화점, 백영 양화점 옆에 백양 양화점

⑭ //담임선생님의 담당 과목은 화학과목이고 담임 닮은 담임선생님의 단골집 닭은 주인은 닭장에서 닭 모이 주는 게 그의 취미이다.

⑮ //안녕하세요? 이영희입니다(이영힙니다).

//사람에게 관심을 가질 때 훌륭한 작가가 될 수 있다는 말을 들은 적이 있는데요. //그게 어디 작가에게만 해당되는 말이겠습니까? //사람에 대한 관심, 사랑 이런 것들이 있을 때 //세상사는 맛도 좋아질 것 같습니다. //오늘 첫 곡 들으시면서 경기 음악 살롱의 문을 활짝 열겠습니다.

11| 발음훈련을 위한 예문

1) 아.....에.....이.....오.....우

에.....이.....오.....우.....아

이.....오.....우.....아.....에

오.....우.....아.....에.....이

우.....아.....에.....이.....오

2) 루-샬/로-셀/리-셀/르-슬

각－파/객－펴/걱－피/격－파

어－열/아－얄/어－욜/아－율

몽－찐/몽－친/몬－쫀/문－칭

랏－쎌/럿－쎌/롯－쏠/랫－쓸

킬－쑥/캘－쏙/컬－씩/클－쓱

3) 세 음절 연습

아침해 저녁달 바닷가 모래밭 소나무

개나리 진달래 수수밭 어머니 인간성

주전자 부뚜막 수돗물 백두산 고구려

어머니 태극기 월남땅 내고향 가고파

4) 네 음절 연습

아네모네 저산넘어 바지랭이 맨드라미

고국산천 타향살이 부모형제 삼강오륜

사서삼경 고등고시 장원급제 급행버스

완행열차 안전제일 좋은날씨 밝은달밤

독서주간 문화행사 예술한국 높은향기

5) 다섯 음절 연습

깨끗한거리 시원한아침 저녁의햇살

강에는붕어 산에는노루 크리스마스

보내는선물 감사의마음 차가운날씨

편집부국장 사회부기자 서울특별시

6) 여섯 음절 연습

즐거운성탄절 동해물백두산 어서오십시오

고무나무묘목 다정한마음씨 동네할아버지

기분좋은이밤 아리따운자태 아름다운나라

구름이두둥실 잘먹었습니다 우리의몸가짐

12| 발성훈련을 위한 예문

세 음절 발성연습 : 복식호흡에 맞추어 입을 크게 넓게 활짝 벌려 점점 크게 발음한다.

① 보－아－라	보아라!보아라!보아라! 보아라!
② 들－어－라	드러라!드러라!드러라! 드러라!
③ 느－껴－라	느껴라!느껴라!느껴라! 느껴라!
④ 생－각－해	생가캐!생가캐!생가캐! 생가캐!
⑤ 말－하－라	말하라!말하라!말하라! 말하라!
⑥ 힘－차－게	힘차게!힘차게!힘차게! 힘차게!
⑦ 멋－있－게	머싣께!머싣께!머싣께! 머싣께!
⑧ 신－나－게	신나게!신나게!신나게! 신나게!
⑨ 즐－겁－게	즐겁게!즐겁게!즐겁게! 즐겁게!
⑩ 기－쁘－게	기쁘게!기쁘게!기쁘게! 기쁘게!
⑪ 여－러－분	여러분!여러분!여러분! 여러분!
⑫ 열－어－라	여러라!여러라!여러라! 여러라!
⑬ 외－쳐－라	외쳐라!외쳐라!외쳐라! 외쳐라!
⑭ 똑－똑－히	똑또키!똑또키!똑또키! 똑또키!
⑮ 정－확－히	정화키!정화키!정화키! 정화키!

13| 제스처 훈련을 위한 예문

1) 소나무

여러분 소나무는 푸릅니다.

봄에도 푸르고 여름에도 푸르고

가을에도 푸르고 겨울에도 푸릅니다.

소나무는 항상 푸릅니다.

여러분 우리 모두 소나무처럼

푸르게 삽시다!

제스처는 말을 보다 정확하게 표현하고 강조하기 위한 보조수단이다. 따라서 제2의 목소리라고도 할 수 있다. 스피치에 있어서 손놀림, 얼굴표정, 몸짓 등은 행동언어로서 중요한 역할을 한다. 적당한 제스처는 화자의 힘과 자신감을 증가시킬 수 있고 청자들의 주의를 환기시키거나 집중시킬 수 있다.

① 제스처의 사용범위는 위로는 머리, 아래로는 허리, 옆으로는 양 어깨를 중심으로 하면 직사각형이 된다. 제스처의 기본 범위이다.

② 많은 청중을 대상으로 하는 스피치에서는 이 직사각형 안에서 이루어지는 제스처가 50%, 밖에서 이루어지는 제스처가 50% 정도의 비율이 되도록 사용하는 것이 좋다(1 : 1의 대화는 가슴 앞 직사각형 안에서).

③ 제스처를 사용할 때 손가락으로 무엇인가를 가리킬 때는 손가락 끝에 약간의 힘을 줘야 한다(사람에게는 검지를 사용하면 안 된다).

④ 자신의 가슴을 가리는 한 팔동작의 제스처는 취하지 않는다(특별한 경우는 예외).

⑤ 지나친 제스처는 스피치의 효과를 떨어뜨린다.

⑥ 제스처의 훈련은 문장을 허밍Humming으로 읽어가면서 내용전달을 제스처로 해본다.

2) 지식을 실천에 옮기는 사람

규칙적인 운동이 몸에 좋다는 것을 알고는 있지만 실천하지 않는 것과, 그러한 사실을 알고 규칙적으로 매일 운동을 하는 것은 큰 차이가 있다. 진정한 앎은 실천을 통해서만 완성된다. 이처럼 아는 것을 실천하는 사람을 우리는 지혜로운 사람이라고 부른다. 그러나 지혜로운 사람은 그리 많지 않다. 많이 알고 생각하는 것도 중요하지만, 가장 값진 것은 아는 것을 실천으로 옮길 수 있는 지혜로움이다.

3) 앵두나무

조그만 앵두나무에 새빨간 앵두가 쪼로록 열렸어요. 똑똑 따다가 깨끗한 물에 씻어서 예쁜 그릇에 담아서 엄마 잡수세요, 아빠 잡수세요, 친구야 너도 맛있게 냠냠냠!

4) 좋은 사람

그리우면 그립다고 말할 줄 아는 사람이 좋고
불가능 속에서도 한 줄기 빛을 보기 위해 애쓰는 사람이 좋고

다른 사람을 위해 호탕하게 웃길 줄 아는 사람이 좋고

세련된 옷차림이 아니더라도 편안함을 줄 수 있는 사람이 좋고

자기 형제 부모를 끔찍이 사랑할 줄 아는 사람이 좋고

바쁜 가운데서도 여유를 누릴 줄 아는 사람이 좋고

자기 일에 만족을 가질 수 있는 사람이 좋고

어떠한 형편에든지 자기 자신을 지킬 줄 아는 사람이 좋고

노래를 썩 잘하지 못해도 부를 줄 아는 용기 있는 사람이 좋고

늘 책을 가까이하여 이해의 폭이 넓은 사람이 좋고

손수 커피 한 잔을 탈 줄 아는 사람이 좋고

어려운 이웃을 돌아볼 줄 아는 사람이 좋고

하루 일을 시작하기 앞서 기도할 줄 아는 사람이 좋고

다른 사람의 자존심을 지켜줄 줄 아는 사람이 좋고

때에 맞는 적절한 말 한 마디로 마음을 녹일 줄 아는 사람이 좋고

외모보다는 마음을 읽을 줄 아는 눈을 가진 사람이 좋고

적극적인 삶을 살아갈 줄 아는 사람이 좋고

친구의 잘못을 충고할 줄 아는 사람이 좋고

자신의 잘못을 시인할 줄 아는 사람이 좋고

용서를 구하고 용서할 줄 아는 넓은 마음을 가진 사람이 좋고

새벽 공기를 좋아해 일찍 눈을 뜨는 사람이 좋고

남을 칭찬하는 데 인색하지 않은 사람이 좋고

항상 겸손하여 인사성이 바른 사람이 좋고

덥다고 춥다고 솔직하게 말할 줄 아는 사람이 좋고

자기 자신에게 자신감을 가질 줄 아는 사람이 좋다.

5) 언제나 감사하는 마음

두 눈이 있어
아름다움을 볼 수 있고
두 귀가 있어
감미로운 음악을 들을 수 있고
두 손이 있어
부드러움을 만질 수 있으며
두 발이 있어
자유스럽게 가고픈 곳 어디든 갈 수 있고
가슴이 있어
기쁨과 슬픔을 느낄 수 있다는 것을 생각합니다.

나에게
주어진 일이 있으며
내가 해야 할 일이 있다는 것을,
날 필요로 하는 곳이 있고
내가 갈 곳이 있다는 것을 생각합니다.
하루하루의 삶의 여정에서
돌아오면 내 한 몸
쉴 수 있는 나만의 공간이 있다는 것을,
날 반겨주는
소중한 이들이 기다린다는 것을 생각합니다.

내가 누리는 것을 생각합니다.

아침에 보는
햇살에 기분 맑게 하며
사랑의 인사로 하루를 시작하며
아이들의 해맑은
미소에서 마음이 밝아질 수 있으니
길을 걷다가도
향기로운 꽃들에 내 눈 반짝이며
한 줄의 글귀에 감명 받으며
우연히 듣는 음악에
지난 추억을 회상할 수 있으며
위로의 한마디에
우울한 기분 가벼이 할 수 있으며
보여주는 마음에
내 마음도 설렐 수 있다는 것을,
나에게 주어진 것들을 누리는 행복을 생각합니다.
볼 수 있고
들을 수 있고
만질 수 있고
느낄 수 있다는 것에,
건강한 모습으로 뜨거운 가슴으로
이 아름다운 한 세상을 살아가고 있다는 것에

오늘도 감사하다는 것을……

– 좋은글 중에서 –

6) 톨스토이의 10훈訓

① 일하기 위해 시간을 내십시오. 그것은 성공의 대가입니다.

② 생각하기 위해 시간을 내십시오. 그것은 능력의 근원입니다.

③ 운동하기 위해 시간을 내십시오. 그것은 끊임없이 젊음을 유지하는 방법입니다.

④ 독서하기 위해 시간을 내십시오. 그것은 지혜의 원천입니다.

⑤ 친절하기 위해 시간을 내십시오. 그것은 행복으로 가는 길입니다.

⑥ 꿈을 꾸기 위해 시간을 내십시오. 그것은 대망을 품는 것입니다.

⑦ 사랑하고 사랑받는 데 시간을 내십시오. 그것은 구원 받는 자의 특권입니다.

⑧ 웃기 위해 시간을 내십시오. 그것은 영혼의 음악입니다.

⑨ 기도하기 위해 시간을 내십시오. 그것은 인생의 영원한 투자입니다.

⑩ 주위를 살펴보는 데 시간을 내십시오. 그것은 이기적으로 살기에는 너무 짧은 하루입니다.

7) 꽃 같은 내 어머니

고선예

백년을 울어 피는 대나무 꽃 같은 당신
천년이 가도 변치 않을 자애로우신 사랑.
유난히 화창한 봄날 아침 당신이 그립습니다.

살얼음판 밟으시느라
손발이 부르트고 갈라져도
여섯 남매 잘 되라시며
당신의 곱던 육신 다 내어주시고
등 굽어 휘청대는 발걸음에도
오직 한길 못난 자식들을 위한
하늘을 향한 발원 지극한 정성이십니다.

사각 사각 대나무 소리에 잠 못 이루시며
토닥토닥 등 두들겨 잠재우시던 날.
불꽃같은 당신의 일생 희나리 되어
스러져가는 화롯불에 밤 지새워
바느질하시며 손끝 녹이시던 세월.
이젠 바늘귀조차 보이지 않는 노안이십니다.
일 년에 두세 차례 당신 앞에
선보이는 귀한 자식 손자 손녀들 되어
마음 놓고 어루만지고 안아보지 못한 시간들이
쓸쓸하니 자꾸만 멀어져 간
당신의 세월 앞에 불효만 거듭됩니다.
그래도 말없이 지켜봐 주시는 내 어머니
당신은 지나는 낯선 바람결에도
자꾸만 문밖을 내다보시며
못난 자식 그리는 모습이 눈에 선합니다.

여위어 지친 삶 툇마루에 기대시며
하늘 끝에 걸린 낙조보다 더 붉은
대꽃을 피우시느라 가슴 졸이신 당신.

유난히 화창한 봄날,
아침 안개꽃 같은 내 어머니가 그립습니다.

14| 스피치 메이킹 요약

① 스피치는 정성스러운 마음으로 생기 있게 한다(입 끝 올리기, 입 다물기).

② 스피치는 짧고 간결한 문장으로 구성되어야 한다(단문).

(간결체 문장을 위해서는 접속조사, 삽입구, 수식어를 제거해야 한다.)

③ 시선처리는 인원수에 따라 달리 한다.

④ 목소리는 복식호흡을 하면서 마스크MASK 공명법으로 소리 낸다.

⑤ 스피치의 마무리는 의미 있는 내용, 강한 어조로 끝낸다.

⑥ 스피치의 4대 원칙에 충실한다(강약, 속도, 고조, 쉼).

⑦ 입안에 공간을 만들어 발음하면 자연스럽게 배에서 소리가 난다.

⑧ 문장 머리는 부드럽게, 끝은 분명하게 발음한다.

⑨ 장모음은 좀 더 길게 발음한다.

⑩ 정확한 발음을 위해서는 입을 최대한 크게 벌리고, 조음기관을 부지런히 움직이고, 모음과 받침발음을 정확하게 발음한다.

⑪ 상대방에게 호감을 주기 위한 매력적인 목소리는 그 상황에 맞는 마음 상태를 갖고 상대방을 존중하는 마음으로 말한다.

⑫ 강조할 내용은 앞뒤에 쉼을 두고, 중요한 단어에 강세를 주어 천천히 발음하고, 부사와 형용사는 실감나게 발음하고, 장단음을 제대로 처리하면 스피치의 리듬감이 생겨 전달이 잘된다.

⑬ 적당한 속도로 둥근 억양으로 말한다.

⑭ 스피치의 내용에 맞는 표정과 적절한 제스처를 사용한다.

⑮ 의미단어로 끊어 말하고, 퍼블릭 스피치는 문장 끝을 '요', '죠'보다 '다', '까'의 격식체(70~80%)를 사용한다(똑똑한 느낌).

⑯ 구어체로 말하고 주제에 맞는 내용이어야 한다.

⑰ 전문가의 스피치를 따라한다(Shadowing).

⑱ 스피치를 하기 전에 조음기관(혀, 입술, 치아, 턱)과 얼굴근육을 풀어준다.

⑲ 대상과 상황에 어울리는 어조로 말한다.

⑳ 오감을 동원해서 표현하는 훈련을 쌓는다.

㉑ 정확한 발음을 위해서는 평상시에 혀 근육을 강화시킨다.
(혀 빼기, 혀 돌리기, 혀 말기, 혀 밀기)

㉒ 긍정적인 표현을 즐긴다.

15| 각종 행사와 상황별 스피치 예문

1) 시무식 스피치

안녕하십니까? 2021년, 새해 첫 업무가 시작됐습니다. 올해는 우리 회사가 창립 20년이 되는 해입니다. 그동안 매우 많은 어려움을 이겨내고 오늘에 이르렀습니다. 올해는 더욱 발전하는 한 해가 됐으면 합니다. 그러기 위해서는 삼심이 필요합니다. 즉 초심, 열심, 뒷심입니다.

초심이란 우리 회사가 처음 만들어졌을 때의 열정적인 마음으로 일을 했던 그 초심을 잊지 말자는 것입니다.

열심이란 다 알고 계십니다. 많은 어려움 속에서도 끈기를 가지고 열심히 그리고 성실하게 일을 한다면 많은 어려움을 극복해 내리라 확신합니다. 뒷심이란 일을 하다가 어려움에 봉착하더라도 끝까지 견디어 내거나 끌고 나가는 힘을 말합니다.

올 한해 초심, 열심, 뒷심을 발휘하여 노력한다면 우리의 목표를 달성할 수 있으리라 확신합니다. 모두 초심, 열심, 뒷심을 위한 열렬한 박수, 보내 주시기 바랍니다. 박수~~~

2) 송년사 스피치

안녕하십니까? 우리 여러분, 진심으로 감사말씀 드립니다. 올해 코로나로 인해 정말 어려운 일이 많았지만 우리 여러분께서 잘 극복해 주셔서 목표 달성을 하면서 알차게 보냈습니다. 열심히 일해 주신 우리 여러분이 정말 자랑스럽습니다. 내년 한 해도 힘을 내셔서 어려운 고비를 잘 이겨냈으면 좋겠습니다. 한 해 동안 노고가 많으신 우리 여러분에게 큰 박수 보냅니다. 거듭 감사말씀 드립니다. 새해 복 많이 받으십시오!!

3) 교양 강좌 스피치

안녕하십니까? 이렇게 만나 뵙게 되어 반갑습니다. 공자의 말씀 중에 '배우고 때때로 익히면 또한 즐겁지 아니한가.'라는 말씀이 있습니다. 나이 들어 무엇인가를 배운다는 것은 정말 즐거운 일입니다.

자기 계발을 위해 이렇게 많은 분들이 이 강좌에 오셨다는 사실에 놀랐습니다. 정말 대단하십니다. 저는 이 강좌에 등록하기까지 많은 갈등이 있었습니다. 그런데 훌륭하신 선생님들을 보니 잘 왔다는 생각이 듭니다. 이 강좌 수업이 끝날 때까지 결석하지 않고 열심히 다니겠습니다.

지금까지 김연아였습니다.

감사합니다.

4) 대표 당선사례 1

아무 것도 모르는 저와 같은 사람을 여러분의 대표로 뽑아 주시니 정말 몸 둘 바를 모르겠습니다.

부족하기 짝이 없는 사람이지만, 그리고 능력도 많이 모자라지만, 여러분의 성원만 믿고 최선을 다해 보겠습니다. 제가 실수를 할 때는 일깨워 주시고, 가르쳐 주시기 바랍니다. 아무쪼록 여러분들이 이 부족한 사람을 도와주시고 이끌어 주실 것을 부탁드립니다.

대단히 고맙습니다.

5) 대표 당선사례 2

오늘 저를 11기 회장으로 뽑아 주셔서 대단히 감사합니다. 앞으로 저는 제가 갈고 닦은 경험과 능력을 최대한 발휘하여 우리 원우회 모임을 성심껏 그리고 힘을 다하여 소임을 다해 나가겠습니다. 우리 원우님들께서도 적극적인 참여를 해주실 거라고 믿습니다. 거듭 감사말씀 올립니다. 감사합니다.

6) ○○○ 당선 인사말씀

부족한 저에게 ○○○의 중책을 맡겨주신 여러분께 먼저 진심으로 감사를 드립니다.

일하고 싶은 욕망으로 출마를 하였습니다만, 막상 여러분의 지지와 성원을 받아서 당선이 되고 보니, 영광에 앞서서 두려움을 느끼게 됩니다. 그것은 바로, 변화와 개혁의 시기에 우리 조합도 달라져야 한다는 과제를 안고 있기 때문이 아닌가 생각됩니다.

그러나 선출해 주신 여러분의 고귀한 뜻을 받들고 최선을 다해 일하겠습니다. 비록 본인의 힘은 미약하지만, 전임 회장단의 도움을 받고, 이번에 저와 함께 경합해 주신 후보님들의 협력을 얻어서 열심히 일하여 기필코 발전된 조합을 만들 수 있도록 하겠습니다.

그리고 조합원 여러분들께서 (　　)의 운영에 깊은 관심을 가지고 협조해 주신다면 우리 ○○○(　　)이 그 어느 때보다도 많은 발전을 가져오고, 우리 숙원사업은 해결이 될 것으로 믿습니다.

아무쪼록 여러분의 지도편달을 바라면서 앞으로 여러분과 함께 의논하고, 상의하면서 사심 없이 일하는 ○○○이 될 것을 다시 한 번 다짐을 하고, 여러분의 건승을 빌며, 간단하나마 당선 인사를 갈음합니다.

감사합니다.

7) 회갑연 가족대표 인사말

오늘, 아버님의 회갑연에 이렇게 많이 참석해서 축하를 해주시는 일가친지 여러분께 가족을 대표해서 진심으로 감사를 드립니다.

특히 조촐한 잔칫상인데도 모두가 한마음으로 기쁨을 함께해 주시니 뭐라고 감사의 말씀을 드려야 할지 모르겠습니다. 아버지, 회갑을 축하드립니다.

아버지께서는 어려운 가운데서도 저희 6남매 자식들을 별 탈 없이 길러 주셨고, 집안을 일구시느라 고생이 많으셨습니다. 이제, 회갑을 맞이하셨으니 저희 자식들과 손자, 손녀들의 절을 받으시고 그동안의 고생으로 자손들이 이렇게 번창했구나, 생각하시면 작으나마 보람을 느끼실 수 있을 것입니다.

아버지께서 회갑을 맞으셨다고는 하지만, 아직도 일손을 놓지 않고 계속 일을 하시는 모습을 볼 때 행여 힘들지 않으실까 염려가 되고, 자식의 도리를 다하지 못하는 것 같아서 송구스럽기만 합니다.

건강하게 오래 사셔야 합니다. 인생의 5복 중에 장수하는 것이 제일 아니겠습니까?

저희 자식들도 때늦은 감이 없지 않으나, 앞으로 더욱더 자식의 도리를 다할 각오입니다.

끝으로, 아버지와 고락을 함께하며 저희를 낳아 길러주신 어머니께도 이 자리를 빌어서 감사드립니다.

오늘, 조촐하나마 마음껏 즐겨 주시기를 바라면서 인사를 마치겠습니다.

감사합니다.

8) 결혼식 진행 순서와 사회자 멘트

① 사회자 입장 – 지금부터 결혼식을 시작하겠습니다. 내빈께서는 식장 안으로 들어오시기 바랍니다.

② 양가모친 입장 – 양가모친께서 촛불점화를 하기 위해 입장하고 계십니다.

③ 촛불점화 – 양가 모친께서 촛불점화를 하고 계십니다(신랑모친께서 빨간색 초에 점화가 끝나면 신부모친께서 파란색 초에 점화를 하시겠습니다).

④ 주례등단 – 주례께서 등단하시겠습니다(박수 유도).

⑤ 신랑입장 – 신랑입장이 있겠습니다(박수 유도).

⑥ 신부입장 – 신부입장이 있겠습니다(힘찬 목소리로).

⑦ 신랑・신부 맞절 – 신랑・신부 맞절이 있겠습니다.

⑧ 혼인 서약과 성혼 선언문 낭독 – 주례 선생님으로부터 혼인 서약과 성혼 선언문 낭독이 있겠습니다.

⑨ 주례사 – 주례사가 있겠습니다(이때 주례를 간략히 소개한다. 장황해서는 안 됨).

⑩ 축가 또는 축하 연주 – 이제 새로이 탄생한 한 쌍의 원앙을 위해 축가(축하 연주)가 있겠습니다.

⑪ 신랑과 신부 내빈께 인사 – 신랑과 신부가 내빈께 인사를 드리겠습니다(먼저 양가 부모에게 인사하고 끝나면 하객에게 인사/박수 유도).

⑫ 행진(신랑 신부 퇴장)

신랑 ○○○, 신부 ○○○ 결혼식을 모두 마치고 바로 이어 피로연장에서 케이크를 자르겠습니다. 여러분께서는 피로연장으로 내려가 주시기 바랍니다.

9) 피로연 진행 순서와 사회자 멘트

① 사회자 입장(식장에서 피로연장으로 입장하는 신랑과 신부를 향하여 주목하고 있다)

② 신랑과 신부, 양가 부모 입장 – 지금 신랑 ○○○군과 신부 ○○○양이 피로연장으로 입장하고 있습니다(양가 부모 입장도 소개). 다시 한 번 축하의 박수를 부탁드립니다.

③ 케이크 자르기 – 케이크 자른 후에 축배가 있겠습니다. 테이블에 있는 음료와 술을 잔에 가득 채워 주십시오.

④ 축배 – 축배를 들겠습니다. 신랑과 신부의 영원한 행복과 건강을 기원하면서 건배!

⑤ 식사(식사 전에 양가 부모들이 인사를 할 수도 있다.)

⑥ 하객인사 – 신랑과 신부가 테이블을 돌며 인사 올릴 때 큰 박수로 축하해 주시면 고맙겠습니다.

10) 회갑연고희연

예전에는 팔순 노모 앞에서 예순 넘은 아들이 색동옷을 입고 재롱을 부렸다고 한다. 회갑연 사회를 맡으면 이런 얘기를 마음에 두고 진행을 한다면 모든 사람들이 즐거워할 것이다. 다른 의식에 비해서 훨씬 자유롭고, 흥을 돋우어야 하기 때문에 이때만큼은 개그맨이 되어도 좋다. 참석한 사람들에게 가무를 청할 때는 촌수와 성함을 정확히 안내할 수 있을 만큼 준비를 한다면 더욱 뜻깊은 자리가 될 수 있다.

① 회갑연(고희연) 개식사

지금부터 ○○○선생(여사)의 회갑(고희)연을 시작하겠습니다. 참석해 주신 여러 분께서는 모두 자리에 앉아 주시기 바랍니다.

바쁘신 중에도 ○○○선생(여사)의 회갑(고희)연을 축하해 주시기 위해 이 자리에 참석해 주셔서 가족을 대신해 감사드립니다.

지금부터 ○○○선생(여사)의 회갑(고희)연을 시작하겠습니다.

② 주빈 입장 - ○○○선생(여사)께서 입장하시겠습니다. 모두 자리에서 일어나 힘찬 축하의 박수를 보내주시기 바랍니다.

③ 약력 소개 - ○○○선생(여사)의 약력을 소개해 드리겠습니다.

④ 가족 대표 인사 - 맏아들이 가족을 대표해서 감사의 인사를 드리겠습니다.

⑤ 가족 소개(사회자가 가족들을 항렬에 따라 소개하면 해당 가족은 주빈 테이블로 나와 내빈께 인사를 한다)

⑥ 내빈 대표 축사(사전에 축사할 사람을 선정해 부탁한다)

⑦ 헌화 또는 헌주(직계자손 순으로 헌화와 헌주를 한다. 헌화로는 장미꽃 송이가 적합하며, 헌주는 청주 또는 백포도주가 좋다)

⑧ 케이크 자르기 - 주빈석 옆에 준비된 케이크를 자르겠습니다. 케이크를 자를 때 축하 박수 부탁드립니다.

⑨ 축배 - 모두 일어나 주시기 바랍니다. 잔을 높이 들어 ○○○선생(여사)의 만수무강을 기원하며 축배를 들겠습니다.

⑩ 식사 - 흥겨운 분위기에서 즐겁게 식사하시기 바랍니다.

⑪ 여흥(식사가 모두 끝나면 사회자가 준비한 순서대로 여흥시간을 갖는다)

⑫ 폐회 – 이상으로 ○○○선생(여사)의 회갑(고희)연을 모두 마치겠습니다. 가족을 대신해 참석하신 모든 분들에게 다시 한 번 감사의 말씀을 드립니다.

⑬ 사진촬영(직계 가족과 친척 기념촬영)

11) 기타 행사의 프로그램

(1) 돌잔치

① 연회 준비(하객 영접, 방명록에 축하글 부탁)

② 개식

③ 주인공 입장

④ 주인공 소개

⑤ 돌잡이

⑥ 축하 케이크 자르기

⑦ 덕담 듣기(부모가 테이블에 다니면서 인사하면 연장자가 한 마디씩 하거나, 대표 몇 분이 나와서 덕담을 한다.)

⑧ 사진촬영

⑨ 식사시간

⑩ 여흥시간

(2) 출판 기념회

① 개식

② 저자 약력 소개

③ 축사

④ 저자 인사

⑤ 화환 증정

⑥ 폐식

(3) 정년 퇴임식

① 개식

② 약력 소개

③ 훈장 또는 공로패 수여

④ 송사(사장 또는 사원대표)

⑤ 답사(퇴임 본인)

⑥ 꽃다발 증정

⑦ 폐식

(4) 이 · 취임식

① 개식

② 재임 중 업적 소개(취임사는 전임자 약력 소개)

③ 이임사(취임사)

④ 폐식

(5) 추모식

① 개식사

② 고인 약력 소개

③ 추모사(참석자 중 대표)

④ 분향

⑤ 헌화

⑥ 인사(주최 측)

(6) 논문 증정식

① 개식

② 약력 소개

③ 연구업적 소개

④ 축사

⑤ 인사

⑥ 꽃다발 증정

⑦ 케이크 자르기

⑧ 폐식

(7) 준공식(기공식, 제막식)

① 개식사

② 경과 보고

③ 공사 보고

④ 테이프 커팅(제막식 때는 줄을 당겨 제막, 기공식 때 발파 스위치 누름)

⑤ 사장 인사

⑥ 축사(내빈대표)

⑦ 건배(부사장 또는 상무)

⑧ 폐식사

16| 자기소개법

일상생활 속에서 자신을 소개하는 일이 많다. 인상을 좋게 하면서 기억에 남는 자기소개법을 연구해야 한다.

1 : 1 자리, 공식적인 자리, 학부형 모임, 파티 모임인 경우, 각 상황과 모임의 성격에 따라 자기소개의 방법은 달라야 한다.

1) 자기소개 요령

① 1분 이내로 짧게 한다(40초~1분)

② 자랑하거나 과시하지 않는다.

③ 대상들을 존중한다.

④ 자기의 핵심 가치를 포함시킨다.

⑤ 자기를 브랜드화하여 존재감을 높인다.

⑥ 특기를 발휘한다(시낭송, 노래, 장기자랑 등).

⑦ 모임의 성격에 맞게 자기소개를 한다.

2) 기본적인 자기소개법

① 인사로 시작한다.

② 이름을 말한다.

③ 내용을 말한다(사는 곳, 나이, 혈액형, 재능, 취미, 가족소개 등).

④ 다시 한 번 이름을 말한다.

⑤ 인사로 마무리 한다.

<예문>

① 안녕하십니까?

② 강인영입니다.

③ 저는 목동에 살고 있고, 혈액형은 O형입니다.

④ 이상 강인영이었습니다./ 강인영 기억해 주시기 바랍니다.

⑤ 감사합니다./ 잘 부탁드립니다.

<일반적인 소개법>

① "안녕하십니까?"/ "안녕하세요?"

② 직함(소속, 살고 있는 곳 등)

③ 이름

④ 느낌, 바람, 예시, 결의

<개성 있는 소개법>

① "안녕하십니까?"/ "안녕하세요?"

② 멘트(날씨, 성격, 장점, 희망, 유머, 이미지, 이름 풀이, 직업 등)

③ 이름(이름을 발음할 때는 끝을 연음시켜 구어체로 발음한다.)

<예문>

① "안녕하세요? 언제나 가슴이 따뜻한 사람이 되고 싶은 김숙휩니다."

② "안녕하십니까? 새봄에는 꼭 결혼을 하고 싶은 박세환닙니다."

③ "안녕하십니까? 누구에게나 성격 좋다고 칭찬받는 김희영입니다."

④ "안녕하세요? 우리 여러분과 잘 지내고 싶은 양은집니다."

⑤ "안녕하십니까? 마음이 바다처럼 넓은 김연압니다."

⑥ "안녕하세요? 꿈을 이루기 위해 열심히 살고 있는 윤영입니다."

⑦ "안녕하십니까? 항상 미소를 잃지 않는 조현집니다."

⑧ "안녕하십니까? 사랑스러운 김유진 엄마, 이혜숙깁니다."

⑨ "안녕하십니까? 시인이면서 초등학교 교사인 임채민닙니다."

⑩ "안녕하십니까? 상조회사를 운영하고 있는 최미숙깁니다."

외부 사람에게 자기를 소개할 때는 직함은 이름 앞에 댄다.
개성 있는 자기소개는 자신의 신념, 철학이 묻어 나오면 좋다.
처음 만난 사람에게 인사할 때는 "안녕하세요?"보다는 "안녕하십니까?"가 더욱 정중하고 중량감 있는 인상을 준다.

자기소개는 모임의 성격에 맞게 해야만 서로 소통이 되고, 자기 이름 앞에 형용사구를 붙여서 소개하면 관심을 갖고 집중해서 듣는다.

3) 일반적인 자기소개의 요령과 사례

(1) 이름과 하는 일과 특징을 흥미 있게 소개한다

① 안녕하십니까? 저는 술을 좋아하는 김주호입니다(김주홉니다). 주호, 술 주에 좋을 호입니다. 직업도 이름에 걸맞게 양조장을 합니다. 부친의 대를 이어 25년째입니다. 사는 곳은 포천입니다. 포천 막걸리 유명하지요. 포천에 오시면 주호, 김주호를 찾아 주십시오. 이렇게 만나 뵙게 되어 반갑습니다. 이상 김주호 인사드렸습니다.

② 안녕하십니까? 반갑습니다. 제 이름은 김중도입니다(김중돕니다). 가운데 중, 섬 도로 섬의 중간에서 태어났다고 해서 중도라고 이름을 지었답니다. 제 고향은 제주도입니다. 직업은 회사원으로 무역파트를 맡고 있습니다. 김중도 기억해 주시기 바랍니다.

③ 안녕하십니까? 제 이름은 한갑수입니다(한갑숩니다). 한글학자 한갑수 박사님과 이름이 똑같습니다. 얼굴도 닮은 데가 있습니다. 우선 이마가 훤합니다. 안경도 썼습니다. 또한 한갑수 박사님처럼 노래도 잘 부릅니다. 직업은 은행원입니다. 연수부에 근무하고 있습니다. 지금까지 한갑수였습니다.

④ 안녕하십니까? 저는 아이들의 꿈을 키워주며 책 읽기를 도와주고 있는 독서교사 서시원입니다(서시원닙니다). 오늘 훌륭한 분들을 만나 뵙게 되어 반갑고 기쁩니다. 열심히 배우겠습니다. 서시원 인사드렸습니다.

⑤ 안녕하세요? 저는 플로리스트 이희란닙니다.
여러분, 말리꽃의 꽃말이 뭔지 아십니까?
바로 친절과 행복입니다.

한 학기 내내 서로에게 친절을 베풀면서 행복한 한 학기가 됐으면 하는 바람 말씀드립니다. 이상 이희란이였습니다.

> 얼굴로 승부하는 ○○○입니다. 뒤 자태가 아름다운 ○○○입니다. 50이 넘었지만 아직도 S라인을 유지하고 있는 ○○○입니다. 성격이 좋아 호감지수가 높은 ○○○입니다.

(2) 모임에 온 소감과 모임에 참석하게 된 계기, 동기, 배경을 스토리로 전개한다. 또한 초대된 자리라고 하면 초대자와의 관계를 설명하면서 감사의 말을 덧붙인다

(3) 앞으로 혹은 그 모임의 느낌, 기대, 포부, 다짐을 얘기하며 마친다

17 | 사회진행 기법

1) 사회자가 주의해야 할 사항

사회자司會者란 모임이나 예식에서 진행을 맡아 보는 사람이다. 사회자Master of Ceremony는 어떠한 모임을 이끌어 갈 때 기본적인 상식을 알고 사회자의 역할을 해야 한다. 사회자가 주의해야 할 사항을 정리해 보면 다음과 같다.

① 사회자는 겸손하고 관대해야 한다.

② 사회자는 비속어는 사용하지 않는다.

③ 사회자는 분위기에 맞는 복장을 해야 한다(의식행사, 교육행사 등에는 색상 대비 큰 옷차림, 파티 및 여흥적인 성격을 띤 행사에는 색상 대비가 적은 옷차림을 한다).

④ 사회자는 자신의 뒷모습이 보이는 거울을 배경으로 서지 않는다.

⑤ 사회자는 인터뷰하는 사람에게 마이크를 넘기지 않는다.

⑥ 사회자는 오른손으로 마이크를 잡고 인터뷰하는 사람을 사회자의 오른쪽에 세워두고 마이크만 상대방 입에 가까이 가져간다.

⑦ 사회자는 인터뷰하는 사람의 자존심을 건드리지 않도록 한다.

⑧ 사회자는 특히 발음이 분명해야 하고 스피치의 리듬(강약, 속도, 고저, 장단, 쉼)을 타면서 재치 있게 진행한다.

⑨ 사회자는 말씨와 행동이 품격이 있어야 한다.

⑩ 사회자는 청중, 행사성격, 분위기, 상황에 맞는 표현을 하면서 유머와 순발력이 있어야 한다.

⑪ 시작, 박수, 멘트의 타이밍을 잘 맞춰야 한다.

⑫ 단락 전환 시, 그 단락의 전환을 확실하게 해야 한다(목소리, 톤, 쉼 등).

⑬ 사회자는 인터뷰하는 사람 혹은 대표로 뽑힌 사람이 무대 앞으로 나올 경우, 상대방의 긴장을 풀어주기 위해 1, 2단계의 질문을 한다. 질문의 요령은 1단계는 상대의 외적인 요소(머리 모양, 옷차림, 얼굴 등)를 소재로 질문을 던지고, 2단계는 내적인 요소(가족관계, 직업, 특기, 취미 등)를 소재로 연계를 지어 질문한 다음 본론으로 들어간다.

⑭ 사회자가 사회를 볼 때 "○○○ 회장(님)의 말씀이 있으시겠습니다(또는 계시겠습니다)"라는 표현을 많이 쓰고 있지만 "○○○ 회장(님) 말씀이 있겠습니다."라고 말하는 것이 정확한 어법이다. 주어가 '회장님이 아니라 '말씀'이라는 사물이기 때문에 간접존대어를 쓰는 것으로 충분하다.

⑮ 상장을 수여할 때 일본식 표현인 '대독代讀', '상동上同'보다 "대신 읽었습니다.", "이하 내용은 같습니다."라고 하는 것이 더 좋다.

⑯ "국민의례가 있겠습니다." → "국민의례를 하겠습니다."

⑰ 다음 순서는 ○○○가 되겠습니다(X).

다음 순서는 (다음은) ○○○입니다(O).

⑱ 사회자는 어미 처리와 쉼을 적절하게 해야 진행이 매끄럽다.

(상승조, 하강조, 평조, 꾸밈조) + 쉼(Pause)

⑲ 내빈 소개할 때 먼저 "참석해 주신 모든 분들에게 감사드립니다."를 먼저 말한 다음에 내빈소개를 한다.

⑳ 내빈소개를 할 때 다양한 표현을 한다.

㉠ 우리 양천구를 빛내주고 계신 ○○○ 구청장 소개해 올립니다.

㉡ 강서구를 위해 애쓰고 계신 ○○○ 국회의원 오셨습니다.

㉢ 자리해 주셨습니다.

㉣ 귀한 걸음 하셨습니다.

㉤ 소개해 드립니다.

㉥ 함께 해주셨습니다.

㉦ 참석하셨습니다.

㉧ 소개합니다.

㉨ ○○○ 협회에서 ○○○ 님 이외에 여러분 참석해 주셨습니다.

㉑ 사회자는 음역대가 다양해야 한다(복식호흡, '데시벨' 연습한다).

'하나 하면 하나요. 안녕하십니까? 둘 하면 둘이요. 안녕하십니까?

셋 하면 셋이요. 안녕하십니까? 넷 하면 넷이요. 안녕하십니까?

다섯 하면 다섯이요. 안녕하십니까? 여섯 하면 여섯이요. 안녕하십니까?'

㉒ 사회자는 진행에 도움을 줄 보조자를 둬야 한다.

㉓ 사회자의 진행 자리는 무대를 향해 왼쪽에 서서 진행한다.

㉔ 사회자는 높은 소리를 낼 때는 복식호흡에 의한 발성을 한다.

㉕ 참가자들에게 박수를 부탁할 때 같은 단어는 되도록 사용하지 말고, 상황에 맞는 박수 표현을 한다(열렬한 박수, 큰 박수, 힘찬 박수, 뜨거운 박수, 우렁찬 박수, 우레와 같은 박수, 아낌없는 박수, 환영의 박수, 격려의 박수, 사랑의 박수, 감사의 박수, 기대의 박수, 활기찬 박수, 따뜻한 박수, 존경의 박수, 희망의 박수 등).

2) 일반적인 사회순서

인사 및 사회자 자기소개 ➡ 행사소개 ➡ 개회선언

① 여러분 안녕하십니까?

② 오늘 행사의 사회를 맡은 김한서입니다(김한섭니다).

③ 작년에 이어서 올 해도 우리 어른신들께서 그동안 갈고 닦으신 기량을 마음껏 펼치실 축제의 장이 곧 시작될 예정입니다. 오늘 하루 즐겁게 보내시기 바랍니다.

④ 지금부터 제 15회 어른신 건강댄스 경연대회를 시작하겠습니다.

⑤ ○○○님 나오셔서 개회선언을 해주시겠습니다.

⑥ 첫 번째 출연팀은 ○○○ 팀입니다.
열렬한 박수로 맞이해 주시기 바랍니다.

<의식행사>

① 내외 귀빈 여러분, 안녕하십니까?
바쁘신 가운데 오늘 행사에 이렇게 참석해 주심에 진심으로 감사드립니다.

② 지금으로부터 사단법인 한국여가레크리에이션협회가 주최하고 문화체육관광

부, 대한체육회, 국민체육진흥공단이 후원하는 제28회 창립 60주년 기념행사를 시작하겠습니다.

③ 먼저 국민의례를 하겠습니다.

④ 국기를 향해 일어서 주시기 바랍니다.

⑤ 국기에 대하여 경례!(국기에 대한 연주곡과 국기에 대한 맹세문 낭독)

⑥ 바로!

⑦ 이어서 애국가 제창이 있겠습니다.

⑧ 애국가는 주악에 맞춰 1절만 부르겠습니다.

⑨ 다음은 순국선열 및 호국영령에 대해 묵념을 하겠습니다.

⑩ 일동 묵념!

⑪ 바로!

⑫ 모두 자리에 앉아 주시기 바랍니다.

국기에 대하여 경례를 할 때 일반인은 오른손을 펴서 왼쪽 가슴에 대고, 모자를 쓴 경우 오른손으로 모자를 벗어 왼쪽 가슴에 대고, 제복을 입은 사람은 거수경례를 하면서 국기를 주목한다.

⑬ 이어지는 순서는 내빈소개입니다(내빈소갭니다).

본 협회를 위해 많은 도움을 주고 계신 문화관광부의 ○○○ 국장 오셨습니다.

(사전에 내빈 참석 여부를 확인한 후에 참석하신 분만 소개한다)

⑭ 이어서 문화관광부 ○○○ 차관께서 축사를 위해 귀한 걸음 하셨습니다. 박수로 모시겠습니다.

⑮ 마지막으로 감사패 수여를 하겠습니다.

감사패 수여는 본 협회 위성식 회장께서 해주시겠습니다.

⑯ 이상으로 사단법인 한국여가레크리에이션협회가 주최하고 문화관광부, 대한체육회, 국민체육진흥공단이 후원하는 제28회 창립 60주년 기념행사를 모두 마치겠습니다.

⑰ 대단히 감사합니다.

안녕히 가십시오.

제12장

사투리 억양 고치기와 음절 강세법과 억양

1 | 사투리 억양 고치기

① 사투리 억양을 고치고자 하는 의지가 가장 중요하다.

② 평조음으로 말하거나 읽는 것을 기본으로 한다.

③ 긴 문장을 말할 때는 평조음으로 말하되, 의미 단위의 문장이 끊어지는 마지막 단어는 살짝 올려 쉼Pause을 두고, 마지막 단어는 살짝 내리거나 올린다.

④ 표준 발음을 익히고, 적당한 속도로 말하고(단어의 간격 조절), 악센트를 세게 두지 않고, 억양의 높낮이가 크지 않아야 한다.

⑤ 장모음을 구별하여 발음하고 입술을 부지런히 움직여 모음 발음을 명확히 한다(아야어여오요우유으이 - 어, 오, 으, 이).

⑥ 이중모음인 왜, 워, 위 등의 발음을 분명히 한다.

⑦ 둥근억양으로 말하는 아나운서의 말을 따라해 본다(Shadowing).

⑧ 평상시에 고저, 강약 없이 평조음으로, 한 호흡으로 읽기 연습한다(동해물과 백두산이 마르고 닳도록/ 하느님이 보우하사 우리나라 만세/ 무궁화 삼천리 화려강산/ 대한 사람 대한으로 길이 보전하세).

⑨ 혀와 입술을 부지런히 움직여 음절을 분명하게 발음한다.

⑩ 젓가락을 입술 사이에 깊숙이 집어넣고 소리 내어 발음한다.

⑪ 핵심단어는 또박또박 천천히 말한다.

⑫ 의미단위로 끊어 읽고, 호흡 조절을 잘한다.

⑬ 일반적인 문장은 낮은 평조음(수평조)으로 고저를 줄여서 말한다.

(어제 비가 왔어요.↷ / 많이 오셨습니다.↷ / 함께 갈까요?~↗)

2| 음절 강세법(음절 강세는 억양과 관계가 있음)

① 2음절 단어는 첫음절에 강세를 둔다.

(**바**람, **구**름, **건**강, **연**설, **강**의, **꽁**치, **화**술, **특**강, **두**뇌, **행**복)

② 2음절 문장은 첫음절에 강세를 둔다.

(**가**요~ / **가**자~ / **먹**어~ / **더**워~ / **봐**요~ / **타**요~)

③ 3음절 이상의 문장에서는 대체적으로 둘째 음절에 강세를 두고, 끝은 내리거나 올린다.

(너**무** 더워~↗/ 이**제** 가요↷/ 나**는** 좋아↷/ 내**일** 봐요↷ / 만**나**요↷

만**났**어~↗/ 만**납**니다↷/ 기**다**렸어요↷/ 기**다**릴거예요↷/ 봅**니**다↷

보**고** 싶다↷/ 아**니**예요↷/ 기**분** 좋습니다↷/ 걱**정**됩니다↷

일**하**게 되어서 기**쁩**니다↷ 앞**으**로 지**도**편달 부**탁**드립니다↷)

④ 합성어는 첫음절에 강세를 둔다.

(**척**추 측만증, **확**률 **분**포표, **경**찰청 **철**창살, **뜨**거운 **커**피, **커**다란 **트**럼펫, **기**다란 **콩**깍지, **국**세청 **연**말정산, **고**양이 **밥**그릇)

⑤ 첫음절에 받침이 있는 3음절 단어는 첫음절에 강세를 둔다.

(**진**달래, **원**숭이, **높**낮이, **설**명문, **곱**하기, **건**강법, **첫**음절, **한**의원)

* (ㄱ ㄷ ㅂ ㅈ) + (ㅎ) → 거센소리 낸다.

⑥ 첫음절에 받침이 없는 3음절 단어는 둘째 음절에 강세를 둔다.

(개**구**리, 고**양**이, 화**요**일, 수**요**일, 이**마**트, 그**을**음, 부**산**역)

⑦ 4음절 단어는 둘째 음절에 강세를 둔다.

(두**드**러기, 코**스**모스, 동**그**라미, 두**루**마리, 고**속**도로, 해**바**라기)

3| 억양과 어투

① 평서문, 의문문, 청유문, 명령문, 감탄문 등을 구별하여 억양과 문장 끝을 달리 해야 한다.

② 억양에 따라 의미가 달라진다.

(잘한다↗ - 칭찬 / 잘 ~ 한다↷ - 비난, 비웃기)

③ 말마디에 억양이 있어야 자연스럽다.

(아빠는↗나에게↗선물을↗주셨어요.↷ / 영희는↗학생입니다.↷)

④ 과시할 때는 문장 끝을 올린다.

(성공했**다**↗/ 칭찬 받았**다**↗/ 나 100점 받았**다**↗/ 여행 갔었**다**↗)

⑤ 칭찬, 감탄할 때는 문장 끝을 올려도 되고, 내려도 된다.

(대단하다↷, ↝/ 예쁘다↷, ↝/ 잘 어울리는데↷, ↝)

⑥ 후회할 때는 문장 끝을 내린다.

(먹지 말걸↷/ 일찍 갈걸↷/ 놀다 올걸↷/ 더 사올걸↷)

⑦ 추측하는 문장은 끝을 올린다.

(안 열었을걸↝/ 문 닫았을걸↝/ 안 올걸↝/ 비가 올걸↝)

⑧ 사실 확인 문장은 끝을 올려도 되고, 내려도 된다.

(만났구나↷/ 귀엽네요↷/ 정말 크네요↷/ 무척 힘드셨군요↷

좋아하는구나↝/ 보고 싶으시군요↝/ 많이 하셨군요↝)

⑨ 부드러운 어투로 말하고 싶을 때는 문장 끝을 길게 빼거나, 살짝 올린다.

㉠ 네, 알겠습니다. 아~

㉡ 김치 좀 주시겠습니까? 아~

㉢ 이쪽으로 모시겠습니다. 아~

㉣ 실례하겠습니다. 아~

㉤ 안녕하십니까? 아~

㉥ 감사합니다. 아~

㉦ 맛있군요. 오~

㉧ 힘드시지요. 오~

㉨ 어서 오십시오. 오~

㉩ 사랑합니다. 아~

㉪ 어디로 갈까요? 오~

㉫ 앉으시지요. 오~

제13장

프레젠테이션

1 | 프레젠테이션 기법과 기본상식

사람과 사람 사이의 관계는 대화로 이루어진다고 해도 과언이 아니다. 대화란 곧 말을 통해서 서로의 생각을 주고받는 것이다. 작게는 개인과 개인끼리의 대화에서부터 청중을 상대로 하는 강연, 웅변, 기자회견, 정치인의 정견 발표, 직장에서의 보고, 학교에서의 발표, 브리핑, 사업제품 설명회 등 자신의 생각과 의지를 말로써 설명하는 모든 행위를 통틀어 프레젠테이션Presentation이라고 하고, 말하는 당사자는 프리젠터Presenter라고 한다. 다시 말해서, 남을 설득시킬 목적으로 하는 모든 이야기가 프레젠테이션의 범주에 드는 것이다.

1) 프레젠테이션의 유형

① 예식 프레젠테이션 : 만찬사, 주례사, 환영사, 고별사 등

② 교육 프레젠테이션 : 연수 프로그램, 특기 교육 프로그램, 가르침

③ 선동 프레젠테이션 : 정당대회 연설, 선동 연설, 부흥회, 설교

④ 사실설명 프레젠테이션 : 회의에서 행하는 유형의 프레젠테이션

⑤ 세일즈 프레젠테이션 : 마케팅과 관련된 모든 프레젠테이션

> 예식 프레젠테이션은 감동적으로, 교육 프레젠테이션은 교육적이고 감동적으로, 선동 프레젠테이션은 매우 설득력 있고 감동적으로, 사실설명 프레젠테이션은 교육적으로, 세일즈 프레젠테이션은 설득력 있게 해야 한다.

2) 효과적인 프레젠테이션 기본요령

(1) 인사말은 요령 있게 한다

의례적이고 장황한 인사말보다는 'SSS 공식'을 활용한다. 즉, 인사말을 간단하게 끝낸 후, 주제Subject, 의의Significance, 강사이름Speaker을 잘 연결 지어 간결하게 정리해서 전달한다.

(2) 목소리를 지나치게 높이지 않는다

우리나라 사람 10명 중 서너 명이 비정상적으로 목소리가 크고 1명 정도는 목소리가 너무 작은 것으로 조사되었다. 프리젠터는 청중의 인원수에 맞춰 목소리의 크

기를 알맞게 조절할 줄 알아야 한다. 처음 시작은 낮은 목소리로 하는 게 좋다. 시간이 지남에 따라 목소리가 점점 커지는 게 일반적인 경향이기 때문이다. 첫 발성부터 큰소리를 낼 경우 목소리가 점점 상승작용을 일으켜 심한 경우 악을 쓰게 되는 상황까지 빚어질 수 있다. 프리젠터는 '고성의 악순환'을 경계해야 한다.

(3) 대화식으로 풀어간다

프리젠터는 자기 스타일을 유지하면서 자연스럽게 대화를 나누듯 프레젠테이션하는게 좋다. 청중 앞에서 웅변조로 포효·절규하던 '변사'시대가 지난 지 이미 오래다.

(4) 자신의 개성 있는 음성을 개발한다

목소리를 근본적으로 바꿀 수는 없지만 말을 하면서 음성에 변화를 줄 수는 있다. 소리를 크게 하면 강조의 효과가 있고, 소곤거리는 말투는 주의를 환기시키는 효과를 낼 수 있다. 빨리 말하면 청중을 흥분시키게 되고, 낮게 말하면 엄숙한 인상을 주게 된다. 이러한 음성의 변화는 이야기를 좀 더 다채롭게 꾸며나가는 역할을 한다.

(5) 자신감을 갖되 겸손한 태도를 유지한다

자신감이 지나쳐서 청중을 깔보는 식의 프리젠터가 되어서는 안 된다. 그렇다고 해서 "저도 잘 모르긴 합니다만…" 식으로 자신 없어 하는 모습이나 사과나 변명으로 시작하는 것도 문제다. 이런 프레젠테이션은 90% 이상 실패한다. 충실한 내용과 해박한 지식으로 종횡무진 청중을 사로잡되 끝까지 겸허한 자세를 유지해야 훌륭한 프리젠터가 될 수 있다.

(6) 쉽게 말하되 평범하지 않아야 한다

프리젠터가 너무 평범한 어휘만 구사한다면 수준 낮은 연사로 오인된다. 물론 외래어나 전문용어를 너무 자주 사용하거나 난해한 이론을 장황하게 펼치는 것도 금물이다. 전체적인 내용전개에 있어서는 누구나 알아듣고 이해할 수 있도록 쉽게 표현하되 프리젠터의 특유한 관점과 논리가 추가되어야 한다. 그래야 청중을 사로잡을 수 있다.

(7) 열정을 가지고 진지하게 말한다

빼어난 재주는 없더라도 나름대로 열심히 자료를 찾고 내용을 논리적으로 구성하여 이를 제대로 전달하고자 하는 성의를 가지고 프레젠테이션에 임해야 한다. 그런 프리젠터의 열정은 의외로 청중에게 잘 전달된다. 청중은 그런 프리젠터에게 집중하게 된다.

(8) 의사 보충법으로 청중의 이해를 돕는다

프리젠터는 꼭 필요하고 핵심적인 내용만 전달하는 데 그쳐서는 안 된다. 효과적인 의사 보충법을 구사해야 한다. 자신의 직·간접 체험을 예로 들거나 비슷한 이야기를 소재로 본래의 뜻을 보다 구체적으로 이해시키는 것이 필요하다.

(9) 청중의 주의를 집중시키는 방법을 강구해야 한다

① 정확하게 발음하고 강약, 속도, 고저, 쉼 등의 변화를 주면서 스피치의 리듬을 타며 말한다.

② 청중에게 시선을 고루 안배하면서 주의를 집중시킨다.

③ 주의 집중을 위해서 적절한 질문을 던진다.

④ 때때로 탁자를 두드리거나 판서를 하면서 주의를 환기시킨다.

⑤ 유머, 넌센스 퀴즈 등을 활용한다.

⑥ 위치를 이동, 단상에서 내려와 청중에게 접근을 시도한다.

⑦ 시청각 보조 자료를 적극적으로 활용한다.

⑧ 종종 청중의 복창을 유도한다.

⑨ 스피치 내용에 걸맞은 제스처를 사용하여 시선을 끈다.

⑩ 청중을 직접 참여시키는 방법을 강구한다.

⑪ 성공적인 프레젠테이션을 위해서는 단순성, 간결성, 신뢰성, 일관성, 참신성, 리듬감, 흡인력, 시각화, 상호반응, 타당성을 고려해야 한다.

⑫ 핵심 메시지는 3개 이상 넘지 않은 게 좋다.

⑬ 프레젠테이션의 유형을 구분한다(설명형, 설득형, 오락형).

⑭ 끝마무리는 인상 깊게 한다.

(전달의 핵심에 대해 명쾌한 결론을 내리거나 메시지를 전달하면서, 인상 깊은 음성과 제스처로 프레젠테이션을 종료한다.)

2) 프레젠테이션의 기본 법칙

① 목표를 설정한다.

② 프레젠테이션의 유형을 결정한다.

③ 청중을 파악한다.

④ 원고는 구어체로 작성한다.

⑤ 프레젠테이션을 실제로 여러 번 해본다.

3) 프레젠테이션의 준비과정

① 사전 분석

② 내용 결정

③ 시각자료 작성

④ 발표준비 및 연습

4) 프레젠테이션의 5가지 전략

① 청중을 주목시킨다.

② 공감대를 형성한다.

③ 핵심 키워드를 말한다(프레젠테이션의 뼈대).

④ 상세한 근거를 댄다.

⑤ 방안을 제시하라(행동유도).

제14장

효율적인 시간 관리법

1 | 큰 목표를 세운 뒤 작은 목표를 정한다

시간 관리는 마음가짐이 중요하다. 마음가짐에 따라 자신의 인생을 컨트롤할 수 있다. 인생의 최종 목표Final Goal를 정한 후에 20대, 30대, 40대, 50대, 60대에 무엇을 할지 중간목표를 정한다. 그런 다음 연간계획을 세우고 그에 따르는 월간계획을 세운다. 이어서 주간계획을 짜고 무엇에 주력할지를 결정한다. 계획을 수립하는 과정에서 시간을 어떻게 효율적으로 활용해야 할지를 숙고해야 한다.

큰 목표는 장기적인 관점에서 정해야 한다. 지금으로부터 3년 후, 5년 후, 7년 후, 10년 후, 15년 후, 20년 후, 25년 후, 30년 후까지 시간을 나누어 각각의 시점에 맞추어 목표를 정하는 것이다.

목표를 정할 때는 기본적인 테마가 있어야 한다. 일, 경제, 가정, 건강, 자기계발 등의 테마가 있어야 구체적인 세부계획이 가능하다.

계획은 구체적으로 세우고 기한을 정한다. 이를 종이에 옮겨 써서 집안 어딘가에 붙여 놓는다. 그래야 수시로 보면서 자신을 점검할 수 있다.

2| 시간 관리의 기술을 터득한다

1) 계획과 스케줄의 차이를 알아야 한다

계획이란 자신의 의지로 어느 정도 컨트롤이 가능한 것을 의미한다. 스케줄은 자신이 마음대로 바꿀 수 없는 것들을 말한다. 어떤 일들이 이미 정해져 있어서 컨트롤이 어려운 것이다(매주 월요일 9시부터 11시까지 회의, 강의 등). 자신의 목표를 위해서 우선순위를 정해 놓고 우선순위에 따르는 일을 스케줄로 정한다면 보다 효율적인 시간 관리가 될 것이다.

2) 가용可用시간을 활용한다

가용시간이란 자신이 임의로 쓸 수 있는 시간을 말한다. 즉, 스케줄에 들어가 있지 않은 시간대이다. 예를 들면, 회의가 10시에 끝난 뒤 11시까지 스케줄이 잡혀 있지 않다면 그 시간대가 가용시간이다. 이러한 가용시간을 계획적으로 활용하려면 목적의식과 지혜가 필요하다.

3) 자투리 시간을 활용한다

하루생활 중 30분 이내의 자투리 시간이 생각보다 많다. 이 자투리 시간을 잘 보낼 수 있는 아이디어를 생각해내야 한다. 친구의 이메일에 대한 답신을 보낸다거나, 인터넷 서핑 후 물건을 구입한다거나, 화초에 물을 준다거나, 영어단어를 외운다거나, 신문을 본다거나 등으로 자투리 시간을 유용하게 사용하는 계획도 시간관리에서 중요하다.

4) 시간도둑을 제거해야 한다

시간을 계획적으로 잘 보내려 노력해도 외부적인 요인에 의해 시간을 허비하게 된다면 그 외부적인 요인이 바로 시간도둑이다. 예를 들면, 친구의 하소연을 장시간 들어주어야 할 경우에도 적당히 들어준 후에 전화를 끊을 수 있는 용단이 필요하다. 회의가 쓸데없이 길어질 때는 회의시간을 단축시키기 위한 아이디어를 내서 시간도둑을 제거해야 한다. 동료의 수다로 마냥 시간이 낭비될 때도 눈치껏 마무리를 하게 해야 한다.

5) 우선순위에 충실해야 한다

시간 관리를 잘 하기 위해서는 일간계획과 주간계획을 잘 세워야 한다. 일간・주간 계획에 우선순위 1위, 2위, 3위 등을 정해놓고 그에 따라서 실천을 해나가야 한다. 실천이 없는 계획이란 무용지물이다.

6) 유연성 있게 계획을 세운다

생활을 하다 보면 예기치 않는 일들이 생긴다. 따라서 일주일 가운데 하루는 예비일로 정해놓고 20~30% 정도 여유 있게 시간계획을 짠다. 계획을 적을 때는 연필로 적었다가 계획이 변경되면 지우개로 지우고 다시 적는다.

7) 익숙해질 때까지는 타율적인 일정관리에 의존한다

스스로 일정에 따라 생활하기가 힘들 경우에는 시간관리에 익숙해질 때까지 TV, 라디오 강좌를 시간에 맞춰 학습하는 리듬을 가져본다. 시간관리를 몸으로 받아들이는 좋은 방법이 된다. 길들여진 습관을 바꾸기 위해서는 약 3개월 정도는 시간이 필요하다.

8) 돈으로 시간을 사라

출근하는 데 2시간이 걸린다면 직장 근처로 이사를 가는 것이 장기적으로 보았을 때 시간관리에 성공할 수 있는 방법이다. 자신을 계발하고 계획된 목표를 위해서는 길거리에 버려지는 시간을 아까워해야 한다. 돈을 들여서라도 직장 가까이에서 출·퇴근(통학)할 수 있도록 투자할 필요가 있는 것이다.

9) 쉴 때는 즐거운 일을 한다

휴식을 가질 때는 본인이 스트레스 받는 일과는 전혀 성격이 다른 일이나 활동을 하면서 재충전을 한다.

10) 계속하는 것이 힘이다

물이 갑자기 100도로 끓을 수는 없다. 물이 99.9999도까지는 액체이다가 100도가 됐을 때 끓으면서 기체로 변하듯이 계획한 일을 꾸준하게 지속적으로 해나간다면 발전과 변화는 분명히 온다. 계획을 지속해서 실행하기 위해 부단한 노력을 경주해야 한다. 그 끝에 성공이 기다리고 있다.

11) 딱딱한 일과 부드러운 일을 섞는다

15분 단위로 시간계획을 짠다. 한 시간 중 3단위인 45분을 일이나 학습을 하고 15분은 휴식을 취하는 방법을 강구하는 것이다. 세 시간 열심히 일(학습)하고 30분 쉬는 것보다 45분 일(학습)하고 15분 쉬는 게 이상적이다. 사정이 여의치 않으면 한 시간에 5~10분이라도 쉬는 것이 집중력을 높이는 데 더 효과적이다. 계획시간표에 휴식시간을 반드시 설정하고 그 휴식 시간에 자기가 좋아하는 활동을 하면 기분전환의 효과가 크다.

12) 버스, 지하철 안에서는 15분 단위로 시간을 계획한다

시간낭비를 적으로 생각하고 버스, 지하철 안에서도 15분을 한 단위로 계획을 세워 생산적인 시간을 갖는다. 따라서 두세 가지의 교통수단을 바꿔가며 목적지에 가는 것보다 시간이 더 걸리더라도 한 가지 교통수단의 공간에 있으면서 계획된 시간에 충실하다가 내리는 것이 시간을 유용하게 쓰는 방법이다. 그러기 위해서는 지금까지보다 좀 더 일찍 일어나는 등 부지런해야 한다.

13) 목표와 과제는 실현가능한 것으로 정한다

스트레스, 초조함, 불안은 계획한 목표를 달성하지 못했을 때 나타나는 현상이다. 뜬구름 잡는 식의 목표와 과제는 오히려 자신감을 떨어뜨릴 수도 있다. 자신이 처한 환경과 여건, 능력 등을 고려하여 실현가능한 목표와 과제를 설정해야 한다.

14) 텔레비전, 컴퓨터를 멀리한다

텔레비전을 꼭 봐야 한다면 운동을 하면서 보는 것도 시간을 유용하게 보내는 방법이다. 인터넷 서핑Surfing을 하고 싶다면 직장, 버스, 지하철, 학교 등에서 자투리 시간을 활용하도록 한다.

15) 나만의 학습공간을 확보하자

아무리 좁은 공간이라도 자신만의 학습공간은 자신의 안정된 정서를 위해 도움이 된다. 학습 공간에 창문이 있다면 창문을 등지고 앉아야 안정감이 크고 집중이 잘 된다.

16) 상황에 따른 학습장소를 만든다

지하철・버스 안에서, 사람이나 주문한 음식을 기다리면서, 화장실 안에서 독서 등 지적인 활동을 계획하고 실천한다면 자기발전에 많은 도움이 될 것이다.

17) 공부를 시작할 때는 나만의 의식을 갖자

어학공부, 학과공부, 독서 등을 하기 전에 집중하기 위한 자신만의 방법을 강구하는 것도 바람직하다. 예를 들어, 책상정리를 하거나 스트레칭을 하거나 방청소・기도 등을 하는 것이다.

18) 가상의 적을 만든다

혼자서 성과를 기대하기가 힘들다면 같은 목표가 있는 동료, 친구와 가까이 하면서 그 친구를 목표 삼아 '당신에게 뒤지지 않을 거야', '내가 더 잘 할 수 있어' 등을 마음 속으로 생각하며 경쟁심을 갖는다.

19) 여가활동의 날을 마련한다

실을 너무 당기면 끊어지는 법이다. 아무리 의욕에 불타서 계획된 것을 열심히 해도 전혀 여가가 없다면 오래 지속하기가 힘들어진다. 긴 여정을 가진 마라톤으로 생각해야 한다. 자기계발, 자기성공을 위한 학습은 도착점이 있을 것 같으면서도 없다. 평생작업으로 생각해야 한다. 토요일을 휴식일, 예비일로 삼고 시간계획을 하는 것도 좋겠다.

20) 가족, 친구의 이해와 협조를 구한다

자신의 계획을 실천하기 위해서는 주위사람(가족, 친구, 동료 등)의 협조가 필요하다.

예전과 달라진 생활에 대해 오해가 생기지 않도록 사전에 얘기해서 협조와 이해를 구해야 한다.

21) 피로를 누적시키지 않는다(효율적인 시간 활용)

피곤이 누적이 되면 몸의 저항력이 떨어져 몸이 아프고 의욕이 떨어진다. 신체의 리듬이 깨지지 않게 하기 위해서는 밤 11시부터 새벽 3시까지는 꼭 수면을 취해야 한다.

밤 11시~새벽 1시 사이에 우리 몸의 쓸개는 온몸에 담수, 즉 원동력을 제공한다. 오전 1시부터 3시까지 간은 맑은 혈액과 기운을 제공하고 해독도 한다. 이 시간대에 우리 몸의 성장 호르몬이 왕성하게 분비되고 피부에 영양이 공급되어 피부재생이 이루어진다. 이 시간대에 취하는 수면은 기억력을 좋게 하고 원기를 회복시킨다.

오전 8시부터 10시 사이는 무엇인가를 기억하기에 가장 좋은 시간대이다. 이 시간대에는 신경조직이 새로운 것을 거의 받아들이지 않기 때문이다. 저녁 때가 되면 기억력은 6~10% 가량 떨어진다. 또한 점심식사 후에 15~20분 정도의 낮잠은 피로회복에 도움이 된다. 낮잠을 20분 이상 자면 오히려 컨디션이 나빠진다.

22) 평일과 주말을 연계하여 시간을 계획한다

평일에 '어학공부'를 하는 상황이라면 토요일・일요일에도 어학공부를 단 30분이라도 하는 것이 좋다. 어학공부의 기억곡선이 더 길게 이어지기 때문에 주말에 공부가 완전히 단절되는 것보다 훨씬 더 좋은 결과를 가져온다.

23) 80%의 실천이면 성공으로 여긴다

생활과정에서는 예기치 않는 일들이 종종 생기기 때문에 계획한 것에 대한 100%의 실천은 매우 어렵다. 100% 목표달성에 너무 집착하다 보면 스트레스를 받아 병이 생길 수도 있고 중도포기의 유혹에 굴복하기도 쉽다. 80% 정도의 결과에 만족해야 한다.

24) 아침형과 저녁형을 파악하자

자신이 생활패턴에서 아침형과 저녁형 중 어느 쪽 체질인지 다음 쪽에 있는 체크리스트를 통해 파악한 후 적합한 시간대에 계획된 학습을 하는 것이 효과적이다.

25) 인간 시간표가 되어 보자! 내 인생의 경영자는 나 자신이다!

우리 주변에는 시간관리를 잘해 성공한 '인간 시간표'가 많다. 그 중 미국의 정치가이자 과학자인 벤자민 프랭클린은 자서전을 집필하여 우리에게 많은 감동을 주었다. 프랭클린은 초등학교 중퇴자로 필라델피아로 이주하여 양초공장에서 일하면서 시간관리를 잘해 엄청난 독서량을 축적했고 이를 도약의 발판으로 삼아 마침내는 아메리칸 드림을 실현시킴으로써 위대한 인물로 기억되고 있다.

프랭클린은 스스로 13가지 덕목을 정해 놓고 생활했다고 한다. 절제, 과묵, 질서, 결단력, 검약, 근면, 겸손, 청결, 침착, 정결, 성실, 정의, 중용이다. 그는 이 덕목을 하루에 하나씩 차례로 배정하고 돌아가면서 하루 동안 그 덕목의 실천에 노력하였다.

자신의 꿈의 실현을 위해서는 시간관리가 무엇보다 중요하다. 우리가 각기의 삶에서 뚜렷한 목표를 세우고 이를 달성하기 위해 인간 시간표가 되겠다는 각오로 인생을 경영해 나간다면 많은 성취를 이룰 수 있을 것이다.

인생을 사랑하는가?
그렇다면 시간을 낭비하지 말라.
인생은 시간으로 이루어져 있다.

– 벤자민 프랭클린 –

〈아침형, 저녁형 테스트〉

'아침형 인간'에 대한 책이 출판된 이후 꾸준하게 팔려나가고 있다. 이 책의 주장인즉 인생을 두 배로 살려면 아침에 일찍 일어나 왕성한 활동을 해야 한다는 것이다. 하지만 전문가들은 사람들은 각자의 생체시계를 갖고 태어나기 때문에 이를 바꾸기가 쉽지 않다고 말한다. 그렇다면 생리학적으로 '아침형'인지 '저녁형'인지 알 수는 없을까. 신경정신과에서 이를 구분하는 설문조사를 요약해 소개한다. 평가결과는 각 문항의 점수를 더한 값으로 이뤄진다.

01. 다음 날 특별한 일(예 일요일)이 없다면 최상의 컨디션을 위해 몇 시에 일어나나?(　　)

(5) 새벽 5~6시 반　(4) 6시 반~7시 45분　(3) 7시45분~9시 45분
(2) 9시 45분~11시　(1) 11시~12시

02. 다음 날 특별한 일이 없다면 몇 시에 자나?(　　)

(5) 밤 8~9시　(4) 9시~10시 15분　(3) 10시 15분~12시 반
(2) 12시 반~1시 45분　(1) 1시 45분~3시

03. 만일 아침 특정한 시각에 일어나야 한다면 자명종 시계에 어느 정도 의존하나? (　　)

(4) 전혀 의존하지 않는다　　(3) 약간 의존한다

(2) 꽤 의존한다　　(1) 매우 의존한다

04. 수면에 방해받지 않는 평소의 조건에서 아침에 일어나는 것은 얼마나 쉽나? (　　)

(1) 전혀 쉽지 않다　　(2) 쉽지 않다

(3) 꽤 쉽다　　(4) 쉽다

05. 아침에 깨어난 직후 30분간 정신은 어떤가?(　　)

(1) 전혀 맑지 않다　　(2) 약간 맑다

(3) 꽤 맑다　　(4) 매우 맑다

06. 아침에 깨어난 직후 30분간 입맛은 어떤가?(　　)

(1) 매우 안 좋다　　(2) 꽤 안 좋다

(3) 꽤 좋다　　(4) 매우 좋다

07. **아침에 깨어난 후 30분간 피곤한 정도는?( )**

(1) 매우 피곤하다 (2) 꽤 피곤하다
(3) 꽤 상쾌하다 (4) 매우 상쾌하다

08. **만일 다음 날 약속이 없다면 보통 때와 비교해 얼마나 늦게 자나?( )**

(4) 결코 늦지 않는다 (3) 1시간 미만 정도로 늦는다.
(2) 1~2시간 (1) 2시간 이상

09. **친구가 운동을 1주일에 두 번 하자고 하면서 가장 좋은 시각이 아침 7-8시라고 제안하면?( )**

(4) 매우 즐거운 마음으로 응할 것이다
(3) 별로 무리 없이 응할 것이다
(2) 응하기가 어려울 것이다
(1) 응하기가 매우 어려울 것이다

10. **피곤하여 자야겠다고 느끼는 시각은?( )**

(5) 밤 8~9시 (4) 9시~10시 15분 (3) 10시 15분~12시 45분
(2) 밤 12시 45분~2시 (1) 새벽 2~3시

11. **두 시간 시험에서 최고의 성적을 얻기 위해 마음대로 시험시간을 정한다면?(   )**

(6) 오전 8시~10시
(4) 오전 11시~오후 1시
(2) 오후 3시~5시
(0) 오후 7시~9시

12. **만일 밤 11시에 잠들면 피곤한가?(   )**

(0) 전혀 피곤하지 않다
(2) 약간 피곤하다
(3) 꽤 피곤하다
(5) 매우 피곤하다

13. **만일 평소보다 3~4시간 늦게 자고 다음 날 특정 시각에 일어날 필요가 없다면 어떻게 되나?(   )**

(4) 평소 일어나는 시각에 일어나서 더 이상 잠들지 않는다
(3) 평소 시각에 일어나지만 그 이후 졸린다
(2) 평소 시각에 일어나지만 다시 잠에 빠진다
(1) 평소 시각보다 늦게 일어난다

14. **어느 날 밤 야간작업을 하기 위해 새벽 4~6시에 깨어 있어야 하고, 다음날 약속이 없다면?(　　)**

(1) 작업이 끝나기 전까지는 자지 않고, 작업이 끝난 후에야 그날 저녁의 잠을 잔다

(2) 작업 전에 약간의 선잠을 자고, 작업 후 깊은 잠을 잔다

(3) 작업 전에 깊은 잠을 자고, 작업 후 약간의 선잠을 잔다

(4) 작업 전에 그날 저녁의 모든 잠을 자고, 작업 후에는 전혀 자지 않는다

15. **두 시간의 심한 육체노동 시 최상의 컨디션 유지를 위해 마음대로 시간대를 선택한다면?(　　)**

(4) 오전 8시~10시

(3) 오전 11시~오후 1

(2) 오후 3시~5시

(1) 오후 7시~9시

16. **친구가 운동을 1주일에 두 번 하자고 하면서 가장 좋은 시각은 저녁 10-11시라고 제안한다면?(　　)**

(1) 매우 즐거운 마음으로 응할 것이다

(2) 별로 무리 없이 응할 것이다

(3) 응하기가 어려울 것이다

(4) 응하기가 매우 어려울 것이다

17. 휴식시간을 포함하여 연속적으로 5시간 일을 한다고 할 때, 선택하고 싶은 핵심 시간대는?(　　)

(5) 새벽 3~7시　　(4) 오전 7~8시　　(3) 오전 8시~오후 1시
(2) 오후 1~4시　　(1) 오후 4시~새벽 3시

18. 하루 중 어느 시간대에 기분이 가장 좋은가?(　　)

(5) 새벽 4~7시　　(4) 오전 7~9시　　(3) 오전 9시~오후 4시
(2) 오후 4~9시　　(1) 밤 9시~새벽 4시

19. '아침형'과 '저녁형' 어느 쪽이라고 생각하나?(　　)

(6) 확실히 아침형이다　　(4) 저녁형보다 아침형이다
(2) 아침형보다 저녁형이다　　(0) 확실히 저녁형이다

♣ 평가 결과
70 - 86점 = 확실한 아침형
59 - 69점 = 아침형에 가까움
42 - 58점 = 어느 형도 아님
31 - 41점 = 저녁형에 가까움
16 - 30점 = 확실한 저녁형

결과가 '어느 형도 아님'으로 나왔다면, '아침형'으로 체질을 바꾸는 것이 바람직하다.

Reference

참고문헌

김경호(2008). 이미지 메이킹의 이론과 실제. 서울 : 높은오름.

김득중(2013). 실천 가정의례. 서울 : 서울 : 중화서원.

김성애(2008). 현대비서 실무. 서울 : 한올 출판사.

김양호(2006). 성공하는 사람은 화술이 다르다. 서울 : 비전코리아.

김양호 외(2003). 성공하는 직장인의 매너와 화법. 서울 : 예분당.

김영준(2001). 면접매너 스쿨. 서울 : 대왕사.

김영준 외(2001). 예절 실무 클리닉. 서울 : 대왕사.

김월순 외(2004). 토탈 패션 코디네이션. 서울 : 예림.

김유순 외(2004). 이미지 메이킹. 서울 : 예림.

김은성(2007). 마음을 사로잡는 파워 스피치. 서울 : 위즈덤 하우스.

김은희 외(2002). 예절과 서비스. 서울 : 대왕사.

김진배(2004). 유머가 인생을 바꾼다. 서울 : 다산북스.

김효정(2004). 토털 코디네이션. 서울 : 정담미디어.

도영태 외(2009). 직장예절. 서울 : 영진미디어.

미래 서비스 아카데미(2006). 서비스 매너. 서울 : 새로미.

박경화(2003). 이미지 컨설팅. 서울 : 미라스북스.

삼성에버랜드 서비스 아카데미(2001). 에버랜드 서비스 리더십. 서울 : 21세기북스.

신강헌(1999). 글로벌 매너 가꾸기. 서울 : 형설 출판사.

우지은(2015). 스피치 시크릿. 서울 : 퍼플카우.

원육희(2009). 생활 에티켓 365. 서울 : 백산출판사.
유정아(2012). 유정아의 서울대 말하기 강의. 서울 : 문학동네.
윤치영(2002). 나를 잘 설명하는 화술 나의 이미지를 높이는 화술. 서울 : 책이있는마을.
______(2002). 당신도 화술의 달인이 될 수 있다. 서울 : 책이있는마을.
이경화(2014). 목소리가 경쟁력이다. 경기 : JNC커뮤니티.
이병도 외(2008). 세계인의 에티켓 문화. 서울 : 한국외국어대학교출판부.
이복영(2002). Pro 이미지 컨설팅. 서울 : 교문사.
이성옥 외(2002). 이미지 메이킹. 서울 : 수문사.
이정숙(1998). 준비된 말이 성공을 부른다. 서울 : 가야 미디어.
______(2008). 성공하는 직장인은 대화법이 다르다. 서울 : 더난출판.
이정학(2000). 서비스 경영. 서울 : 기문사.
이정학 외(2001). 국제매너. 서울 : 기문사.
이혜범(2010). 이럴 땐 이런 대화법 67. 서울 : 윈앤위북스.
전도근 외(2006). 돈버는 스피치 인맥 넓히는 커뮤니케이션. 서울 성안당.
정균승(2003). 던키 비스니스. 서울 : 아이프렌드.
정연아(1997). 성공하는 사람에겐 표정이 있다. 서울 : 명진출판.
정해정(2003). 컬러 코디네이션. 서울 : 도서출진 국제.
조관일(1997). 강의 · 강연 · 연설 이렇게 하라. 서울 : 21세기북스.
______(2007). 서비스에 승부를 걸어라. 서울 : 21세기북스.
______(2009). 황당 매너. 서울 : 위즈덤 하우스.
조학범(2009). 말이 인격이다. 서울 : 예담.
차석빈 외(2003). 펼치면 매너가 보인다. 서울 : 현학사.
참CS(2005). CS는 행동이다. 서울 : 도서출판 두남.
최규상(2008). 유머力 세상을 가지고 노는 힘. 서울 : 북카라반.
호텔신라(2001). 현대인을 위한 국제 매너. 서울 : 김영사.

D. 카네기(2006). 사람을 다스리는 기술. 서울 : 지성 문화사.
가미오카 신지 외(2008). 말을 디자인하라. 서울 : 이롬미디어.
나이토 요시히토(2002). 내 뜻대로 유도해가는 설득심리. 서울 : 바이오 프레스.
나카모토 마사코(2007). 말버릇 수업. 서울 : 한언.
니시무라 아키라(2004). 퇴근후 3시간. 서울 : 해바라기.

다나메이 케이스퍼슨(2003). 에티켓 핸드북. 서울 : 미래의 창.
도다 사토루(2003). 성공 프레젠터의 실전 노하우. 서울 : 이비컴.
래니 어레돈도(2005). 커뮤니케이션의 기술. 서울 : 지식공작소.
래리바키 외(2005). 경청의 힘. 서울 : 이사소.
로버트 슐러(2009). 성공을 부르는 인관관계 법칙. 서울 : 백만문화사.
로화 J. 자이베르트(1993). 시간관리학. 서울 : 미래사.
론젬키 외(1992). 서비스 달인의 비밀 노트. 서울 : 세몽서적.
리처드 도위스(2002). 스피치에 강한 리더가 성공한다. 서울 : 삼진기획.
마쓰자키 순도(2004). 시간경영 기술. 서울 : 조선일보사.
매래미첼(2001). 이미지 경영. 서울 : 이손.
모튼쿠퍼(2002). 목소리를 깨워라 삶을 바꿔라. 서울 : 피피에.
무로후시준코(2005). 고객을 감동시키는 마법의 대화법. 서울 : 중앙경제평론사.
사무다이 히로시(2001). 사람의 마음을 움직이는 기적의 화술. 서울 : 시대의 창.
스티븐(2006). 세상에서 가장 일 잘하는 사람. 서울 : 나무한그루.
시라사와 세츠견(1992). 성공한 여성은 이 점을 갖추고 있다. 도서출판 진화당.
오치아이 마사카츠(2001). 옷 잘 입는 남자. 서울 : 나무와 숲.
울라디크(1997). 여성이 직장에서 성공하는 지혜. 서울 : 까치.
잭 그리핀(2001). 나의 몸값을 10배 높이는 대화의 기술. 서울 : 거름.
퀸튼 산들러(2010). 성공한 사람들의 시간관리 습관. 서울 : 도서출판 문장.
토니 알레산드라(2003). 행복한 일터의 커뮤니케이션. 서울 : 한언.
폴 R 팀(2006). 고객 서비스 전략. 서울 : 멘토르.
피터 데스버그(2006). 스피치 기술. 서울 : 커뮤니케이션북스.
하아시다 마사미쓰(2007). No 라고 말하지 않는 서비스. 서울 : 미래의창.
하코다 타다아키(2005). 시간 활용법. 서울 : 비즈로드.
후쿠다다케시(2007). 설득기술. 서울 : 청림출판.

저/자/약/력

■ 강나경

이화여자대학교 학사, 석사
프랑스 국립 파리8대학 사회학과 박사과정 수료
프랑스 국립 EVRY대학교 사회학과 박사과정 졸업(사회학박사)
전 경희대학교 국제캠퍼스 체육학부 교수
전 제1 가나안농군학교 전임강사
현 범국민예의생활실천운동본부 운영위원
현 이미지메이킹 & 행복소통아카데미 대표
현 사단법인 한국여가레크리에이션 협회 부회장
현 경기대학교 평교원 '글로벌 매너와 스피치' 과정, 주임교수

〈강의분야〉
글로벌 매너(생활 · 직장예절/ 비즈니스 매너)
스피치 메이킹
이미지 메이킹과 컨설팅
서비스 리더십
커뮤니케이션 스킬
DISC 행동유형 진단법
'행복지수' 도출법
건강한 뇌 유지하기(게임 활용)
면접 특강
여가와 레크리에이션 이론 및 실제
시간관리 · 여가관리 특강
병원코디네이터 양성교육/ 텔레마케터 양성교육

품격 있는 삶을 위한

생활예절과 스피치와 이미지 메이킹 【제3판】

|저자| 강나경

| 1판 1쇄| 발행 2012년 6월 25일
| 2판 1쇄| 발행 2014년 3월 5일
| 2판 2쇄| 발행 2018년 2월 20일
| 3판 1쇄| 발행 2021년 5월 25일

|발행인| 김동훈
|발행처| 공동체

|주소| 경기도 고양시 일산동구 호수로 358-39, 동문타워 I 905호(백석동)
|전화| 031) 920-8305(대표)
|팩스| 031) 920-8308
|e-mail| compub@naver.com
|출판등록| 2005년 10월 6일
|등록번호| 제396-2005-36호

|ISBN| 979-11-6725-022-3
정가 19,000원